Charlas TED

Chris Anderson

Charlas TED

La guía oficial de TED para hablar en público

Traducido por Juanjo Estrella

PAIDÓS EMPRESA

Obra editada en colaboración con Espasa Libros, S.L.U. – España

Título original: Ted Talks. The Official TED Guide to Public Speaking

Diseño de cubierta: © Mike Femia. Adaptado por Editorial Planeta con autorización del propietario de la obra

Bajo el sello editorial PAIDÓS M.R.
Avenida Presidente Masarik núm. 111, Piso 2
Colonia Polanco V Sección
Delegación Miguel Hidalgo
C.P. 11560, Ciudad de México
www.planetadelibros.com.mx
www.paidos.com.mx

Primera edición impresa en España: octubre de 2016
ISBN: 978-84-9875-389-9

Primera edición impresa en México: septiembre de 2016
Segunda reimpresión impresa en México: junio de 2017
ISBN: 978-607-747-260-5

Impreso en los talleres de EDAMSA Impresiones, S.A. de C.V.
Av. Hidalgo núm. 111, Col. Fracc. San Nicolás Tolentino, Ciudad de México
Impreso en México – *Printed in Mexico*

Inspirado por Zoe Anderson (1986-2010).

La vida es efímera. Las ideas, la inspiración y el amor perduran.

CONTENIDO

PRÓLOGO

Las luces se apagan lentamente. Aparece en el escenario una mujer con las manos sudorosas. Le tiemblan un poco las piernas. Un foco le ilumina la cara y mil doscientos pares de ojos se clavan en los suyos. El público nota que está nerviosa. Hay una tensión palpable en la sala. Ella carraspea y empieza a hablar.

Lo que ocurre a continuación es asombroso.

Los mil doscientos cerebros alojados en el interior de las cabezas de mil doscientos individuos independientes pasan a comportarse de un modo muy extraño. Comienzan a sincronizarse. Un hechizo mágico tejido por la mujer atrapa a todos y cada uno de los asistentes, que se sorprenden al unísono, se ríen a la vez, lloran juntos. Y mientras lo hacen, también ocurre otra cosa: unos patrones complejos de información, encriptados neurológicamente, pasan de algún modo, se copian, se transfieren, a los mil doscientos cerebros de las personas que conforman el público. Esos patrones permanecerán en esos cerebros el resto de su vida, y posiblemente sigan influyendo en su comportamiento muchos años después.

Lo que la mujer del escenario teje no es brujería, sino asombro. Pero sus habilidades son tan poderosas como las de una hechicera.

Las hormigas dan forma al comportamiento de las demás hormigas intercambiando componentes químicos. Nosotros lo hacemos plantándonos los unos frente a los otros, mirándonos a los ojos, agitando las manos y emitiendo unos sonidos extraños por la boca. La comunicación entre seres humanos es una de las auténticas maravillas del mundo. La ponemos en práctica todos los días, de manera inconsciente. Y alcanza su forma más intensa sobre una tarima, en un escenario público.

El propósito de este libro es explicarte cómo se consigue el milagro de hablar bien en público, y equiparte para hacerlo lo mejor posible. De todos modos, conviene hacer hincapié en algo desde el principio: *no existe solo una manera de dictar una gran conferencia, una gran charla*. El mundo del conocimiento es demasiado amplio, y el espectro de conferencistas, de públicos y de entornos resulta demasiado variado como para que sea posible. Es muy probable que todo intento de aplicar una única forma predeterminada desemboque en fracaso. El público se da cuenta al momento y se siente manipulado.

De hecho, incluso si hubiera una fórmula de éxito para un momento dado, esta no seguiría siéndolo durante mucho tiempo. Y eso es así porque un elemento clave del atractivo de una gran charla está en su frescura. Somos humanos, y no nos gustan siempre las mismas cosas. Si tu charla se parece demasiado a otra que alguien ya ha oído, seguramente le impactará menos. Lo que menos nos interesa es que todo el mundo suene igual o que alguien suene falso.

Así pues, no debes pensar en los consejos de la presente obra como en reglas que "recetan" una única manera de hablar. Plantéatela, más bien, como un conjunto de herramientas pensadas para alentar la variedad. Y limítate a usar las que te vayan bien a ti y a la ocasión a la que te enfrentas. En realidad, tu única ocupación a la hora de dictar una charla es tener algo valioso que decir, y decirlo con autenticidad, a tu manera, que es única.

Es posible que te resulte más natural de lo que crees. Hablar en público es un arte antiguo, profundamente arraigado en nuestra mente. Se han realizado hallazgos arqueológicos de centenares de miles de años de antigüedad en los que aparecen lugares de encuentro donde nuestros antepasados se congregaban alrededor del fuego. En todas las culturas que han existido en la Tierra, a medida que el lenguaje se desarrollaba, la gente iba aprendiendo a compartir sus historias, sus esperanzas y sus sueños.

Imagina una escena típica. Ha caído la noche. La hoguera del campamento arde con fuerza. La leña crepita y ruge bajo un cielo estrellado. Un anciano se pone de pie y todas las miradas se vuelven y se clavan en el rostro sabio y arrugado que la luz parpadeante ilumina. Inicia el relato y, a medida que habla, quienes escuchan imaginan los hechos descritos. Esa imaginación trae consigo las mismas emociones compartidas por los personajes de la historia. Se trata de un proceso profundamente poderoso. Consiste en la alineación literal de múltiples mentes en una conciencia compartida. Durante un período de tiempo, los participantes de ese fuego de campamento actúan como si fueran una única forma de vida. Pueden levantarse al unísono, bailar al unísono, entonar cánticos al unísono. Con ese telón de fondo, no tardará en surgir el deseo de actuar juntos, de decidir emprender juntos un viaje, de participar en una batalla, de construir un edificio, de formar parte de una celebración.

Y lo mismo sucede hoy. Para un líder (o para el defensor de una causa), hablar en público es la clave para despertar empatía, suscitar entusiasmo, compartir conocimientos e ideas nuevas, y promover un sueño compartido.

De hecho, la palabra hablada ha adquirido nuevos poderes. Nuestro fuego de campamento es hoy el mundo entero. Gracias a Internet, una sola conferencia en una sola sala de actos puede acabar siendo vista por millones de personas. Así como la imprenta amplificó inmensamente el poder de los autores, la Red está amplificando masivamente el impacto de los hablantes. Permite que cualquiera que cuente con una conexión a Internet, en cualquier parte del mundo (y en el transcurso de la siguiente década cabe esperar que casi todas las aldeas de la Tierra estén conectadas), convoque a los mejores profesores a sus casas y aprenda de ellos directamente. De repente, un arte muy antiguo adquiere un alcance global.

Esta revolución ha propiciado un renacimiento en la comunicación oral pública. Muchos de nosotros hemos padecido años de largas y aburridas clases magistrales en la universidad, de sermones interminables en las iglesias o de discursos políticos manidos y predecibles. Pues no, no es necesario que las cosas sean así.

Si está bien dada, una charla puede entusiasmar a una sala de conferencias y transformar la visión del mundo del público, y es más poderosa que cualquier cosa que se presente por escrito. La escritura nos da las palabras. El habla trae consigo una caja de herramientas totalmente nueva: cuando miramos a los ojos de quien habla, cuando escuchamos su tono de voz, cuando detectamos su vulnerabilidad, su inteligencia, su pasión, tenemos acceso a unas habilidades inconscientes que se han ido perfeccionando a lo largo de centenares de miles de años. Habilidades capaces de asombrar, fortalecer, motivar.

Es más, hoy podemos potenciar esas aptitudes de maneras que los antiguos ni siquiera imaginaban. Contamos con la capacidad de mostrar —ahí mismo, en alta resolución— cualquier imagen concebible o salida de la cámara de cualquier fotógrafo, de intercalar un video, un fragmento musical, de recurrir a herramientas de búsqueda que ofrecen el grueso del conocimiento humano a cualquiera con acceso a un teléfono inteligente.

La buena noticia es que esas aptitudes pueden enseñarse. Son absolutamente transmisibles, lo que implica que existe un nuevo superpoder del que cualquiera, joven o viejo, puede beneficiarse. Se denomina "competencia en exposición oral". Vivimos en una era en la que el mejor modo de influir en el mundo tal vez no sea ya escribir una carta al director o publicar un libro, sino, sencillamente, ponerse de pie y decir algo..., porque tanto las palabras como la pasión con la que se expresan pueden viajar hoy por todo el mundo a una velocidad de vértigo.

En el siglo XXI, la competencia en exposición oral debería enseñarse en todos los colegios. Lo cierto es que antes de la era de los libros se consideraba parte esencial de la educación,* aunque con un nombre anticuado: "retórica". Hoy, en la era de la conexión, deberíamos resucitar ese noble arte y añadirlo a los otros tres instrumentos básicos: lectura, escritura y aritmética.

El significado real del término es, simplemente, "el arte de hablar eficazmente". Y ese es, en esencia, el propósito de este libro. Adaptar la retórica a la nueva era. Ofrecer peldaños que nos conduzcan a una nueva competencia en la expresión oral.

Nuestra experiencia en TED en los últimos años puede contribuir a señalar el camino. TED empezó como un congreso anual en el que se unían los campos de la tecnología, el entretenimiento y el diseño (de ahí su nombre), pero en años recientes se ha ampliado para cubrir cualquier tema que sea de interés público. Los conferencistas TED persiguen que sus ideas resulten accesibles a las personas ajenas a su campo mediante charlas

---

* Junto con la lógica, la gramática, la aritmética, la geometría, la astronomía y la música.

breves y cuidadosamente preparadas. Y, para alegría nuestra, esa manera de hablar en público ha resultado ser todo un éxito en línea, hasta el punto de que, en 2015, las Charlas TED (*TED Talks*, en inglés) tuvieron más de mil millones de visitas.

Mis colegas y yo hemos trabajado con centenares de conferencistas TED, ayudándolos a afinar sus mensajes y a compartirlos. Todas esas personas asombrosas nos han llevado a cambiar por completo nuestra manera de ver el mundo. Durante la pasada década hemos debatido apasionadamente entre nosotros acerca de la manera exacta como esos conferencistas han conseguido lo que han conseguido. Desde el privilegio que nos otorgan nuestros asientos en primera fila, nos hemos sentido intrigados, exasperados, informados e inspirados. También hemos tenido la ocasión de pedirles directamente consejos sobre cómo preparar y dictar una charla asombrosa. Gracias a su brillantez, hemos aprendido miles de maneras como han conseguido algo tan extraordinario en apenas unos minutos.

Ello hace de este libro un esfuerzo colectivo. Es una colaboración con esos conferencistas, así como con mis talentosos colegas, especialmente con Kelly Stoetzel, Bruno Giussani y Tom Rielly, que organizan y acogen conmigo los principales eventos TED, y que a lo largo de estos años han desempeñado un papel básico a la hora de dar forma al planteamiento y a la estructura de las Charlas TED, y de atraer a unas voces tan destacadas a nuestra plataforma digital.

También hemos bebido del saber colectivo de los miles de eventos TEDX** autoorganizados. Los contenidos que surgen a partir de ellos suelen sorprendernos y entusiasmarnos, y han

** En TEDX, unos organizadores locales solicitan una licencia gratuita que les da derecho a organizar un evento TED en sus instalaciones. Ocho o nueve eventos de estas características tienen lugar todos los días en algún lugar del mundo.

contribuido a ampliar nuestra comprensión de lo que es posible llevar a cabo en una charla pública.

La misión de TED es alimentar la expansión de ideas poderosas. No nos importa que esta se dé a través de algo que se llame TED o TEDX, o que implique cualquier otra forma de expresión oral pública. Siempre que nos enteramos de que otras conferencias deciden organizar charlas tipo TED, nos sentimos entusiasmados. En el fondo, las ideas no tienen dueño. Cuentan con vida propia. Nos encanta asistir a este renacimiento actual del arte de hablar en público, ocurra donde ocurra y sea quien sea que lo protagonice.

Así pues, el propósito de este libro no consiste solo en describir cómo dictar una Charla TED, sino en algo mucho más amplio. Su finalidad es apoyar cualquier forma de comunicación oral pública que busque explicar, motivar, informar o convencer, ya sea en los negocios, en la educación o en el ámbito público. Sí, muchos de los ejemplos que aparecen en este libro están tomados de las Charlas TED, y ello es así no solo porque son los ejemplos con los que estamos más familiarizados. Las Charlas TED han suscitado mucho entusiasmo en años pasados, y creemos que tienen algo que aportar al mundo más amplio de las charlas públicas. Creemos que los principios que las sustentan pueden actuar como una base muy potente para ampliar la competencia en la exposición oral.

De modo que aquí no encontrarás consejos específicos para el momento del brindis en una boda, para una demostración destinada a una venta o para una clase magistral en la universidad. Pero sí encontrarás herramientas y planteamientos que tal vez te resulten útiles en esas ocasiones y, de hecho, siempre que tengas que hablar en público. Es más, esperamos persuadirte para que pienses de otro modo en relación con las presentaciones orales, para que las veas como algo emocionante y fortalecedor.

Las hogueras de antaño han engendrado una nueva clase de fuego. Un fuego que se propaga de mente en mente, de pantalla en pantalla: la ignición de unas ideas para las que ha llegado la hora.

Eso es lo que importa. Todo elemento relevante del progreso humano se ha producido solo porque los seres humanos han compartido ideas entre sí y después han cooperado para convertir esas ideas en realidad. Desde la primera vez que nuestros antepasados se agruparon para abatir a un mamut hasta la primera pisada de Neil Armstrong en la Luna, la gente ha convertido las palabras habladas en asombrosos logros compartidos.

Se trata de algo que hoy es más necesario que nunca. Las ideas que podrían solucionar nuestros problemas más difíciles se mantienen a menudo invisibles porque las personas brillantes en cuyas mentes residen carecen de la confianza o de la habilidad para compartirlas de manera eficaz. Y eso es trágico. En un momento en que la idea adecuada presentada de la manera adecuada podría recorrer el mundo entero a la velocidad de la luz, generando copias de sí misma en millones de mentes, sería inmenso el beneficio de hallar la mejor manera de ponerla en circulación, tanto para ti, el hablante a la espera, como para el resto de nosotros, que necesitamos saber qué es lo que tienes que decir.

¿Estás listo? Pues vamos a encender una hoguera.

Chris Anderson
Febrero de 2016

FUNDAMENTOS

FUNDAMENTOS

1

COMPETENCIA EN EXPOSICIÓN ORAL

La habilidad que puedes construir

Qué nervios, ¿verdad?

Salir a un escenario, frente a un público, y que centenares de pares de ojos te miren resulta aterrador. Temes el momento de levantarte en una reunión de empresa a presentar tu proyecto. ¿Y si te alteras y se te traba la lengua? ¿Y si te quedas en blanco y te olvidas por completo de todo lo que ibas a decir? ¡Quizá te humillen! ¡Quizá tu carrera profesional se hunda! ¡Quizá la idea en la que crees permanezca enterrada para siempre!

Ese tipo de pensamientos puede mantenerte despierto toda la noche.

Pero ¿sabes una cosa? Casi todo el mundo ha experimentado el miedo a hablar en público. De hecho, en encuestas en las que se pide a la gente que enumere sus temores, hablar en público suele aparecer como el más mencionado por la mayoría, por delante del miedo a las serpientes, a las alturas e incluso a la muerte.

¿Cómo es posible? No hay ninguna tarántula oculta tras el micrófono. No existe el menor riesgo de lanzarse desde el escenario al encuentro de la muerte. El público no te atacará con lanzas. ¿Por qué, entonces, tanta angustia?

Pues porque hay mucho en juego, no solo en la experiencia del momento, sino en nuestra "reputación" a largo plazo. Lo que los demás piensan de nosotros importa muchísimo. Somos animales profundamente sociales. Buscamos el afecto, el respeto y el apoyo de los demás. Nuestra felicidad futura depende en gran medida de esas realidades, hasta un punto asombroso. Y percibimos que lo que ocurre en un escenario público va a afectar materialmente esos valores sociales para bien o para mal.

Con todo, dentro del marco mental adecuado, puedes usar ese miedo como un activo increíble. Ese miedo puede ser el motor que te convenza para que prepares bien una charla.

Eso fue lo que ocurrió cuando Monica Lewinsky llegó a TED. Para ella, la apuesta no podía ser más arriesgada. Diecisiete años antes había pasado por la exposición pública más humillante que pudiera imaginarse, una experiencia tan intensa que estuvo a punto de destruirla. Ahora intentaba regresar a una vida pública con una mayor visibilidad, recuperar su relato.

Pero no era una conferencista experimentada, y sabía que si su charla no salía bien, el resultado sería desastroso. Me dijo:

> "Nerviosa" es poco para describir cómo me sentía. Era más bien algo así como... que tenía el estómago atenazado por la agitación. Destellos de temor. Una ansiedad eléctrica. Si hubiéramos podido capturar la potencia de mis nervios aquella mañana, creo que la crisis energética se habría resuelto. No era solo que estaba a punto de salir a un escenario delante de un público respetable, brillante, sino que me iban a grabar en video, y era muy probable que mi intervención la retransmitiera una plataforma de gran difusión. Me visitaban los ecos de un trauma aún subyacente, de los años en los que había sido públicamente ridiculizada. Invadida por una profunda

> inseguridad, mi sitio no era el escenario de TED. Aquella era la experiencia interior contra la que luchaba.

Aun así, Monica encontró la manera de darle la vuelta a su miedo. Recurrió a algunas técnicas sorprendentes, que compartiré contigo en el capítulo 15. Por ahora baste decir que funcionaron. Su charla le valió una ovación cerrada al término del evento, al cabo de unos pocos días ya había sido vista en Internet un millón de veces y había obtenido comentarios entusiastas en la Red. Llegó a suscitar incluso la disculpa pública de una de las personas que durante más tiempo se habían mostrado críticas con ella: Erica Jong.

A la mujer extraordinaria con la que estoy casado, Jacqueline Novogratz, también la perseguía el miedo a hablar en público. En la escuela, en la universidad y hasta que tuvo más de veinte años, la idea de plantarse ante un micrófono y con muchos pares de ojos mirándola le resultaba tan aterradora que la debilitaba. Pero sabía que para llevar adelante su labor de lucha contra la pobreza tendría que convencer a otros, por lo que empezó a obligarse a sí misma a hacerlo. Actualmente dicta múltiples charlas todos los años, aclamadas muchas veces con ovaciones cerradas.

En efecto, miremos donde miremos vamos a encontrarnos con anécdotas de personas a las que les aterraba hablar en público, pero que encontraron la manera de hacerlo muy bien, desde Eleanor Roosevelt hasta Warren Buffett, pasando por la princesa Diana, a la que llamaban "la tímida Di", pues no soportaba hablar en público, pero que encontró una manera informal de expresarse, con su propia voz, y logró que el mundo se enamorara de ella.

Si consigues dar bien una charla, el lado positivo puede ser asombroso. Veamos el caso de la que dictó el emprendedor Elon Musk ante los empleados de SpaceX el 2 de agosto de 2008.

Musk no era conocido por ser un gran conferencista, pero ese día sus palabras supusieron un importante punto de inflexión para su empresa. SpaceX ya había sufrido dos lanzamientos fallidos. Ese era el día del tercer lanzamiento, y todos eran conscientes de que un nuevo fracaso podría obligarlos al cierre. El cohete *Falcon* despegó de la zona de lanzamiento, pero superada la primera fase sobrevino el desastre. El vehículo espacial explotó. La señal de video se perdió. Allí se habían congregado unas trescientos cincuenta personas y, como describió Dolly Singh, responsable de atraer talentos a la empresa, la moral estaba por los suelos. Musk salió a hablar con ellos. Según Singh, les dijo que siempre habían sabido que iba a ser difícil, pero que a pesar de lo que había ocurrido ya habían logrado algo ese día, algo que habían conseguido muy pocos países, y muchas menos empresas. Habían completado con éxito la primera fase de un lanzamiento y habían enviado una nave al espacio exterior. Debían recomponerse y volver al trabajo. Así es como Singh describió el clímax de su discurso:

> Y entonces dijo, con toda la fortaleza y el empuje de que pudo hacer acopio después de más de veinte horas sin dormir: "Yo, por mi parte, no pienso rendirme nunca, y cuando digo nunca es nunca". Creo que la mayoría de nosotros lo habríamos seguido al mismísimo infierno con una antorcha en la mano después de oír aquello. Fue la muestra de liderazgo más impresionante que he presenciado jamás. En cuestión de unos instantes, la energía en el edificio pasó de la desesperación y la derrota a una determinación intensa, pues la gente empezó a centrarse en seguir adelante y no en mirar hacia atrás.

He ahí el poder de una sola charla. Tal vez tú no dirijas una organización, pero, aun así, una charla puede abrir puertas o transformar carreras profesionales.

Los conferencistas TED nos han contado historias deliciosas sobre el impacto de sus charlas. Sí, a veces reciben ofertas para escribir libros o realizar películas, o aumentan sus honorarios por dar charlas, o bien obtienen inesperadas muestras de apoyo económico. Pero las historias más atractivas son las que tienen que ver con transmitir ideas, con cambiar vidas. Amy Cuddy dictó una charla inmensamente popular sobre cómo un cambio en el lenguaje corporal puede llevar a un aumento del nivel de confianza. Ha recibido de todo el mundo más de quince mil mensajes en los que le cuentan lo mucho que les ha ayudado esa información.

Y la charla inspiradora de William Kamkwamba, un joven inventor de Malawi, sobre la construcción de un molino de viento en su aldea cuando tenía catorce años, desencadenó una serie de eventos que lo llevaron a ser aceptado en un programa de ingeniería del Dartmouth College.

El día en que TED pudo morir

La que sigue es una historia sacada de mi propia vida. Cuando accedí a la dirección de TED, a finales de 2001, todavía me estaba recuperando después de que la empresa que había creado había estado a punto de irse a pique, y me aterraba la idea de pasar por otro gran fracaso público. Llevaba un tiempo esforzándome por convencer a la comunidad TED de que apoyara la idea que yo tenía de la organización, y temía que esta acabara por diluirse. En aquella época, TED era un congreso anual que se celebraba en California. Su propietario y organizador era un carismático arquitecto llamado Richard Saul Wurman, cuya imponente presencia impregnaba todos y cada uno de los aspectos del evento. Todos los años asistían a él unas ochocientas personas, y casi todas ellas parecían resignadas al hecho de que, muy probablemente, TED no pudiera sobrevivir tras la marcha de Wurman. El de febrero de 2002 fue el último congreso celebrado bajo su liderazgo, y yo iba a disponer de una única oportunidad para convencer a los asistentes de que el evento seguiría celebrándose sin problemas. Sin embargo, no había organizado nunca una conferencia, y a pesar de poner todo mi empeño en publicitar el acto del año siguiente, solo se habían inscrito setenta personas.

A primera hora de la última mañana de aquella conferencia, disponía de quince minutos para defender mis planteamientos. Hay algo que debes saber de mí: no estoy naturalmente dotado para hablar en público. Recurro a muletillas y onomatopeyas con demasiada frecuencia ("mmm", "esto", etcétera). Me detengo en medio de una frase intentando encontrar la palabra adecuada que me permita concluirla. A veces puedo sonar sincero en exceso, conceptual, discreto. Mi peculiar sentido del humor británico no siempre es compartido por los demás.

Estaba tan nervioso pensando en ese momento, y tan preocupado de que pudiera verme raro en el escenario, que no era capaz siquiera de mantenerme de pie, así que me llevé una silla de las que se alineaban al fondo, me senté y empecé a hablar.

Ahora, al recordar aquella charla, me estremezco. Si hoy tuviera que valorarla, hay centenares de cosas que cambiaría de ella, empezando por la camiseta blanca, arrugada, que llevaba puesta ese día. Aun así..., había preparado muy bien lo que quería decir, y sabía que había al menos varias personas en la audiencia con unas ganas desesperadas de que TED sobreviviera. Si lograba dar a aquellos defensores de la organización un motivo de entusiasmo, tal vez ellos, entonces, revirtieran las cosas. A causa de la crisis de la burbuja de las empresas punto com, muchos de los asistentes habían sufrido pérdidas de negocios tan severas como las mías. Quizás a partir de ese punto en común pudiera conectarme con ellos.

Les hablé con el corazón, con toda la sinceridad y convicción de la que fui capaz. Le conté a la gente que acababa de vivir un gran fracaso empresarial. Que había llegado a verme a mí mismo como un completo fracasado. Que mi única manera de sobrevivir mentalmente había sido sumergiéndome en el mundo de las ideas. Que TED había llegado a significarlo todo para mí. Que se trataba de un lugar único en el que podían compartirse ideas de todas las disciplinas. Que yo haría todo lo que estuviera en mis manos por preservar sus mejores valores. Que, en cualquier caso, el congreso nos había aportado una inspiración y un aprendizaje tan intensos que no podíamos dejarlo morir... ¿O sí?

¡Ah!, y suavicé la tensión con una anécdota apócrifa sobre madame De Gaulle según la cual la mujer del presidente de Francia escandalizó a los invitados a una cena diplomática expresando su deseo de "*ei pinis*" (un pene). En Inglaterra, aclaré, también compartíamos ese deseo (de felicidad), aunque nosotros lo pronunciábamos "*happiness*" [jápines], que era precisamente lo que TED me había aportado a mí.*

Para mi absoluto asombro, al final de la charla, Jeff Bezos, director de Amazon, que se encontraba sentado en el centro de la platea, se puso de pie y empezó a aplaudir. Al momento la sala entera lo secundó. Era como si la comunidad TED hubiera decidido en cuestión de segundos que, después de todo, iba a seguir apoyando una nueva era. Y durante los sesenta minutos de pausa que siguieron, unas doscientas personas se comprometieron a adquirir entradas para el congreso del año siguiente, lo que garantizaba su éxito.

Si aquella charla de quince minutos hubiera fallado, TED hubiera muerto, y lo hubiera hecho cuatro años antes de llegar a colgar su primera conferencia en Internet. Y tú no estarías leyendo este libro.

En el capítulo siguiente pasaré a compartir por qué creo que aquella charla acabó siendo eficaz, a pesar de sus evidentes

---

* En inglés, "*happiness*" ("felicidad") suena fonéticamente parecido a "*a penis*" ("un pene"), sobre todo de acuerdo con la pronunciación francesa. (*N. del T.*).

torpezas. Se trata de un hallazgo que puede aplicarse a cualquier charla.

Por poca confianza que tengas hoy en tu capacidad para hablar en público, hay cosas que puedes hacer para revertir la situación. La facilidad en la oratoria no es un don que unos pocos afortunados reciben al nacer. Se trata de un conjunto amplio de habilidades. Hay cientos de maneras de dictar una charla, y cada cual puede encontrar el enfoque que le resulte más adecuado, y adquirir las habilidades necesarias para llevarlo a la práctica de manera satisfactoria.

El niño del corazón de león

Hace un par de años la directora de contenidos de TED, Kelly Stoetzel, y yo emprendimos un viaje alrededor del mundo en busca de talentos de la comunicación oral. En Nairobi, Kenia, conocimos a Richard Turere, un niño masái de doce años al que se le había ocurrido un invento sorprendente. Su familia criaba ganado, y uno de los mayores retos a los que se enfrentaba era proteger a los animales por las noches de los ataques de los leones. Richard sabía que una hoguera fija no detenía a los depredadores, pero se había dado cuenta de que moverse de un lado a otro blandiendo una antorcha sí parecía funcionar. Al parecer, a los leones les daba miedo la luz en movimiento. Richard había aprendido electrónica él solo, "metiéndole la mano" a la radio de sus padres. Usó sus conocimientos para inventar un sistema de luces que se encendían y se apagaban intermitentemente, creando la sensación de movimiento. Lo fabricó con componentes sacados de aquí y de allá, paneles solares, la batería de un coche y las luces intermitentes de una motocicleta. Instaló las luces y, en efecto, los ataques de los leones cesaron. Se corrió la voz de su invento, y otras aldeas también querían contar con él. En lugar de intentar matar a los leones, como habían hecho hasta ese momento, instalaron las "luces de los leones" de Richard. Tanto los aldeanos como los defensores del medioambiente quedaron contentos.

El suyo era un logro impresionante, pero, a primera vista, Richard no parecía un candidato probable a conferencista TED. Estaba ahí de pie, encorvado, en un rincón de la sala, mostrando una timidez extrema. Su inglés era titubeante, y le costaba describir su invento con fluidez. Costaba imaginarlo en un escenario de California ante mil cuatrocientas personas, programado entre Sergey Brin y Bill Gates.

Pero la historia de Richard era tan conmovedora que seguimos adelante con nuestro plan y lo invitamos a dictar una Charla TED. Durante los meses anteriores al evento, trabajamos con él para contextualizar la historia, encontrar el punto de partida y desarrollar una secuencia narrativa natural. Gracias a su invento, Richard había obtenido una beca en uno de los mejores colegios de Kenia, donde tuvo ocasión de practicar su charla con público. Aquello le ayudó a elevar su grado de confianza y a llevarla hasta el punto en que su personalidad se mostrara tal como era.

Se montó en un avión por primera vez en su vida y viajó hasta Long Beach, California. Cuando subió al escenario de TED se le notaba nervioso, pero su nerviosismo hacía que resultara aún más sincero. A medida que hablaba, la gente escuchaba con gran atención todas sus palabras, y cada vez que sonreía, el público se derretía. Cuando terminó su intervención, los asistentes se pusieron de pie, aplaudiéndolo y vitoreándolo.

La historia de Richard puede animarnos a todos a creer que tal vez seamos capaces de dictar una charla mínimamente digna. Tu meta no ha de ser convertirte en un Winston Churchill o un Nelson Mandela. Tu meta es ser tú mismo. Si eres científico, sé un científico; no pretendas ser un activista. Si eres artista, sé un artista; no pretendas ser un académico. Y si eres una persona corriente, no intentes fingir un estilo grandilocuente, intelectual: limítate a ser tú. No hace falta que consigas poner al público de pie, ni que te dedique una ovación atronadora. El tono conversacional puede funcionar igual de bien para compartir ideas. De hecho, para la mayoría de los públicos funciona mucho mejor. Si sabes dirigirte a un grupo de amigos durante una cena, entonces sabes lo bastante para hablar en público.

Además, la tecnología abre nuevas vías. Vivimos en una era en la que para causar un gran impacto no hace falta que nos dirijamos a miles de personas a la vez. La repercusión la puede lograr alguien que hable en voz baja ante una cámara de video: Internet hará el resto.

La competencia en exposición oral no es un extra opcional al alcance de unos pocos. Se trata de una aptitud fundamental para desenvolverse en el siglo XXI. Se trata de la manera más impactante de compartir lo que eres y lo que te preocupa. Si aprendes a hablar en público aumentará la confianza en ti mismo, y seguramente te asombrará descubrir el efecto beneficioso que puede tener para tu éxito en la vida, sea este lo que tú decidas que sea.

Si te comprometes a ser auténticamente tú, estoy seguro de que serás capaz de sacar partido a ese arte antiguo que llevamos instalado en nuestro interior. Sencillamente debes armarte de valor para intentarlo.

FUNDAMENTOS

2
CONSTRUCCIÓN DE IDEAS
Un regalo en cada gran charla

En marzo de 2015, una científica llamada Sophie Scott salió al escenario de TED y en apenas dos minutos todo el público se estaba riendo ya a carcajadas. Sophie es una de las investigadoras más destacadas sobre la risa, y había empezado a mostrar a los asistentes un video breve en el que aparecían seres humanos riendo y a explicar lo raro que es en realidad ese fenómeno, que, en sus propias palabras, tiene "más de grito animal que de habla".

Su charla duró diecisiete minutos de pura delicia. Al terminar, todos los asistentes seguían iluminados por el brillo cálido de una experiencia profundamente placentera. Pero había algo más. Ninguno de nosotros volvería a pensar en los mismos términos sobre la risa. La idea principal de Sophie sobre la risa —que su finalidad evolutiva es convertir el estrés social en coincidencia placentera— había conseguido penetrar en nuestras mentes. Y ahora, siempre que veo a un grupo de personas riéndose, me fijo en ese fenómeno con ojos nuevos. Sí, siento la alegría y las ganas de unirme a ellas. Pero también veo el vínculo social, así como un raro y antiguo fenómeno biológico que se pone en marcha y que lo convierte en algo aún más asombroso.

Sophie no solo me dio de regalo el placer de escucharla, sino también una idea que será parte de mí para siempre.*

Me gustaría sugerir que el regalo de Sophie es una metáfora hermosa que puede aplicarse a todas las charlas. *Tu misión número uno como conferencista es tomar algo que te importe profundamente y reconstruirlo en las mentes de tus oyentes.* Llamaremos a ese algo "idea". Una construcción mental con la que pueden quedarse, de la que pueden apartarse, que pueden valorar y que en ciertos aspectos puede cambiarlos.

Esa es la razón principal por la que la charla más aterradora que he tenido que dictar en mi vida acabó resultando eficaz. Como he expuesto antes, contaba con quince minutos para convencer al público de TED de que apoyara aquella nueva etapa bajo mi dirección. En aquella charla muchas cosas salieron mal, pero funcionó en un aspecto básico: asentó una idea en las mentes de los asistentes. Era la idea según la cual lo realmente especial de TED no era solamente el fundador al que yo iba a sustituir. Lo que hacía único a TED radicaba en el hecho de ser un lugar en el que personas de todas las disciplinas podían reunirse y comprenderse unas a otras. Esa fertilización cruzada era algo importante para el mundo, y por tanto el congreso se convertiría en una organización sin ánimo de lucro y se confiaría al bien público. Su futuro era para todos nosotros.

---

* Por supuesto, la idea de Sophie Scott podrá ser perfeccionada o refutada por investigaciones futuras. En este sentido, las ideas son siempre provisionales, pero una vez que una idea se ha formado en nuestra mente, nadie puede quitárnosla sin nuestro consentimiento.

Esa idea modificó la manera como el público siguió planteándose la transición de TED. Ya no importaba tanto que el fundador se fuera. Lo que importaba ahora era que se preservara una manera especial de compartir conocimientos.

Empieza con una idea

La tesis central de este libro es que cualquiera que tenga una idea digna de ser compartida es capaz de dictar una charla potente. Lo único que importa de verdad cuando se trata de hablar en público no es la confianza, la presencia escénica o un discurso fluido, sino tener algo que merezca la pena decirse.

Recurro aquí a la palabra "idea" en un sentido bastante amplio. No tiene por qué tratarse de un hallazgo científico, de una invención genial ni de una compleja teoría legal. Puede tratarse de un sencillo consejo práctico. O de una revelación humana ilustrada mediante el poder de una historia. O de una imagen hermosa con significado. O de un hecho que te gustaría que ocurriera en el futuro. O tal vez solo de un recordatorio de lo que más importa en la vida.

Una idea es algo capaz de cambiar la visión del mundo de la gente. Si logras invocar una idea poderosa en la mente de las personas, habrás hecho algo asombroso. Les habrás ofrecido un regalo de incalculable valor. En un sentido muy real, un trocito de ti se habrá convertido en parte de ellos.

¿Tienes ideas que merezcan un público más amplio? Asombra constatar lo mal que se nos da valorar la respuesta a esta pregunta. Muchos conferencistas (a menudo hombres) parecen adorar el sonido de su propia voz y se alegran de hablar durante horas sin compartir con los demás nada de gran valor. Pero también se da el caso de muchos otros (a menudo mujeres) que subestiman enormemente el valor de su trabajo, de su aprendizaje, de sus hallazgos.

Si has escogido este libro solo porque te encanta la idea de salir a un escenario y convertirte en una estrella de las Charlas TED, de motivar al público con tu carisma, por favor, déjalo ahora mismo, y ponte a trabajar en algo que merezca la pena ser compartido. El estilo sin sustancia es algo espantoso.

Con todo, lo más probable es que haya en ti muchas más cosas dignas de compartir de lo que tú mismo eres consciente. No tienes por qué haber inventado luces para alejar leones. Has vivido una vida que es tuya y solo tuya. Hay experiencias que has tenido solo tú. Hay visiones que puedes extraer de algunas de esas experiencias y que merece la pena compartir, sin duda. Solo hace falta averiguar cuáles son.

¿Eso te estresa? Tal vez tengas algún trabajo de clase o debas presentar los resultados de tu investigación en una reunión ante poca gente. Es posible que tengas la oportunidad de hablar en el Club Rotario de tu municipio sobre tu organización con la esperanza de obtener su apoyo. Puede ser que te parezca que no has hecho nada sobre lo que merezca la pena dar una charla. No has inventado nada. No eres una persona especialmente creativa. No te consideras superinteligente. No tienes ideas particularmente brillantes sobre el futuro. Ni siquiera tienes la seguridad de que haya algo que te apasione realmente.

Bien, si es así, te aseguro que tu punto de partida es muy difícil. Para que al público le merezca la pena dedicarle tiempo a tus charlas, la mayoría de ellas tiene que basarse en algo que tenga cierta profundidad. En teoría, seguramente lo mejor que puedes hacer por el momento es seguir tu viaje, buscar algo que realmente te atrape y te haga querer adentrarte más en ello, y que regreses a este libro dentro de unos años.

Pero antes de que llegues a esa conclusión, no está de más que vuelvas a comprobar si la evaluación que has hecho de ti mismo es precisa. Tal vez lo que ocurre es que no tienes confianza en ti mismo. Aquí se da una paradoja: siempre has sido tú, y solo tú te ves a ti mismo desde dentro. Lo que los demás encuentran extraordinario de ti, a ti puede resultarte del todo invisible. Es posible que para descubrirlo debas mantener conversaciones sinceras con las personas que mejor te conocen. Es posible que ellos conozcan algunas partes de ti mejor que tú mismo.

En todo caso, tú tienes una cosa que no tiene nadie más en el mundo: tu propia experiencia en primera persona de la vida. Has visto una secuencia de cosas y experimentaste una secuencia de emociones que es, literalmente, única. Eres el único ser humano entre siete mil millones que tuvo esa experiencia singular. Así que..., ¿puedes hacer algo con ello? Muchas de las mejores charlas se basan simplemente en una historia personal y en una lección sencilla que puede extraerse de ella. ¿Has observado algo que te haya sorprendido? ¿Tal vez a dos niños jugando en un parque? ¿O has mantenido una conversación con alguien que haya perdido su vivienda? ¿Hay algo en lo que has visto que pueda resultar interesante a otras personas? Si no, ¿podrías imaginarte pasar las semanas siguientes con los ojos abiertos, consciente de la posibilidad de que una parte de tu viaje único pudiera resultar interesante y beneficioso para otros?

A la gente le encantan las historias, y todos podemos aprender a contar una buena historia. Incluso si la lección que extraemos de una anécdota nos resulta familiar, no pasa nada. ¡Somos humanos! ¡Hace falta que nos recuerden esas historias! Por algo será que las religiones ofrecen sermones semanales que nos repiten las mismas cosas una y otra vez, con distintos envoltorios. Una idea importante, empaquetada en un relato nuevo, puede constituir una gran charla si se cuenta de la manera adecuada.

Repasa tu trabajo de los últimos tres o cuatro años. ¿Qué es lo que se destaca? ¿Qué fue lo último que te entusiasmó? ¿O te irritó? ¿Cuáles son las dos o tres cosas de las que más orgulloso te sientes? ¿Cuándo fue la última vez que mantuviste una conversación con alguien y dijiste: "¡Qué interesante!". Si pudieras agitar una varita mágica, ¿cuál es la idea que más te gustaría esparcir en las mentes de los demás?

Deja de postergarlo

Puedes aprovechar la oportunidad que supone hablar en público como una *motivación* para profundizar más en algún tema. Todos sufrimos, en mayor o menor medida, de cierta tendencia a postergar las cosas, de cierta vagancia. En un primer momento hay muchas cosas que nos gustaría indagar, pero, claro, con eso de Internet hay tantas distracciones... La posibilidad de hablar en público puede ser el empujón que necesitas para comprometerte con un proyecto de investigación serio. Cualquier persona con computadora o teléfono inteligente tiene acceso a prácticamente toda la información existente en el mundo. Se trata solo de que te zambullas en ella y veas qué puedes descubrir.

De hecho, las mismas preguntas que te vas formulando a medida que investigas pueden ayudarte a esbozar el esquema de tu charla. ¿Cuáles son los aspectos más importantes? ¿Cómo se relacionan unos con otros? ¿Cómo pueden explicarse fácilmente? ¿Cuáles son los enigmas para los que la gente aún no ha obtenido buenas respuestas? ¿Cuáles son las controversias fundamentales? Puedes usar tu propio viaje de descubrimiento para que te muestre los momentos clave, reveladores, de tu charla.

Así pues, si crees que podrías haber dado con algo, pero no tienes la seguridad de saber aún lo suficiente, ¿por qué no usar la ocasión que te da el tener que hablar en público como incentivo para averiguarlo en serio? Cada vez que sientas que tu concentración flaquea, recuerda que vas a tener que plantarte frente a centenares de ojos que te estarán observando. Seguro que así mantendrás la atención durante una hora más.

En la sede de TED, en 2015, hicimos un experimento. Garantizamos a todos los miembros del equipo un día libre cada dos semanas para que lo dedicaran a estudiar algo. Lo llamamos "miércoles de aprendizaje". La idea era que, dado que nuestra organización está comprometida con el aprendizaje continuo, debíamos predicar con el ejemplo y animar a todos los integrantes del equipo a pasar cierto tiempo aprendiendo algo que les apasionase. Pero ¿cómo impedir que se convirtiera solo en un día de vagancia delante de la televisión? Pues poniendo una condición: todos debíamos comprometernos a dar, en algún momento del año, una Charla TED al resto de la organización sobre lo que hubiéramos aprendido. Ello implicaba que todos nos beneficiaríamos de los conocimientos de los demás y, lo que es más importante, que contaríamos con un importante incentivo para seguir con nuestro empeño y aprender.

No hace falta disponer de un miércoles de aprendizaje para contar con esa motivación. Cada vez que aceptes una ocasión de hablar ante un grupo de gente tendrás el incentivo que necesitas para ponerte manos a la obra y trabajar en algo que te sea único. Dicho de otro modo, no tienes por qué disponer en tu cabeza del conocimiento perfecto hoy. Usa esa oportunidad como el motivo que te llevará a descubrirlo.

Y si, después de todo, sigues vacilando, tal vez es que tienes razón: tal vez deberías declinar la oferta de hablar en público. Quizá te hagas un favor a ti mismo, y se lo hagas al resto. Sin embargo, es mucho más probable que tropieces con algo que tú y solo tú puedes compartir con los demás. Algo que, de hecho, te encantaría ver expuesto de manera algo más visible en el mundo exterior.

Durante la mayor parte del resto de este libro voy a presuponer que hay algo de lo que quieres hablar, ya se trate de una pasión permanente en tu vida, de un tema en el que te interesa profundizar más o de un proyecto de trabajo que tienes que presentar en público. En los capítulos que siguen me centraré en el *cómo*, no en el *qué*. Pero en el último de ellos regresaremos a ese "qué", porque estoy bastante seguro de que *todo el mundo* tiene algo importante que podría y debería compartir con el resto de nosotros.

La asombrosa eficacia del lenguaje

Está bien, de acuerdo. Tienes algo importante que decir y tu meta es recrear tu idea básica en las mentes de tu público. ¿Cómo se hace eso?

No debemos subestimar el desafío que plantea algo así. Si pudiéramos representar de alguna manera el aspecto que aquella idea sobre la risa tenía en el cerebro de Sophie Scott, seguramente veríamos que había millones de neuronas interconectadas en un patrón increíblemente rico y complejo. El patrón debería incluir, de algún modo, imágenes de personas carcajeándose, los sonidos que emiten, los conceptos de propósito evolutivo y de lo que implica liberar el estrés, además de muchas otras cosas. ¿Cómo diablos es posible recrear toda esa estructura en las mentes de un grupo de desconocidos en unos pocos minutos?

Los seres humanos hemos desarrollado una tecnología que lo hace posible. Se llama *lenguaje*. Y lleva a nuestro cerebro a realizar cosas increíbles.

Quiero que imagines un elefante con la trompa pintada de rojo chillón, agitándola de un lado a otro, sincronizado con los pasos de un loro gigante de color naranja que baila sobre su cabeza y grazna una y otra vez: "¡Bailemos un fandango!".

¡Vaya! Acabas de formar en tu mente una imagen de algo que nunca ha existido en la historia, salvo en mi mente y en las mentes de las otras personas que lean esta última frase. Una simple frase tiene el poder de conseguir algo así. Pero depende de ti, de quien escucha, contar con un conjunto de conceptos preexistentes. Tú ya debes saber qué es un elefante, qué es un loro, qué son los conceptos "rojo" y "naranja", qué significa "pintado", "bailar", "sincronizado". La frase te ha llevado a vincular esos conceptos en un patrón totalmente nuevo.

Si, en cambio, hubiera empezado diciendo: "*Quiero que imagines a un miembro de la especie* Loxodonda cyclotis, *con una proboscis pigmentada en el Pantone 032U, llevando a cabo movimientos oscilantes...*", seguramente no te habrías formado esa imagen en la mente, por más que se trate del mismo planteamiento formulado con un lenguaje más preciso.

Así pues, el lenguaje opera su magia solo en la medida en que sea compartido por quien habla y por quien escucha. Y he ahí la pista clave sobre cómo conseguir el milagro de recrear tu idea en el cerebro de otras personas: *solo puedes usar las herramientas a las que tiene acceso tu público*. Si empiezas solo con *tu* lenguaje, *tus* conceptos, *tus* ideas preconcebidas, *tus* valores, fracasarás. Así que empieza con los suyos. Solo a partir de ese territorio común quienes te escuchan podrán empezar a construir *tu* idea en el interior de *sus* mentes.

En la Universidad de Princeton, el doctor Uri Hasson ha llevado a cabo investigaciones reveladoras con la idea de descubrir cómo funciona este proceso. Es posible capturar en tiempo real la compleja actividad cerebral asociada a un concepto o al recuerdo de una historia. Para ello hace falta contar con una tecnología llamada Imagen por Resonancia Magnética Funcional (FMRI, por sus siglas en inglés).

En un experimento llevado a cabo en 2015 el doctor Hasson introdujo a un grupo de voluntarios en máquinas de FMRI y les proyectó una película de cincuenta minutos que contaba una historia. Mientras la experimentaban, se iban grabando los patrones de respuesta de sus cerebros. Algunos de ellos se repetían en casi todos los voluntarios, lo que aportaba pruebas físicas concretas de la experiencia compartida que estaban teniendo. A continuación, pidió a los voluntarios que grabaran sus propios recuerdos de la película. Muchas de aquellas grabaciones eran bastante detalladas y duraban hasta veinte minutos. Entonces —y ahora viene lo asombroso del caso— reprodujo aquellas grabaciones para que las escuchara otro grupo de voluntarios que no habían visto la película, y registró los datos obtenidos de sus FMRI. Los patrones mostraron que los cerebros del segundo grupo de voluntarios (los que solo habían oído los recuerdos en audio) se correspondían con los patrones de las mentes de los primeros voluntarios en el momento en que estaban viendo la película. Dicho de otro modo, el poder del lenguaje, por sí mismo, suscitó las mismas experiencias mentales que habían tenido los otros mientras veían una película.

He aquí una prueba asombrosa de la eficacia del lenguaje. Se trata de un poder del que puede aprovecharse todo aquel que habla en público.

Sí, las palabras importan

Hay *coaches* especializados en hablar en público que minimizan la importancia del lenguaje. Tal vez citen una investigación publicada en 1967 por el profesor Albert Mehrabian y aseguren que solo el 7% de la eficacia de la comunicación se debe al lenguaje, mientras que el 38% tiene que ver con el tono de voz y el 55% con el lenguaje corporal. Ello ha llevado a que los *coaches* se centren excesivamente en desarrollar un estilo de comunicación basado en la confianza, el carisma, etcétera, y a no preocuparse tanto por las palabras.

Por desgracia, se trata de una interpretación completamente errónea de los hallazgos de Mehrabian. Sus experimentos se centraron sobre todo en descubrir cómo se comunicaba la emo-

ción. Así, por ejemplo, comprobaba qué ocurría si alguien decía "es bueno", pero lo hacía en un tono de voz airado, o acompañando sus palabras de un lenguaje corporal amenazador. Y sí, sin duda, en esas circunstancias las palabras no cuentan demasiado. Pero es absurdo aplicar eso al lenguaje hablado en general (y Mehrabian está tan cansado de que su investigación se aplique mal que su sitio web contiene un párrafo destacado en negrita suplicando a la gente que no lo haga).

En efecto, comunicar la emoción es importante, y para ese aspecto de las charlas, el tono de voz y el lenguaje corporal sí importan mucho. En capítulos posteriores abordamos esta cuestión con gran detalle. Pero, sustancialmente, una charla depende sobre todo de las palabras. Son las palabras las que cuentan una historia, construyen una idea, explican lo complejo, defienden con razones o realizan una llamada a la acción convincente. Así pues, si alguien te dice que el lenguaje corporal importa más que el lenguaje verbal cuando se trata de hablar en público, has de saber que ese alguien está malinterpretando la ciencia (si quieres, para divertirte un poco, pídele que te repita lo que acaba de decirte solo con gestos).

Vamos a dedicar gran parte de la primera mitad del libro a indagar las distintas maneras que tiene el lenguaje de obrar su magia. El hecho de que seamos capaces de transferir nuestras ideas de ese modo es la razón por la que la comunicación oral entre un ser humano y otro importa. Así es como se construye y se modela nuestra visión del mundo. Nuestras ideas nos convierten en quienes somos. Y los conferencistas que han descubierto la manera de difundir sus ideas en las mentes de otros son capaces de crear efectos onda de consecuencias incalculables.

El viaje

Existe otra hermosa metáfora de lo que es una gran charla: es un viaje que emprenden juntos el que habla y su público. La conferencista Tierney Thys lo expresa así:

> Como todas las buenas películas o los buenos libros, una gran charla nos transporta. Nos encanta emprender aventuras, viajar a un lugar nuevo con un guía bien documentado, cuando no extravagante, que nos lleve a conocer cosas que ni siquiera sabíamos que existían, que nos incite a salir por ventanas que nos introduzca en mundos raros, que nos dote de nuevas lentes con las cuales podamos ver lo ordinario de manera extraordinaria..., que nos transporte y que active simultáneamente múltiples partes de nuestro cerebro. Así que yo suelo organizar mis charlas alrededor del inicio de un viaje.

Lo que esta metáfora tiene de potente es que deja muy claro por qué el conferencista, como cualquier guía turístico, debe empezar allí donde se encuentra el público. Y por qué debe evitar dar saltos imposibles o cambios inexplicables de dirección.

Tanto si se trata de un viaje de exploración como de explicación o de persuasión, el resultado neto es haber llevado al público hasta un lugar nuevo y hermoso. Y eso también es un regalo.

Sea cual sea la metáfora que uses, centrarte en lo que vas a darle al público es el fundamento perfecto para preparar tu charla.

FUNDAMENTOS

3
TRAMPAS FRECUENTES
Cuatro estilos de charla que conviene evitar

Hay innumerables maneras de construir una gran charla. Pero primero, unos cuantos consejos esenciales. En el mundo existen algunos estilos de charla muy desagradables, peligrosos tanto para la reputación del conferencista como para el bienestar del público. De los cuatro que siguen hay que mantenerse alejado a toda costa.

El discurso de ventas

A veces quienes dan una charla lo entienden todo al revés: quieren recibir, no dar.

Hace unos años, un conocido autor y consultor empresarial llegó a TED. A mí me entusiasmaba la idea de oír su presentación sobre cómo pensar por fuera de lo convencional. Pero lo que ocurrió me dejó horrorizado. Empezó a hablar sobre una serie de empresas que, al parecer, habían progresado mucho como consecuencia de una acción que habían emprendido. ¿Y cuál era aquella acción? Todos habían contratado sus servicios.

Después de cinco minutos de escuchar lo mismo, el público empezó a impacientarse y yo ya había tenido bastante. Me levanté y empecé a interrumpirlo. Todos los ojos se volvieron hacia mí. Estaba sudando. Tenía el micrófono abierto. Todos lo oyeron todo.

> **Yo:** Tengo una petición que hacerle. Tal vez pueda hablarnos de la manera de pensar que recomienda. Queremos saber cómo funciona en realidad para quedarnos con una idea clave. De momento se parece demasiado a un anuncio. *[Aplausos nerviosos. Pausa incómoda].*
>
> **Conferencista:** Tardaría tres días en exponerlo. En quince minutos no puedo contarles cómo se hace. Mi propósito es contarles que estas cosas pueden funcionar y, por tanto, motivarlos para que las estudien mejor.
>
> **Yo:** Le creemos que funcionan. Es usted una estrella en este campo. Pónganos un ejemplo o ábranos el apetito con los primeros quince minutos de la exposición. ¡Por favor!

Llegados a este punto, el público empezó a aplaudir y al conferencista no le quedó alternativa. Para alivio de todos, finalmente empezó a compartir algún conocimiento que podía resultarles útil a los demás.

Y he aquí lo irónico del caso. Este enfoque egoísta a la hora de hablar en público no va ni siquiera en interés del conferencista. Me sorprendería que hubiera conseguido que uno solo de los asistentes contratara sus servicios. E incluso, si lo consiguió, fue a costa de perder el respeto de otros integrantes del público. Sobra decir que no llegamos a "colgar" la charla en Internet.

La reputación lo es todo. Y lo que te interesa es crearte fama de persona generosa, aportar algo maravilloso a las personas que acudan a escucharte y no quedar como alguien fastidioso que se dedica a promocionarse a sí mismo. Resulta aburrido y frustrante que intenten venderte algo, y más si esperas otra cosa.

Por lo general, claro está, estos intentos de venta se producen de manera mucho más sutil: una diapositiva en la que aparece la cubierta de un libro, la breve mención a la escasez de recursos de la organización del conferencista... En el contexto de una charla, por lo demás estupenda, uno puede incluso pasar por alto estos pequeños empujoncitos. (Y, por supuesto, si a alguien se le ha pedido explícitamente que hable de su libro o de su organización, la cosa cambia por completo). Pero en todo caso siempre se corre un gran riesgo. Por ello, en TED desaconsejamos activamente que los conferencistas vayan en esa dirección.

El principio clave pasa por tener presente que la misión de quien habla en público es *dar* al público, no recibir de él. (Incluso en un contexto de negocios, en el que de manera abierta pronuncias un discurso con vistas a la venta, tu meta debería ser dar. Los vendedores más eficaces se ponen en la piel de quienes les escuchan e imaginan la mejor manera de atender sus necesidades). A una conferencia la gente no va a que le vendan nada. Tan pronto como sospeche que ese puede ser tu objetivo, se refugiará en un puerto seguro, como por ejemplo la bandeja de entrada de su correo electrónico. Es como si hubieras quedado para tomarte un café con una amiga y descubrieras con horror que lo que ella quería en realidad era explicarte que quiere comprar un tiempo compartido y que tú debes adquirir también tu parte. En cuanto tengas la menor ocasión, saldrás de allí pitando.

Puede existir desacuerdo sobre dónde está la línea entre compartir una idea e intentar vender algo, pero ese principio resulta fundamental: ve a dar, no a recibir.

Y lo que sucede es esto: la generosidad suscita una respuesta. Cuando Bryan Stevenson, abogado defensor de los derechos humanos, dio una charla en TED, su organización necesitaba desesperadamente un millón de dólares para seguir defendiendo un caso muy importante en el Tribunal Supremo estadounidense. Pero Bryan no comentó nada de eso durante su charla, ni una sola vez. Lo que sí hizo fue transformar nuestra manera de ver la injusticia en Estados Unidos, y lo hizo a través de anécdotas, ideas, sentido del humor, revelaciones. Al final, el público se puso de pie al unísono y pasó varios minutos aplaudiendo. ¿Y sabes qué? Salió de la conferencia habiendo logrado que los asistentes realizaran aportes por un valor de 1.3 millones de dólares.

La divagación

En la primera TED que organicé, uno de los conferencistas empezó así su charla: "Mientras venía hacia aquí en el coche, preguntándome qué iba a decirles...". A continuación, pronunció una lista de observaciones vagas sobre posibles futuros. Nada desagradable, nada que resultara particularmente difícil de entender, pero ni un solo argumento de peso. Ni una sola revelación. Ningún "momento ¡ajá!". Ni una sola idea clave. El público aplaudió educadamente, pero en realidad nadie aprendió nada.

Yo estaba indignado. Una cosa es preparar poco una charla, y otra cosa muy distinta es alardear de ir poco preparado. Eso resulta insultante. Es decirle al público que su tiempo no importa. Que ese evento no importa.

Hay muchísimas charlas así. Divagaciones que no apuntan en una dirección clara. Un conferencista puede engañarse y creer que incluso una exploración borrosa de su agudo pensamiento ha de resultar fascinante para los demás. Pero si ochocientas personas han decidido dedicar quince minutos de su tiempo a tus palabras, tú no puedes, simplemente, improvisar.

Como dice mi colega Bruno Giussani, cuando la gente se sienta en una sala para oír hablar a alguien, le están ofreciendo algo absolutamente valioso, algo que, una vez dado, ya no puede recuperarse: unos pocos minutos de su tiempo y su atención. Su misión ha de ser usar ese tiempo lo mejor posible.

Así pues, si vas a regalar a la gente una idea asombrosa, primero debes pasar algo de tiempo preparándote. Divagar no es una opción.

Tu organización es aburrida

Una organización resulta fascinante para las personas que trabajan en ella y aburridísima para casi todos los demás. Lo siento, pero es así. Toda charla que gire en torno a la historia excepcional de tu empresa, tu ONG, tu laboratorio y la manera tan compleja, pero, ¡ah!, tan impresionante de organizarse, así como a la fotogenia del talentoso equipo que trabaja contigo y al inmenso éxito que están teniendo tus productos, hará que tu público se quede dormido desde la primera frase. Tal vez tenga interés para ti y para tu equipo, pero es que nosotros no trabajamos ahí.

Todo eso cambia cuando uno se centra en la naturaleza del trabajo que desempeña y en el poder de las ideas que lo conforman, y no en la organización en sí misma, ni en sus productos.

Conseguirlo puede ser más difícil de lo que parece. Muchas veces los directores de las organizaciones son por defecto sus portavoces, siempre en "modo venta", considerando que es su obligación hablar bien del equipo tan trabajador que los rodea. Y como el trabajo del que quieren hablar se ha desarrollado en el seno de la organización, la manera más obvia de describirlo puede ser limitarlo a los actos de dicha organización: "En 2005 organizamos un nuevo departamento en Dallas en este edificio de oficinas [*aquí se proyecta la diapositiva de una torre de acero y cristal*]; su meta era investigar cómo podíamos reducir nuestros costos energéticos, por lo que encargamos al vicepresidente Hank Boreham la tarea de…". Bostezo.

Compara esa descripción con esta otra: "En 2005 descubrimos algo sorprendente: resulta que una oficina media puede reducir su gasto energético un 60% sin que se produzca una pérdida apreciable de productividad. Y quiero compartir con ustedes…".

De esta manera se mantiene el interés. De la otra, el interés muere. Una de las dos maneras es un regalo. La otra nos sirve solo a nosotros, y es producto de la pereza.

La actuación inspirada

No sé si incluir el siguiente ejemplo, pero creo que debo hacerlo.

Antes, pongámonos de acuerdo en algo: una de las cosas más poderosas que nos es dado experimentar cuando asistimos a una charla es la *inspiración*. Las palabras del conferencista nos conmueven y nos llenan de una sensación expansiva de posibilidad y entusiasmo. Queremos salir de la sala siendo mejores personas. El crecimiento y el éxito de TED se han alimentado de la naturaleza profundamente inspiradora de muchas de las charlas. Y sí, en efecto, esa fue la razón por la que me atrajo TED en un primer momento. Yo creo en el poder de la inspiración.

Pero se trata de un poder que debe ser manejado con gran cuidado.

Cuando un gran conferencista termina su charla y todo el público se pone de pie y aplaude, todos los presentes en la sala viven un momento de gran emoción. El público está entusiasmado con lo que acaba de escuchar, y a quien habla le resulta indescriptiblemente satisfactorio recibir un reconocimiento tan potente. (Uno de los momentos más incómodos en TED se vivió cuando un conferencista abandonó el escenario entre tímidos aplausos y le susurró a su amiga, que estaba más atrás: "Nadie se ha levantado". Un comentario comprensible. Lástima que aún tuviera el micrófono abierto y que todos captaran el tono lastimero de su voz).

Lo admitan o no, muchas de las personas que hablan en público sueñan con que las ovacionen mientras abandonan el escenario, y que después les envíen tuits que corroboren su gran capacidad de inspiración. Y ahí es donde está la trampa. El intenso atractivo de una ovación cerrada puede llevar a los aspirantes a conferencista a hacer cosas que no deben. Tal vez visualicen charlas dictadas por conferencistas que inspiran y quieran imitarlos..., pero solo en la forma. El resultado puede ser espantoso: la búsqueda a toda costa de cualquier truco para manipular intelectual y emocionalmente al público. Hace unos años vivimos un ejemplo perturbador de ello en TED.* Un hombre estadounidense de unos cuarenta años se había convertido en fanático de TED y nos envió un convincente video de audición, conminándonos a ofrecerle dar una charla. Su premisa se correspondía exactamente con el tema en el que nos centrábamos ese año, y llegaba con buenas recomendaciones, así que decidimos darle una oportunidad.

Los primeros momentos de su charla fueron prometedores. Tenía una personalidad muy marcada. Pronunció algunos comentarios iniciales divertidos, mostró un video ingenioso y un soporte visual sorprendente. Era como si se hubiera estudiado todas las charlas TED con gran detalle y estuviera incorporando a la suya lo mejor de cada una. Yo, ahí sentado, observándolo, albergaba la esperanza de tener un gran éxito entre las manos.

Pero entonces... la cosa empezó a ponerse algo rara. Había algo que no terminaba de encajar. A ese hombre le encantaba

* He sido amable y he cambiado un par de detalles.

estar en el escenario. Le gustaba demasiado. Hacía pausas con la esperanza de que la gente se riera, o le aplaudiera, y cuando obtenía lo que pretendía, interrumpía su discurso para decir "gracias", con lo que sutilmente forzaba a más elogios. Empezó a insertar comentarios improvisados destinados a divertir. Estaba claro que a él le divertían, pero a los demás no tanto. Y lo peor del caso era que lo sustancial de la charla no acababa de llegar nunca. Afirmaba haber trabajado para demostrar la veracidad de una idea importante, pero lo que defendía no pasaba de ser anecdótico y gracioso. En un momento dado llegó a mostrar una imagen tratada con Photoshop para corroborar lo que defendía. Y como estaba tan entusiasmado y quería robarse todas las miradas, ya estaba excediendo claramente el tiempo asignado.

Hacia el final, empezó a decirle a la gente que sí, que estaba en manos de todos adoptar sus conocimientos y les habló de sueños y de inspiración. Concluyó la charla con los brazos extendidos en dirección al público. Como era evidente que aquella charla era importante para él, una parte de los asistentes se levantó para aplaudirle. ¿Y yo? A mí me había dado asco. Aquel era el estereotipo de TED que tanto nos habíamos esforzado por eliminar: todo estilo y muy poca sustancia.

El problema con charlas como esa no es solo que halagan para engañar, es que dan mala fama al género de la charla en general. Restan probabilidades de que la audiencia se abra cuando se encuentran ante un conferencista realmente inspirador. A pesar de ello cada vez son más los que, movidos por la droga de la adoración del público, intentan seguir ese camino.

Por favor, no seas tú uno de ellos.

Lo que hay que decir sobre la inspiración es que es algo que debe ganarse. Alguien inspira a los demás no porque te mire con los ojos muy abiertos y te pida que creas en su sueño desde lo más profundo de tu corazón. Alguien inspira porque tiene un sueño por el que vale la pena entusiasmarse. Y esos sueños no llegan porque sí: son producto de sangre, sudor y lágrimas.

La inspiración es como el amor. Si uno lo busca directamente, no lo encuentra. De hecho, existe un término para describir a quienes buscan el amor de una manera demasiado directa: *acosadores*. En casos menos extremos, las palabras a las que recurrimos también son malas: *empalagosos*, *inapropiados*, *desesperados*. Por desgracia, ese comportamiento suscita lo contrario de lo que persigue: genera rechazo.

Pues lo mismo ocurre con la inspiración. Si intentas tomar un atajo y ganarte a la gente solo con tu carisma, es posible que tengas éxito durante un rato, pero no tardarán en desenmascararte, y el público te abandonará. En el ejemplo anterior, a pesar de la cerrada ovación parcial, el conferencista obtuvo unas pésimas críticas en la encuesta que realizamos después, y no publicamos la charla en Internet. La gente se había sentido manipulada. Y lo había sido.

Si sueñas con ser una estrella de las conferencias que enfervoriza al público mientras recorre el escenario de un lado a otro proclamando su genialidad, te suplico que te replantees las cosas. Ni lo sueñes. Sueña con algo que sea mucho más grande que tú. Ponte a trabajar en ese sueño el tiempo que haga falta para conseguir algo que merezca la pena. Y después, humildemente, prepárate para compartir lo que hayas aprendido.

La inspiración no puede representarse. Es la reacción del público a la autenticidad, el valor, el trabajo generoso, el conocimiento auténtico. Lleva esas cualidades hasta tu charla y te asombrarás de lo que ocurre.

Resulta fácil hablar de por qué fracasan las charlas. ¿Pero cómo pueden construirse para que sean un éxito? Todo empieza con un instante de claridad.

FUNDAMENTOS

4
LA LÍNEA ARGUMENTAL
¿A dónde quieres llegar?

"Ocurre demasiado a menudo: estás ahí sentado, entre el público, escuchando hablar a alguien, y sabes que esa persona podría estar dando una charla mucho mejor, pero que no es la charla que está dando". Es de nuevo una frase de Bruno Giussani, compañero de TED, un hombre que no soporta ver cómo unos grandes conferencistas en potencia desaprovechan sus oportunidades.

El sentido de una charla es decir algo con sentido. Pero resulta sorprendente constatar la cantidad de charlas que nunca llegan a hacerlo. Sin duda, se pronuncian muchas frases. Pero por un motivo u otro dejan al público sin nada de qué agarrarse. Unas diapositivas bonitas y una presencia escénica carismática están muy bien, pero si no hay una verdadera idea clave, lo máximo que habrá logrado el conferencista, en el mejor de los casos, será entretener.

La causa principal de esta tragedia es que el conferencista no ha contado nunca con un plan digno para una charla concebida como un conjunto. Es posible que la haya preparado punto por punto, o frase por frase, pero no ha dedicado nada de tiempo a su recorrido general.

Existe un término muy útil a la hora de analizar obras de teatro, películas y novelas. También es aplicable a las charlas: se trata de la *línea argumental*, el hilo conductor que une todos los elementos de la narración. Toda charla debería contar con ella.

Dado que tu meta es construir algo asombroso en las mentes de quienes te escuchan, piensa en la línea argumental como si fuera una cuerda o soga resistente a la que irás atando todos los elementos que forman parte de la idea que estás construyendo.

Ello no significa que en toda charla solo pueda cubrirse un tema, contarse una sola historia o avanzarse únicamente en una dirección, sin desviarse nunca. En absoluto. Simplemente quiere decir que todas las piezas deben estar conectadas.

A continuación, reproduzco el inicio de una charla dictada sin línea argumental.

> "Quiero compartir con ustedes algunas de las experiencias que tuve durante mi reciente viaje a Ciudad del Cabo, y a continuación hacer algunas observaciones sobre la vida en la carretera...".

Compáralo con:

> "Durante un viaje reciente a Ciudad del Cabo descubrí una cosa sobre los extranjeros: cuándo puedes confiar en ellos y cuándo no. Permítanme que comparta con ustedes dos experiencias muy distintas que tuve...".

El primer planteamiento puede servir para una charla con la familia. Pero el segundo, con su línea argumental visible desde el principio, resulta mucho más atractivo para el público en general.

Un buen ejercicio consiste en intentar encapsular tu línea argumental en una frase que no supere las quince palabras. Y esas quince palabras deben proporcionar un contenido potente. No basta con pensar en tu meta como: "Quiero motivar al público" o "Quiero ganar apoyo para mi trabajo". Ha de tratarse de algo más concreto. ¿Cuál es la idea precisa que quieres construir en el interior de la mente de quienes te escuchan? ¿Cuál ha de ser su idea clave?

También resulta importante no plantear una línea argumental que sea demasiado predecible o banal, por ejemplo: "La importancia de trabajar duro" o "Los cuatro proyectos principales en los que he estado trabajando". Zzzz… ¡Tú sabes hacerlo mejor! He aquí las líneas argumentales de algunas Charlas TED populares. Fíjate en que "lo inesperado" aparece de un modo u otro en todas ellas:

- Una mayor capacidad de elección normalmente nos hace menos felices.
- La vulnerabilidad es algo que hay que valorar, no algo de lo que hay que esconderse.
- El potencial de la educación se transforma si te centras en la asombrosa (y graciosísima) creatividad de los niños.
- Con el lenguaje corporal puedes fingir algo hasta que llegues a ser lo que fingías ser.
- Una historia del universo en dieciocho minutos muestra un camino que va del caos al orden.
- Unas banderas municipales espantosas nos revelan sorprendentes secretos de diseño.
- Una expedición de esquí al Polo Sur puso en peligro mi vida y patas arriba mi sentido de propósito.
- Provoquemos una revolución silenciosa: un mundo rediseñado para los introvertidos.

- La combinación de tres tecnologías simples crea un sexto sentido mentalmente potentísimo.
- Los videos en línea pueden humanizar las aulas y revolucionar la educación.

Barry Schwartz, cuya charla es la primera de esta lista (sobre la paradoja de las decisiones) tiene mucha fe en la importancia de las líneas argumentales.

> Muchos oradores se han enamorado de sus ideas y les cuesta imaginar lo que en ellas puede haber de complicado para personas que no están previamente familiarizadas con ellas. La clave pasa por presentar solo una idea, tan exhaustiva y completa como uno quiera, en un período de tiempo limitado. ¿Sobre qué quieres que tu público tenga una comprensión clara cuando concluya tu charla?

La última línea argumental de la lista es del reformador educativo Salman Khan, que en una ocasión me dijo:

> La Khan Academy llevaba a cabo muchas cosas interesantes, pero parecía que nos servían solo a nosotros mismos. Quería compartir unas ideas que son más grandes, unas ideas tales como el aprendizaje basado en el dominio progresivo y la humanización del tiempo de clase mediante la eliminación de las lecciones magistrales. Mi consejo a quienes hablan en público es que busquen una sola idea importante que trascienda a su organización, pero que al mismo tiempo aporten su experiencia para demostrar que no se trata solo de especulaciones huecas.

Las líneas argumentales no tienen por qué ser tan ambiciosas como las enumeradas arriba. Pero, en todo caso, sí deben aportar cierto punto de intriga, de desconcierto. En lugar de dar una charla sobre la importancia del trabajo duro, ¿qué tal si hablas de por qué con el trabajo duro a veces *no se consiguen* verdaderos éxitos y qué puedes hacer al respecto? En lugar de planificar una charla sobre los cuatro proyectos recientes en los que has estado trabajando, ¿por qué no la estructuras en torno a solo los tres de esos proyectos que guardan una sorprendente relación entre ellos?

De hecho, Robin Murphy traía precisamente eso como línea argumental cuando vino a hablar a TEDWomen. Transcribo a continuación el arranque de su charla:

> Los robots se están convirtiendo rápidamente en los primeros en reaccionar en lugares sacudidos por algún desastre, trabajando junto a los humanos en rescates. La implicación de estas máquinas sofisticadas puede transformar el ámbito de la ayuda en desastres, salvar vidas y ahorrar dinero. Hoy me gustaría compartir con ustedes tres nuevos robots en los que llevo un tiempo trabajando y que lo demuestran.

No hace falta que toda charla enuncie de manera explícita cuál es su línea argumental. Como veremos, existen muchas otras maneras de intrigar a la gente e invitarla a seguirte en tu viaje. Pero cuando el público sabe a dónde te diriges, le resulta mucho más fácil seguirte.

Pensemos una vez más en una charla como un viaje, un viaje que quien habla y quien escucha emprenden juntos y en el que el conferencista ejerce de guía. Pero si tú, que das la charla, quieres que el público venga contigo, seguramente vas a tener que proporcionarle alguna pista sobre el lugar al que te diriges. Y también deberás tener claro que todos los pasos de tu viaje te servirán para llegar hasta allí. Si seguimos esta metáfora, *la línea argumental traza el sendero que sigue el recorrido.* Asegura que no habrá saltos imposibles, y que al final de la charla, el conferencista y el público habrán llegado juntos a un destino satisfactorio.

Mucha gente se plantea una charla pensando que se limitará a perfilar brevemente su trabajo, a describir su organización o a explorar un tema. Pero ese no es un buen plan. Es bastante probable que la charla acabe resultando poco concreta y teniendo poca repercusión.

Ten en cuenta que "línea argumental" no es lo mismo que "tema". Tu invitación puede parecer más que clara: "Querida Mary, queremos que vengas a hablar sobre esa nueva tecnología de desalinización que has desarrollado"; "Querido John, ¿podrías venir a contarnos la historia de tu aventura en kayak por Kazajstán?". Pero aunque el *tema* esté claro, merece la pena pensar un poco en la *línea argumental*. Una charla sobre la práctica del kayak puede tener una línea argumental basada en la resistencia, en la dinámica de los grupos o en los peligros de los remolinos en aguas bravas. La charla sobre la desalinizadora podría tener una línea argumental basada en la innovación disruptiva, la crisis global del agua o lo impactante de la elegancia en la ingeniería.

Así pues, ¿cómo llegar a una línea argumental?

El primer paso consiste en recabar tanta información sobre el público como sea posible. ¿Cómo está conformado? ¿Cuánto saben sus integrantes del tema? ¿Cuáles son sus expectativas? ¿Qué les preocupa? ¿De qué les han hablado previamente otros conferencistas? Solo se puede regalar una idea a una mente dispuesta a recibir ese tipo de idea. Si vas a hablar ante un público formado por taxistas londinenses sobre lo asombroso de una economía colaborativa alimentada digitalmente, te sería de ayuda saber con antelación que su medio de vida parece estar siendo destruido por Uber.

Pero el mayor obstáculo a la hora de identificar una línea argumental se expresa a la perfección en la queja básica de todo conferencista: "¡Tengo demasiadas cosas que decir y muy poco tiempo para decirlas!".

Eso es algo que oímos muchas veces. Las Charlas TED no pueden superar los dieciocho minutos. (¿Por qué dieciocho? De ese modo son lo suficientemente breves como para mantener la atención del público, incluido el que las ve por Internet, y lo bastante precisas como para que se tomen en serio. Pero, a la vez, resultan lo suficientemente largas como para poder expresar cosas importantes). Sin embargo, la mayoría de los conferencistas están acostumbrados a hablar durante treinta o cuarenta minutos o más. Les resulta muy difícil imaginar que se pueda dictar una charla en un espacio de tiempo tan breve.

No es cierto en absoluto que una charla breve implique un menor tiempo de preparación. Al presidente Woodrow Wilson le preguntaron en una ocasión cuánto tiempo tardaba en preparar sus discursos. Y respondió:

> Eso depende de la duración del discurso. Si se trata de una intervención de diez minutos, tardo dos semanas en prepararlo; si es de media hora, tardo una semana; si puedo extenderme todo el tiempo que quiera, no me hace falta prepararme en absoluto. Ya estoy listo.

Estas palabras me recuerdan a la célebre cita atribuida a diversos grandes pensadores y escritores: "Si hubiera tenido más tiempo, habría escrito una carta más corta".

Así que aceptemos que crear una gran charla que encaje en un período de tiempo limitado es algo que va a suponernos un verdadero esfuerzo. En cualquier caso, hay una manera correcta y una manera equivocada de planteársela.

La manera equivocada

La manera equivocada de condensar una charla es incluir en ella todo lo que uno cree que debe decir, pero recortando cada uno de sus elementos para que parezcan más cortos. Curiosamente, es posible que seas capaz de crear un guion en el que consigas ese propósito. Cada uno de los temas principales que deseas tratar está ahí, en forma de sumario. ¡Lo tienes todo cubierto! Es incluso posible que creas que hay una línea argumental que recorre todos los puntos, un andamiaje general que sostiene tu trabajo. Puede parecerte que has dado todo lo que podías dar y que has hecho todo lo posible para encajarlo todo en el tiempo que te han asignado.

Pero las líneas argumentales que conectan un número elevado de conceptos no funcionan. Se produce una consecuencia drástica cuando uno pasa rápidamente de un tema a otro en forma resumida: que los temas no impactan con fuerza. Tú conoces todo el trasfondo y el contexto de lo que estás diciendo, por lo que las ideas que aportas pueden parecerte profundas, pero para el público que llega virgen a tu trabajo es muy posible que la charla le resulte abstracta, árida o superficial.

En realidad, se trata de una ecuación muy simple: una charla repleta de conceptos equivale a una charla en la que esos conceptos están poco explicados.

Para decir algo interesante debes dedicar cierto tiempo a ocuparte, al menos, de dos cosas:

- Demostrar por qué importa... ¿Cuál es la pregunta que intentas responder, el problema que intentas resolver, la experiencia que intentas compartir?
- Complementar todos los argumentos que aportas con ejemplos, historias y datos reales.

Así es como las ideas que tanto valoras podrán construirse en la mente de otras personas. El problema es que explicar el porqué y acto seguido proporcionar ejemplos es algo que requiere su tiempo. Por eso solo nos queda una salida.

La manera acertada

Para dar una charla eficaz, debes reducir el *conjunto de temas* que abordarás y limitarlo a un solo hilo conductor, una línea argumental que pueda desarrollarse adecuadamente. En cierto sentido cubres menos, pero la repercusión será significativamente mayor.

El autor Richard Bach dijo: "La gran escritura tiene muchísimo que ver con la fuerza de la palabra suprimida". Y lo mismo puede decirse de las charlas. El secreto del éxito de una charla depende a menudo de lo que se deja fuera de ella. Menos puede ser más.

Muchos conferencistas de TED nos han comentado que esa ha sido la clave para acertar con su charla. Esto es lo que dijo la pianista Amanda Palmer:

> Sentía que mi ego me tenía atrapada. ¿Y si mi Charla TED se convierte en un fenómeno viral? Necesito que la gente sepa lo gran pianista que soy. Que escribo unas letras fantásticas. Que tengo muchos OTROS talentos. ¡ESTA ES MI OPORTUNIDAD! Pero no. La única manera de que la charla funcione de verdad es que dejes tu ego en la calle y te limites a ser un vehículo de transmisión de las propias ideas. Recuerdo haber ido a cenar con un habitual de TED, Nicholas Negroponte, y preguntarle si tenía algún consejo que darme para mi charla. Y él me dijo algo que mi mentor, de creencias budistas, lleva años diciéndome: deja espacio y DI MENOS.

El economista Nic Marks recomienda el consejo que se da muchas veces a los escritores atormentados: "*Mata lo que más quieres*. Yo tuve que prepararme para NO hablar de algunas de las cosas que más me gustan y que me habría encantado incluir, pero no formaban parte del relato principal. Me resultó duro, pero era básico".

A una de las conferencistas de TED más populares, Brené Brown, también le costó respetar las duras limitaciones temporales de TED. Y recomienda recurrir a una fórmula muy sencilla:

Planifica tu charla. Y acto seguido redúcela a la mitad. Una vez que hayas llorado por la pérdida de tu charla, córtala en otro 50%. Resulta atractivo pensar en lo mucho que eres capaz de incluir en dieciocho minutos. En mi opinión, la mejor pregunta que puedes hacerte es: "¿Qué puedes transmitir, *con sentido*, en dieciocho minutos?".

Eso mismo es aplicable a charlas de cualquier extensión. Déjame intentarlo con un ejemplo personal. Pongamos que me han pedido que hable solo durante dos minutos para presentarme. Primero, la versión uno:

> Aunque soy británico, nací en Pakistán: mi padre era cirujano oftalmólogo misionero y pasé los primeros años de mi vida en India y Pakistán. A los trece años me enviaron a un internado en Inglaterra, y después cursé Filosofía, Política y Economía en la Universidad de Oxford. Empecé a trabajar como periodista de información local para un periódico de Gales, y después cambié y estuve un par de años en una emisora de radio pirata de las Islas Seychelles, donde redactaba y leía un servicio de noticias internacionales.
>
> De regreso al Reino Unido, a mediados de 1980, me enamoré de las computadoras y empecé a publicar varias revistas dedicadas a ellos. Era un momento fantástico para lanzar revistas especializadas, y durante siete años mi empresa duplicó su tamaño anualmente. La vendí, me trasladé a Estados Unidos y volví a intentarlo.
>
> En el año 2000 mi negocio había crecido hasta alcanzar la cifra de dos mil empleados. Editaba ciento cincuenta revistas y páginas web. Pero la burbuja tecnológica estaba a punto de estallar, y cuando lo hizo, casi destruye la empresa. Además, ¿a quién le hacen falta revistas cuando existe Internet? Lo dejé a finales de 2001.
>
> Por suerte, había invertido algo de dinero en una fundación sin ánimo de lucro que pude usar para adquirir TED, que por aquel entonces era un congreso anual que se celebraba en California. Desde entonces, esa ha sido mi pasión de tiempo completo.

Y ahora, la versión dos:

> Quiero que entres conmigo en mi dormitorio de estudiante de la Universidad de Oxford, en 1977. Abres la puerta y al principio parece que no hay nadie.

Pero espera: ahí, en el rincón, hay un chico tendido en el suelo, boca arriba, mirando el techo. Lleva en esa posición más de hora y media. Ese soy yo a los veintiún años. Pienso. Mucho. Estoy intentando… Por favor, no te rías… Estoy intentando resolver el problema del libre albedrío. ¿El misterio profundo que ha intrigado a filósofos de todo el mundo desde hace al menos dos mil años? Pues sí, me estoy enfrentando a él.

Cualquiera que observara objetivamente la escena habría concluido que ese chico era una combinación rara de arrogancia, concepciones equivocadas, o tal vez alguien que simplemente se sentía incómodo y solo, y que prefería la compañía de las ideas a la de la gente.

¿Pero según mi propio relato? Soy un soñador. Siempre me ha obsesionado el poder de las ideas. Y estoy bastante seguro de que esa capacidad para concentrarme en lo interior me ayudó a sobrevivir mientras me educaba en aquellos internados de India e Inglaterra, lejos de mis padres misioneros, y lo que me proporcionó la confianza para intentar construir una empresa de comunicación. Sin duda, fue ese soñador que hay en mí el que hizo que me enamorara tan profundamente de TED.

Ya más recientemente, he estado soñando con la revolución de hablar en público, y hacia dónde esa revolución nos podría conducir…

¿Y bien? ¿Cuál de las dos versiones cuenta más de mí? La primera, sin duda, incorpora más datos. Se trata de un sumario digno de grandes etapas de mi vida. Un resumen en dos minutos. La segunda se centra solamente en un momento de mi vida. Aun así, cuando pruebo este experimento con otras personas, dicen que la segunda versión les resulta más interesante y, además, mucho más reveladora.

Pongámonos de acuerdo en lo siguiente como punto de inicio: y a sea tu límite de tiempo de dos minutos o de dieciocho, o de una hora, *solo recorrerás la distancia que puedas cubrir con la suficiente profundidad para que resulte convincente.*

Ahí es donde realmente ayuda el concepto de línea argumental. Al escoger una, filtramos automáticamente gran parte de lo que, de otro modo, podríamos acabar diciendo. Cuando he puesto en práctica el experimento anterior, he pensado: "¿En qué aspecto de mí mismo debería centrarme para conseguir algo más de profundidad?". La decisión de limitarme al "soñador" me ha facilitado fijar mi "versión dos" en mi época de estudiante de Filosofía en Oxford y recortar casi todas las demás partes de mi vida. Si hubiera escogido al "emprendedor" o al "loco de la informática" o al "espíritu global", habría recortado en puntos distintos.

Así pues, la línea argumental exige que antes identifiquemos una idea que pueda ser expuesta en el tiempo con el que contamos. Después deberíamos construir una estructura para que todos los elementos que intervienen en nuestra charla estén vinculados de algún modo a esa idea.

De la línea argumental a la estructura

Detengámonos un momento en el término *estructura*. Se trata de una palabra fundamental. Distintas charlas pueden contar con estructuras distintas vinculadas a esa línea argumental central. Una charla puede empezar con una introducción al problema que el conferencista está abordando y ofrecer una anécdota que ilustre el problema. A continuación puede pasar a exponer algún intento histórico de resolver dicho problema y ofrecer un par de ejemplos de fracasos. La charla podría continuar entonces con la solución propuesta por quien da la charla, incluyendo en ese punto alguna prueba espectacular que avale su idea. Después podría cerrar la charla con tres implicaciones futuras.

La estructura de la charla puede compararse con un árbol. Hay una línea argumental central, que se eleva verticalmente, con ramas que surgen de ella y que representan, cada una, una expansión del relato principal: una en la parte baja a modo de anécdota de inicio; dos justo por encima, en la sección histórica, que explican los ejemplos que fallaron; una para la solución propuesta, que marca las nuevas pruebas. Y tres en lo más alto para ilustrar las implicaciones futuras.

Otra charla puede ser simplemente compartir, uno tras otro, cinco trabajos con un tema que los conecta, empezando y terminando por el proyecto presente del conferencista. En esa estructura, la línea argumental puede concebirse como un bucle que conecta cinco cajas distintas, que a su vez representan cada uno de los trabajos.

El conferencista TED más visto en la Red en el momento de redactar este libro es sir Ken Robinson. En su caso, según me comentó él mismo, la mayoría de sus charlas siguen esta sencilla estructura:

A: Introducción. — Instalarse, exponer qué se va a cubrir.
B: Contexto. — Por qué el tema importa.
C: Conceptos principales
D: Implicaciones prácticas
E: Conclusión

Como me dijo él mismo: "Existe una antigua fórmula para redactar trabajos según la cual un buen ensayo debe poder responder a estas tres preguntas: *¿Qué? ¿Y qué? ¿Y ahora qué?* Pues con esto es un poco lo mismo".

Sí, claro, el atractivo de las charlas de sir Ken va mucho más allá de su simplicidad estructural, y ni él ni yo recomendaríamos que todo el mundo adoptara esa misma estructura. Lo que importa es que tú encuentres la que desarrolle con más fuerza tu línea argumental en el tiempo disponible, y que muestre con claridad cómo se vinculan a ella todos los elementos de la charla.

Abordar temas duros

Deberás tratar con gran delicadeza tu línea argumental si el tema del que hablas es duro. El espanto de una crisis de refugiados. El crecimiento exponencial de la diabetes. La violencia machista en Sudamérica. Muchos de quienes hablan en público de estos temas consideran que su misión es poner en evidencia una causa que debe divulgarse más. La estructura de esas charlas, normalmente, pasa por enumerar una serie de hechos que ilustran lo horrible de la situación y por explicar por qué debe hacerse algo para solucionarla. Sin duda, hay momentos en los que esa es la manera perfecta de enmarcar una charla... siempre y cuando confíes en que tu público estará preparado y dispuesto a que lo hagan sentir incómodo.

El problema es que si el público asiste a muchas charlas como esa, acabará emocionalmente agotado y empezará a desconectarse. La fatiga emocional se instala en él. Si eso ocurre antes de que tenga lugar tu charla, esta no tendrá ninguna repercusión.

¿Cómo puedes evitarlo? El primer paso es no pensar que tu charla trata sobre un *tema*, sino sobre una *idea*.

Mi excolega June Cohen exponía la diferencia del siguiente modo:

Una charla basada en un tema avanza con la *moral*. Una charla basada en una idea avanza con la *curiosidad*.

El tema plantea un *problema*. La idea plantea una *solución*.

El tema dice: "¿No es *horrible*?". La idea dice: "¿No es *interesante*?".

Es mucho más fácil atrapar al público si se hace de la charla un intento de resolver un intrigante embrollo que si se convierte en una súplica a los asistentes para que se impliquen en algo. En el primer caso, la charla parece un regalo que se ofrece. En el segundo, una petición.

La lista de verificación

A medida que vayas trabajando en el desarrollo de tu línea argumental, aquí tienes una lista de aspectos que debes verificar:

- ¿Se trata de un tema que me apasiona?
- ¿Inspira curiosidad?
- ¿Afectará en algo al público adquirir este conocimiento?
- ¿Es un regalo o es una petición?
- ¿Se trata de una información nueva, o de algo que ya se sabe?
- ¿Realmente puedo exponer el tema en el espacio de tiempo que tengo asignado, incluyendo los ejemplos necesarios?
- ¿Sé lo suficiente sobre el tema como para que la charla merezca el tiempo que le dedicará el público?
- ¿Tengo la credibilidad necesaria para abordar el tema?
- ¿Cuáles son las quince palabras que resumen mi charla?
- ¿Esas quince palabras persuadirían a alguien de que le interesa escuchar mi charla?

La *coach* Abigail Tenembaum, especializada en hablar en público, recomienda comprobar la eficacia de la línea argumental con alguien que pueda ser un integrante típico del público, y hacerlo no por escrito, sino verbalmente. "Pronunciarla en voz alta suele mostrar al que habla qué es lo que está claro, qué es lo que falta, y cómo afinarla".

Elizabeth Gilbert, la autora de éxitos de ventas, también cree en las bondades de planificar una charla para un público compuesto por una sola persona, y en su caso me ofreció el siguiente consejo:

Escoge a un ser humano, a alguien de carne y hueso que forme parte de tu vida, y prepara la charla como si fueras a dictarla solamente ante esa persona. Escoge a alguien que no pertenezca a tu campo, pero que sea, en general, una persona inteligente, curiosa, comprometida y de mundo; alguien, además, que te caiga muy bien. Eso aportará calidez de espíritu y pasión a tu charla. Y, sobre todo, asegúrate de dirigirte a una persona, no a un grupo demográfico ("Mi charla es para personas del mundo del *software* con edades comprendidas entre los veintidós y los treinta y ocho años"), porque un grupo demográfico no es un ser humano, y si te diriges a un grupo demográfico no sonarás como si te estuvieras dirigiendo a un ser humano. No hace falta que vayas a su casa y te pases seis meses practicando la charla con ella; no es ni siquiera necesario que esa persona sepa que estás preparando una charla. Simplemente, escoge a un "espectador" ideal, y haz todo lo posible por crear una charla con la que le llegarías a lo más hondo, lo conmoverías, lo fascinarías o lo entusiasmarías.

Gilbert asegura que, con todo, lo más importante es escoger un tema que tú lleves muy hondo dentro de ti.

Habla de lo que sabes. Habla de lo que sabes y amas con todo tu corazón. Quiero oírte hablar del tema más importante en tu vida, no simplemente de algo escogido al azar y que crees que es novedoso. Tráeme una pasión tuya que hayas mantenido durante décadas y no un truquito nuevo y radical... Y, créeme, quedaré cautivado.

Una vez que ya tengas tu línea argumental, estarás en disposición de planificar qué es lo que le irás incorporando. Hay muchas maneras de construir ideas. En los cinco capítulos siguientes nos fijaremos en cinco instrumentos básicos que usan las personas que hablan en público:

- Conexión
- Narración
- Explicación

- Persuasión
- Revelación

Se trata de herramientas que pueden mezclarse y combinarse. Algunas charlas se concentran en una sola. Otras (pocas) recurren a las cinco (y con frecuencia en el mismo orden expuesto arriba). Pero vale la pena estudiarlas por separado, porque estas cinco técnicas resultan asombrosamente distintas.

HERRAMIENTAS PARA LAS CHARLAS

HERRAMIENTAS

5
CONEXIÓN
Personaliza

El conocimiento no puede meterse a la fuerza en los cerebros ajenos. Debe hacerse entrar.

Antes de poder construir una idea en la mente de otra persona, hace falta contar con su permiso. La gente se muestra cauta por naturaleza antes de abrir su mente —el bien más preciado que posee— a un perfecto desconocido. Así pues, debes buscar la manera de vencer esa prevención. Y la manera de lograrlo es hacer visible al ser humano que se agazapa, acobardado, en tu interior.

Asistir a una charla es algo completamente distinto a leer un ensayo. Y no solo por las palabras. No, en absoluto. Es por la persona que pronuncia esas palabras. Para causar impacto, debe producirse una conexión humana. Puedes dictar una charla magnífica, con explicaciones clarísimas y razonamientos lógicos de lo más agudos, pero si antes no te conectas con el público, tu charla no llegará. Aunque a un cierto nivel se entienda el contenido, no quedará activado, sino, simplemente, depositado en algún archivo mental etiquetado como: "Para olvidar pronto".

Las personas no son computadoras. Son criaturas sociales con toda clase de ingeniosas rarezas. Han desarrollado armas para protegerse de conocimientos peligrosos que contaminan la visión del mundo de la que dependen. Esas armas tienen nombre: escepticismo, desconfianza, desagrado, aburrimiento, incomprensión.

Y, por cierto, esas armas son de un valor incalculable. Si nuestra mente estuviera abierta a todo el lenguaje que le llega, nuestra vida se desmontaría enseguida: "¡El café da cáncer!", "¡Los extranjeros son horribles!", "¡Cómprate estos fantásticos cuchillos de cocina!", "Sé cómo hacer que te lo pases bien, cielo"... Todas y cada una de las cosas que oímos se evalúan antes de que nos atrevamos a incluirlas en una idea utilizable.

Así pues, nuestra primera misión como conferencistas es encontrar la manera de desactivar esas armas y crear un vínculo humano de confianza con los integrantes del público a fin de que estos se muestren dispuestos —e incluso encantados— a ofrecerte acceso pleno a su mente durante unos minutos.

Si las metáforas militares no son de tu agrado, regresemos a la idea de que una charla es como un viaje. Es un viaje al que llevas al público. Es posible que hayas planeado una ruta magnífica a un destino muy potente, pero antes de poder llevar a la gente hasta allí, tienes que conseguir que el viaje parezca atractivo. La tarea número uno es ir hasta donde se encuentra el público y ganártelo. Sí, eres un guía en quien se puede confiar. Sin eso, toda la empresa puede paralizarse incluso antes de empezar.

Nosotros les decimos a los conferencistas que TED ofrece un público cálido y receptivo. Pero, aun así, se dan grandes diferencias de repercusión entre los que se conectan con él y los que, de manera inconsciente, suscitan escepticismo, aburrimiento o desagrado.

Por suerte, existen numerosas maneras de establecer esa temprana e importantísima conexión. He aquí cinco sugerencias.

Establece contacto visual desde el principio

Los seres humanos somos dados a emitir juicios instantáneos sobre otros seres humanos. Amigo o enemigo. Me gusta o no me gusta. Inteligente o tonto. Seguro de sí mismo o inseguro. Las pistas que usamos para realizar estos juicios rápidos son, con mucha frecuencia, de una superficialidad asombrosa: por la manera de vestir de alguien, por su manera de caminar o de estar de pie, por su expresión facial, por su lenguaje corporal, por la atención que presta.

Los grandes conferencistas encuentran la manera de establecer una conexión temprana con su público. Puede ser por algo tan simple como por la confianza con la que salen al escenario, miran a su alrededor, establecen contacto visual con dos o tres personas y sonríen. Fijémonos un poco en los primeros momentos de la Charla TED de Kelly McGonigal sobre las ventajas del estrés:

> Tengo que confesar algo. *[Hace una pausa, se vuelve, baja las manos, sonríe tímidamente]*. Pero antes quiero que ustedes me hagan una pequeña confesión. *[Da un paso al frente]*. Quiero que levanten la mano *[mira a su alrededor fijamente, de rostro en rostro]* si en el último año han experimentado relativamente poco estrés. *[Sonrisa enigmática, que unos instantes después se convierte en una sonrisa cautivadora]*.

Y ahí se produce una conexión instantánea con el público.

Pero aunque no todos poseamos la misma fluidez expresiva que Kelly, ni seamos tan tranquilos ni tan guapos como ella, algo que sí podemos hacer es establecer contacto visual con los integrantes del público y sonreír un poco. La diferencia es enorme. El artista plástico indio Raghava KK es muy bueno estableciendo contacto visual, y la defensora de la democracia argentina Pia Mancini también. A los pocos segundos del inicio de sus respectivas charlas te sientes totalmente atrapado.

Hay una razón para que sea así. Los seres humanos hemos desarrollado una capacidad muy sofisticada para interpretar a los demás mirándolos a los ojos. Somos capaces, de manera inconsciente, de detectar el más mínimo movimiento de los músculos oculares en el rostro de otra persona y usar eso para juzgar no solo cómo se siente, sino si podemos fiarnos de ella. (Y, mientras lo hacemos, ella hace lo mismo con nosotros).

Los científicos han demostrado que la mera acción que ejecutan dos personas al mirarse la una a la otra desencadena actividad en las neuronas espejo por la que, literalmente, uno adopta el estado emocional de la otra persona.

Si yo estoy radiante, te haré sonreír por dentro. Solo un poco. Pero un poco que importa mucho. Si estoy nervioso, tú también sentirás algo de ansiedad. Nos miramos el uno al otro y nuestras mentes se sincronizan.

Hasta qué punto esto es así, es algo que viene determinado en parte por el grado de confianza mutua que sentimos. ¿Cuál es la mejor herramienta para generar esa confianza? Pues sí: una sonrisa. Una sonrisa natural, humana. (La gente es capaz de detectar las sonrisas falsas, y se siente manipulada al momento. Ron Gutman dio una Charla TED sobre el poder oculto de las sonrisas. Merece invertir en ella los siete minutos y medio que dura).

El contacto visual, apoyado en una que otra cálida sonrisa, constituye una tecnología sorprendente capaz de transformar la recepción de una charla. (Aunque es una pena que, en ocasiones, se vea socavada por otra tecnología: la iluminación de los escenarios. Hay iluminaciones dispuestas de tal modo que impiden que el conferencista vea a su público. Coméntaselo al organizador del evento con antelación. Si sales al escenario y no sientes la conexión no hay problema si pides que suban las luces de la platea, o que bajen un poco las del escenario).

En TED, el consejo más importante que damos el día de la charla a quienes van a hablar en público es que establezcan un contacto visual frecuente con los integrantes del público. Muestra calidez y cercanía. Muéstrate real. Sé tú. Eso facilita que confíen en ti, que les caigas bien y que empiecen a compartir contigo la pasión que sientes.

Cuando salgas al escenario deberías hacerlo pensando en una cosa: en tu auténtico entusiasmo ante la posibilidad de compartir tu pasión con la gente que está sentada ahí, a pocos pasos de ti. No te precipites con la primera frase. Colócate bajo la luz, escoge a un par de personas, míralas a los ojos, saluda con un movimiento de cabeza y sonríe: ya te has puesto en marcha.

Muestra la vulnerabilidad

Una de las mejores maneras de desarmar al público es empezar revelando la propia vulnerabilidad. Es el equivalente a que un *cowboy* entre en un *saloon*, se abra mucho la chaqueta y muestre que no lleva armas. Todo el mundo se relaja.

Brené Brown dictó una charla maravillosa sobre la vulnerabilidad en TEDxHouston, y la empezó adecuadamente:

> Hace un par de años, una organizadora de eventos me llamó porque yo iba a dar una conferencia; me llamó y me dijo: "Intento en vano encontrar una manera de describirte en el folleto". "Y ¿cuál es la dificultad?", le respondí yo. Y ella me contestó: "Fundamentalmente, te escuché hablar. Iba a llamarte investigadora, pero pensé que si lo hacía, nadie vendría porque pensarían que serías aburrida e intrascendente".

Y todos se enamoraron de ella al instante.

Aplicando la misma lógica, si te sientes nervioso, eso es algo que, de hecho, podría actuar a tu favor. El público lo capta al instante y, lejos de despreciarte, como tal vez temas, lo que ocurre es precisamente lo contrario: empieza a apoyarte. A menudo alentamos a los conferencistas que parecen nerviosos a que sencillamente se muestren dispuestos, si hace falta, a reconocer ese hecho. Si notas que te ahogas, haz una pausa..., busca una botella de agua, da un sorbo y explica de manera sencilla cómo te sientes. "Un momento, un momento... Como ven, estoy un poco nervioso. La emisión se reanudará en breves momentos". Lo más probable es que consigas un fuerte aplauso, y que el público se muera de ganas de que lo hagas muy bien.

La vulnerabilidad puede ser poderosa en todas las fases de una charla. Uno de los momentos más asombrosos que se han presenciado en TED se produjo cuando Sherwin Nuland, neurocirujano y éxitoso autor, acababa de contar una historia completísima sobre la terapia de electrochoques, el tratamiento que aborda las enfermedades mentales severas y que consiste en enviar corrientes eléctricas directamente al cerebro del paciente. Se mostraba conocedor en la materia, divertido y hacía que todo pareciera de lo más interesante, si bien algo aterrador. Pero en un momento dado se interrumpió: "¿Por qué les estoy contando esta historia en esta reunión?". Entonces dijo que quería compartir con el público algo de lo que no había hablado nunca. Se hizo tal silencio en la sala que se habría oído el vuelo de una mosca. "Si lo cuento es porque soy un hombre que, hace casi treinta años, salvó su vida mediante dos largos tratamientos de terapia por electrochoques". Nuland siguió revelando su propia y secreta historia de depresión debilitante, una enfermedad que empeoró a tal punto que los médicos se plantearon extirparle una parte del cerebro. Pero, como último recurso, probaron con los electrochoques. Y, finalmente, tras veinte sesiones, funcionó.

Al mostrarse tan vulnerable ante el público, el conferencista pudo concluir la charla con una fuerza extraordinaria.

> Siempre he sentido que, en cierto modo, soy un impostor, porque mis lectores no saben lo que acabo de contarles. Así que uno de los motivos por los que he venido hasta aquí a hablar hoy es que quería liberarme de una carga —con franqueza, con egoísmo—, y para que se supiera que quien ha escrito estos libros no es una mente libre de problemas. En todo caso, lo más importante de todo es que una proporción significativa de quienes integran este público tiene menos de treinta años, y me da la impresión de que casi todos ustedes están en la cúspide de una carrera profesional magnífica, emocionante. Podría ocurrirles cualquier cosa. Las cosas cambian. Los accidentes existen. Algo de la niñez regresa y los atormenta. Pueden quedar apartados del camino. Si yo he podido encontrar la manera de regresar a él, créanme, cualquiera puede salir de cualquier adversidad que se le presente en la vida. Y para quienes son mayores, para quienes ya han pasado por momentos difíciles, para quienes tal vez lo hayan perdido todo, como me ocurrió a mí, y hayan empezado una vez más partiendo de cero, algunas de estas cosas les resultarán familiares. Hay recuperación. Hay redención. Y hay resurrección.

Esta es una charla que todo el mundo debería ver. Sherwin Nuland falleció en 2014, pero su vulnerabilidad y la inspiración que extraía de ella siguen vivas.

Estar dispuesto a mostrarse vulnerable es una de las herramientas más poderosas con las que cuenta un conferencista. Pero, como sucede con todo lo poderoso, debe manipularse con cuidado. Brené Brown ha visto cómo muchos oradores malinterpretaban su consejo, y me comentó:

> Compartir con otros algo de manera forzada, falsa, hace que el público se sienta manipulado y que muchas veces se muestre

> hostil hacia ti y tu mensaje. Mostrarse vulnerable no es compartir en exceso. Existe una fórmula muy simple: la vulnerabilidad sin límites no es vulnerabilidad. Puede ser un intento de conseguir una conexión instantánea, o una llamada de atención, pero no es vulnerabilidad, y no lleva a conectar con el público. La mejor manera que yo he encontrado para tener claro ese punto es examinar las verdaderas intenciones. ¿Compartimos algo al servicio del trabajo que estamos desarrollando en el escenario, o lo hacemos como manera de solucionar cosas personales? Si se trata de lo primero, estamos ante algo muy potente. Si se trata de lo segundo, lo que conseguimos con ello es erosionar la confianza que la gente tiene en nosotros.

Brown recomienda fervientemente que *no* compartamos con los demás aspectos personales que no hayamos abordado antes con nosotros mismos:

> Tenemos que ser dueños de nuestras historias antes de que compartirlas con los demás sea algo que se perciba como un regalo. Una historia solo está lista para ser compartida cuando la curación y el crecimiento de quien la cuenta no dependen de la reacción del público.

La vulnerabilidad auténtica es poderosa. Compartir en exceso, no. En caso de duda, prueba con un amigo sincero.

Haz reír, pero no desternillarse

Concentrarse en una charla puede ser difícil, y el humor es una manera fantástica de atraer al público. Si Sophie Scott tiene razón, una parte de la finalidad evolutiva de la risa es crear lazos sociales. Cuando nos reímos con alguien, sentimos que estamos del mismo lado. La risa es una herramienta magnífica para forjar conexiones.

Sin duda, para muchos conferencistas el humor se ha convertido en una "superarma". La charla de sir Ken Robinson sobre la incapacidad que tienen las escuelas de potenciar la creatividad, que en 2015 ya había conseguido treinta y cinco millones de visualizaciones en TED, se dictó el último día del encuentro. Y empezó así: "Ha sido estupendo, ¿verdad? Estoy anonadado. De hecho, me voy". El público empezó a reír y, básicamente, ya no dejó de hacerlo. A partir de ese momento, nos tuvo en su poder. El humor aleja la principal resistencia que existe a la hora de asistir a una conferencia. Al ofrecer pequeños obsequios de risa desde el principio, lo que haces es informar sutilmente al público: "Apúntense al viaje, amiguitos. Vamos a pasarlo en grande".

Al público que enseguida se ríe contigo llegas a caerle bien. Y si a la gente le caes bien, estará mucho más dispuesta a tomar en serio lo que tengas que decir. La risa anula las defensas de los demás, y de pronto te encuentras con una oportunidad de comunicarte realmente con ellos.

Existe otro gran beneficio de una risa que se suscita al principio de una charla: se trata de una señal poderosa que indica que te estás conectando con el público. Monica Lewinsky me contó que el momento en que su nerviosismo se desvaneció durante su Charla TED fue cuando el público estalló en carcajadas. Y si es una señal para quien habla, también lo es para el resto de los asistentes. La risa significa: "Nosotros, como grupo, hemos creado un vínculo con este conferencista". Y entonces todos prestan más atención.

Asombra constatar que algunos de los mejores conferencistas dedican una parte significativa de sus charlas a construir esa conexión. En el caso de sir Ken, citado antes, casi la totalidad de los primeros once minutos consiste en una serie de anécdotas divertidas relacionadas con la educación que no contribuyen demasiado a exponer su idea central, pero que sí sirven para crear un vínculo extraordinario con el público. Al oírlas, pensamos: "Qué divertido es esto. No creía que la educación fuera un tema tan atractivo. Qué persona tan interesante... Me iría con él a cualquier parte". Así, cuando al final se pone serio y pasa al punto principal, que trata sobre la pérdida de creatividad en los colegios, atendemos con gran concentración todas y cada una de sus palabras.

De un modo parecido, en la fascinante charla de Bryan Stevenson sobre la injusticia, él dedicó la primera cuarta parte del tiempo asignado a contar una única anécdota sobre su abuela, que de niño lo convenció de no beber alcohol en su vida. Su relato terminó de manera muy graciosa, y de pronto todos nos sentimos profundamente conectados con ese hombre.

Cuidado: dedicar con éxito tanto tiempo a contar historias graciosas es un don especial que no está al alcance de todos nosotros. Aun así, si eres capaz de encontrar una anécdota breve que haga sonreír a la gente, tal vez te sirva para que el resto de tu charla fluya.

Rob Reid, autor de obras cómicas de ciencia ficción, nos ofreció un tipo de humor muy distinto: la sátira. Su tono de voz, durante toda la charla, se mantuvo serio. Decía estar ofreciendo un análisis sesudo sobre "las matemáticas de la propiedad intelectual". Pero transcurrido el primer minuto, más o menos, la gente empezó a darse cuenta de que se estaba burlando de lo absurdo de unas leyes de la propiedad intelectual que igualan el hecho de descargarse una canción ilegalmente a robar ciento cincuenta mil dólares. Empezaron a oírse risas, que enseguida se convirtieron en carcajadas.

El truco no siempre funciona, claro está. Un conferencista TED, hace unos años, creía ser muy gracioso mientras nos contaba una serie de anécdotas, a cual más incómoda, sobre su exmujer. Tal vez un par de amigos sentados entre el público se reían. Los demás nos retorcíamos en la butaca. En otra ocasión, otro intentaba pronunciar todas las citas de su charla imitando el acento que suponía que los autores de dichas citas habrían tenido. Tal vez a sus familiares aquello les resultara encantador, pero, sobre un escenario, a los demás nos provocaba vergüenza ajena. (A menos que cuentes con un gran talento para ello, recomiendo encarecidamente evitar los acentos, salvo el propio).

Hace treinta años los conferencistas salpicaban sus charlas con chistes basados en el género, la raza y las discapacidades. ¡Ni se te ocurra ir por ese camino! El mundo ha cambiado.

El humor es todo un arte, y no todo el mundo lo domina. Un intento fallido de recurrir al humor es peor que la ausencia de humor. Contar un chiste que te has descargado de Internet puede ser un tiro que te salga por la culata. De hecho, los chistes por sí mismos parecen cosas manidas, torpes, poco sofisticadas. Es mejor recurrir a anécdotas divertidas pero reales que tengan una relación directa con el tema de tu charla y que propongan un uso del lenguaje humorístico y encantador.

La persona más graciosa de nuestro equipo es Tom Rielly, que se encarga de nuestro programa de becas, y que durante años pronunciaba el discurso de cierre de nuestro evento, un discurso que hacía que todos los conferencistas se troncharan de risa. Estos son sus consejos:

1. Cuenta anécdotas que guarden relación con el tema, en las que el humor aparezca como algo natural. El mejor humor se basa en la observación de las cosas que ocurren a tu alrededor, que después se exageran o se combinan.

2. Ten a mano un comentario gracioso por si metes la pata, el sistema audiovisual falla o el señalador láser no funciona. El público también ha pasado por situaciones parecidas, y te ganarás su comprensión al momento.

3. Incluye humor en los elementos visuales que presentes. También puedes usarlo creando un contraste entre lo que dices y lo que muestras. Ahí, las posibilidades de reír son muchas.

4. Recurre a la sátira, diciendo lo contrario de lo que piensas y, acto seguido, revela tus intenciones, aunque se trata de algo muy difícil de hacer.
5. El cálculo de los tiempos es básico. Si se da un momento para la risa, debes darle una oportunidad para que llegue al público. Tal vez debas armarte de valor y detenerte un instante. Y hacerlo de manera que no parezca que estás pidiendo el aplauso.
6. Muy importante: si no eres una persona graciosa, no intentes serlo. Haz la prueba de tu vis cómica con familiares o amigos, o incluso con algún colega. ¿Se ríen ellos? Si no, cambia lo que pensabas decir, o sácale más punta.

Peligros (incluso en manos de personas que han recibido el don de la comicidad):

1. Comentarios groseros y términos ofensivos. No vayas por ahí: esto no es un monólogo en una sala de fiestas a altas horas de la madrugada.
2. Las rimas u otras composiciones poéticas supuestamente graciosas
3. Los juegos de palabras
4. El sarcasmo
5. Alargarse mucho
6. Todo intento de humor basado en la religión, la etnia, la identidad de género, la política. Tal vez los integrantes de esas comunidades puedan usarlo; quienes no forman parte de ellas, definitivamente, no pueden.

Todas estas cosas pueden funcionar en las circunstancias adecuadas, pero añaden muchas posibilidades de que las cosas fallen o de que resulten ofensivas. Y si el público se ofende, será difícil recuperarlo.

Si tienes pensado dedicarte mucho a hablar en público, vale la pena que investigues qué clase de humor te funciona mejor. Si no encuentras ninguno, no te alteres. El humor no está hecho para todo el mundo. Hay muchas otras maneras de establecer una conexión.

Deja a un lado tu ego

¿Querrías tú confiar tu mente a alguien totalmente pagado de sí mismo? Nada perjudica más la perspectiva de una charla que la sensación de que quien la dicta es un fanfarrón. Y si eso ocurre pronto… ¡Cuidado!

Recuerdo muy bien una Charla TED de hace ya muchos años que empezaba así: "Antes de convertirme en una marca viviente…". A partir de ese preciso instante ya se sabía que la cosa no acabaría bien. El conferencista estaba muy crecido tras un gran éxito comercial reciente, y estaba claro que nos lo iba a contar todo con pelos y señales. No recuerdo ninguna otra ocasión en que una Charla TED fuera interrumpida, como esa, por silbidos. ¡Silbidos! Incluso si eres un genio, un atleta fuera de serie y un líder valeroso, es mucho mejor dejar que sea el público el que lo descubra por sí mismo.

Salman Khan, conferencista TED, lo expresa de una manera muy hermosa:

> Sé tú mismo. Las peores charlas son aquellas en las que alguien intenta ser quien no es. Si normalmente te gusta hacer el tonto, haz el tonto. Si eres emocional, sé emocional. La única excepción está en la arrogancia, en el egocentrismo. Si eres arrogante, egocéntrico, tienes que hacer todo lo posible para que no se te note.

Hay conferencistas que recurren al humor para librarse deliberadamente de su ego.

Dan Pink, un conferencista experimentado cuya charla sobre la motivación acumula diez millones de visualizaciones, salió al escenario con algo de exceso de confianza y empezó a hablar en un tono de voz más alto de la cuenta. Pero tras las primeras frases, se nos había metido a todos en el bolsillo. Esto es lo que dijo:

> Tengo que hacer una confesión de entrada. Hace poco más de veinte años, hice algo de lo que me arrepiento, algo de lo que no estoy especialmente orgulloso, algo que, en muchos aspectos, preferiría que nadie supiera nunca, pero que aquí me siento un poco en la obligación de revelar. A finales de la década de los ochenta, en un momento de locura juvenil, me matriculé en la Facultad de Derecho.

Genial. Después de aquello, lo adoramos sin reservas.

Criticarse uno mismo, hablar mal de uno mismo, es algo que, si lo hace la persona adecuada, puede resultar muy bueno.

A Tony Blair, por ejemplo, se le da muy bien, y usa a menudo la autocrítica para llevarse a su terreno a públicos potencialmente hostiles. En una ocasión, antes de ser elegido primer ministro, empezó a contar una anécdota que, dijo disculpándose, tal vez llevara a la gente a dudar de si estaba capacitado para gobernar. Habló de una visita a los Países Bajos durante la cual, en un almuerzo con dignatarios, conoció a una mujer bien vestida de unos cincuenta años. Ella le preguntó quién era: "Tony Blair". "¿Y a qué se dedica?": "Dirijo el Partido Laborista británico". Él, entonces, le preguntó a ella quién era: "Beatriz". "¿Y a qué se dedica?". *[Pausa incómoda.]* "Soy la reina". Otro orador habría alardeado, simplemente, de haber cenado con la reina de Holanda, y habría perdido al público antes de empezar. Al echarse piedras sobre su tejado deliberadamente, Blair provocó la risa de los demás, y generó afecto y confianza.

El ego aparece de muchas maneras, maneras que pueden resultar en realidad invisibles a un conferencista acostumbrado a ser el centro de atención:

- Alardear de conocidos importantes.
- Anécdotas que parecen diseñadas solo para fanfarronear.
- Hablar bien de uno o de los logros de su empresa.
- Centrar toda la charla solo en uno mismo, más que en una idea que pueda resultar útil a los demás.

Podría aconsejarte que regresaras a los puntos básicos y recordaras que la finalidad de tu charla es regalar una idea, no autopromocionarse. Pero aun así puede pasársete por alto. Puede costar bastante darse cuenta desde dentro. Todo líder necesita a alguien que le dé su opinión directa y sincera. Alguien que no tenga miedo de disgustar ni ofender, llegado el caso. Si te sientes orgulloso de lo que has conseguido recientemente, es importante que hables con esa persona de confianza y que le des la oportunidad de decirte: "Has estado muy bien en algunas partes, pero, sinceramente, se te nota un poco creído".

Cuenta una historia

Contar historias es tan importante que todo el capítulo siguiente está dedicado a eso, pero una de sus funciones más importantes es crear una conexión con el público.

Las historias, los relatos, los cuentos, nos gustan desde que nacemos. Instantáneamente suscitan interés, empatía, emoción, intriga. Pueden situar de manera extraordinaria el contexto de una charla y hacer que la gente se interese por el tema.

Una historia potente puede aparecer en cualquier momento de la charla. Puede ser una manera estupenda de abrirla, una manera estupenda de ilustrar algo en la parte central, y, a veces, aunque menos a menudo, una manera estupenda de concluir.

Ernesto Sirolli quería dar una charla sobre un mejor enfoque hacia la ayuda al desarrollo en África. Si tu intención es abordar un tema duro como ese, es muy buena idea conectarte con el público desde el principio. Así lo hizo él:

> Nuestro… primer proyecto… fue uno en el que nosotros, los italianos, decidimos enseñar al pueblo zambiano a cultivar alimentos. Así que llegamos allí con semillas italianas, al sur de Zambia, a un valle maravilloso, río Zambeze abajo, y nos pusimos a enseñarles a los lugareños a cultivar tomates y calabacines italianos… Y ellos, claro está, no tenían el menor interés en aprenderlo… y a nosotros nos asombraba que aquellas personas, en un valle tan fértil, no tuvieran ningún tipo de agricultura. Pero en lugar de preguntarles cómo era posible que no cultivaran nada, decíamos, simplemente: "Gracias a Dios que estamos aquí, justo a tiempo para salvar al pueblo zambiano del hambre". Y es que, claro, en África todo crecía muy bien. Y cosechábamos unos tomates buenísimos… Y no nos lo creíamos, y les decíamos a los zambianos: "Miren qué fácil es aquí la agricultura". Cuando los tomates ya estaban bien, maduros, rojos, de noche salieron del río unos doscientos hipopótamos y se lo comieron todo. Y les dijimos a los zambianos: "¡Dios mío, los hipopótamos!". Y los zambianos nos dijeron: "Por eso aquí no tenemos agricultura".

Cuando uno consigue unir sentido del humor con autocrítica y con una idea en una única historia, se garantiza un buen inicio.

Las anécdotas con el potencial de generar la mejor conexión son las que tratan personalmente de nosotros y de las personas cercanas a nosotros. Historias de fracasos, de dificultades, de desgracias, de peligros o de desastres, relatadas de manera auténtica, suelen ser los momentos en que quienes asisten a la charla pasan del simple interés a la implicación profunda. Han empezado a compartir contigo algunas de tus emociones. Han empezado a preocuparse por ti. Has empezado a caerles bien.

Pero cuidado: hay historias que pueden parecer fanfarronerías o emocionalmente manipuladoras. Cuando explicas tu manera extraordinaria de convertir un problema en una solución emocionante, lejos de conectarte con el público puedes estar alejándolo. Cuando sacas la foto de tu hijo mayor de la cartera en el momento final de tu charla, declaras que le han diagnosticado una enfermedad terminal y dices que le dedicas la charla a él, quizás en vez de lograr la comprensión del público consigas que este se sienta incómodo.

En este punto, el criterio es ser simplemente auténtico. ¿Es el verdadero tú el que cuenta la historia? Una buena prueba es imaginar si contarías esa misma historia a un grupo de buenos amigos. Y si la respuesta es afirmativa, cómo lo harías. Los amigos son buenos detectores de lo poco auténtico. Y el público también. Sé sincero y no te equivocarás mucho.

Este consejo se aplica a todo este capítulo dedicado a la conexión. Algunas veces he descrito estas sugerencias como herramientas o técnicas. Es importante que no lleguen de ese modo. Deben formar parte de un deseo auténtico de conectarte con el público. Tú eres un ser humano. Tu público está formado por seres humanos. Piensa en ellos como en amigos tuyos. Así que, sencillamente, llega a ellos.

Ah, la política...

No puedo terminar este capítulo sin mencionar el mayor asesino de conexión que existe: el pensamiento tribal. Ya sea en política, religión o raza, la gente que forma parte de un colectivo que ha rechazado en conjunto las ideas que tú pretendes exponer constituye, por decirlo suavemente, todo un reto como público.

¿Mi referencia a Tony Blair ha hecho que te indignes conmigo? Tras años en el poder, y sobre todo a causa de su apoyo a la guerra de Irak, se convirtió en una persona odiada por algunos, hasta el punto de que la sola mención de su nombre provoca aumentos de los niveles de estrés. A ellos, el ejemplo anterior les habrá parecido mal escogido, y habrán pasado por alto su finalidad explicativa.

La política puede llevar a eso. La religión, también. Hay opiniones que se sostienen tan hondamente que si un conferencista parece amenazarlas la gente "entra en un modo" distinto. En lugar de escuchar, se cierran en banda y echan humo por las orejas.

Se trata de un gran problema. Una de las conferencias con más repercusión de los últimos tiempos fue la que impartió Al Gore, en el marco del ciclo de presentaciones que inició en 2005, y que se convirtió en el documental *Una verdad incómoda*, en la que se denunciaba una crisis climática global. En ella, Gore hacía un uso muy potente de todas las técnicas imaginables en lo que a charlas se refiere: diapositivas impactantes, discurso lógico bien medido, elocuencia, sentido del humor, defensa apasionada, burla despiadada de las opiniones contrarias, e incluso una anécdota personal, conmovedora, sobre su hija. Cuando dictó su conferencia en una sesión especial de TED, fuera de programa, tuvo una repercusión profunda en la vida de muchos participantes, que se persuadieron de la necesidad de dejar sus empleos y dedicarse por completo a cuestiones relacionadas con el cambio climático.

Pero había un problema: Al Gore era un político en un país fuertemente dividido por fronteras partidistas. Nuestros instintos partidistas alzan barreras casi infranqueables contra la propaganda de las líneas enemigas. La mitad del país se conectó más que nunca con Gore, hizo suya la causa de *Una verdad incómoda* y modificó de manera permanente su visión del mundo. Pero la otra mitad no se conectó con él en absoluto. Sencillamente, se cerró en banda. El mero hecho de que la defensa de aquella causa la encabezara Al Gore implicaba que no podía ser cierta. Un decenio después, el tema del clima sigue tan politizado como siempre. Lo que debería ser una cuestión científica se ha convertido, trágicamente, en una adscripción política. (Es posible que lo mismo hubiera ocurrido en la izquierda si Dick Cheney o Karl Rove hubieran liderado la defensa de alguna gran cuestión de alcance global).

La toxicidad de nuestra falta de diálogo en materia política (y religiosa) es una de las verdaderas tragedias del mundo moderno. Cuando las personas no se muestran dispuestas a escuchar, la comunicación no es posible.

Si quieres llegar a gente que se muestra en desacuerdo radical contigo, tus únicas opciones pasan por ponerte en su piel hasta donde puedas. No recurras a términos que puedan desencadenar reacciones tribales. Parte de una visión del mundo "desde *sus* ojos". Y usa todas y cada una de las herramientas descritas aquí para construir una conexión basada en la humanidad que compartes.

Afortunadamente, la mayoría de las oportunidades para hablar en público se dan ante públicos receptivos. En esos casos, la conexión con los asistentes sí debería ser posible, y en esos casos tu charla podrá brillar de verdad.

HERRAMIENTAS

6

NARRACIÓN

El irresistible encanto de las historias

Las historias nos han ayudado a convertirnos en quienes somos. Y lo digo en sentido literal. Según apuntan sólidos indicios arqueológicos y antropológicos, la mente humana evolucionó paralelamente al relato de historias.

Hace aproximadamente un millón de años nuestros antepasados homínidos empezaron a dominar el uso del fuego y parece que ello tuvo una profunda repercusión en su desarrollo. Calor, sí. Defensa contra los depredadores, sí. Cocción de alimentos, con las notables consecuencias que ello implicó para el crecimiento de nuestro cerebro, sí. Pero ocurrió algo más.

El fuego creó un nuevo imán para la vinculación social. El calor que desprendía y su luz parpadeante hacían que la gente se congregara a su alrededor cuando anochecía. Parece que ocurrió así en todas las antiguas culturas de cazadores-recolectores durante los últimos trescientos mil años.

¿Y qué hacían durante todo el tiempo que pasaban juntos? Parece que en muchas culturas adquirió preeminencia una forma concreta de interacción social: contar historias.

La antropóloga Polly Wiessner ha dedicado cuarenta años a investigar ciertas culturas de recolectores y a registrar periódicamente quién decía qué y cuándo. En 2014 publicó un estudio en el que demostraba la asombrosa diferencia que existía entre sus encuentros diurnos y los nocturnos. Las conversaciones que mantenían de día, incluso aquellas en las que participaban grupos más numerosos, se concentraban en cuestiones y en habladurías sociales. De noche, los ánimos se suavizaban. Podía haber cantos, bailes, rituales. Pero la mayor parte del tiempo lo dedicaban a relatar historias, cuentos que traían a gente de lugares lejanos hasta la hoguera y hasta los corazones y las mentes de quienes los escuchaban. Relatos de vivos y de muertos, presentes y lejanos. Historias que suscitaban hilaridad, tensión, temor. Historias contadas por hombres, historias contadas por mujeres. A menudo, los mejores cuentacuentos eran ancianos. En algunos casos, habían perdido la vista, pero los demás seguían venerándolos por su capacidad para contar historias.

La profesora Wiessner me contó que aquellas historias desempeñaban un papel crucial, pues contribuían a ampliar la capacidad de la gente para imaginar y soñar, y para entender las mentes de los demás. Permitían a las mentes humanas explorar inmensas redes sociales y construir comunidades imaginadas que iban mucho más allá de los límites de su grupo social local. Sus relatos daban estatus social a los grandes contadores de historias, y proporcionaban ideas prácticas a quienes las escuchaban. (Por ejemplo, una persona atenta podía aprender a evitar los peligros descritos en los relatos y que podían implicar perder la vida). Así, pues, es probable que, a medida que los seres humanos modernos fueran evolucionando, aquellas aptitudes para narrar y escuchar fueran seleccionándose y conservándose.

Es decir, que no se trata solamente de que nos encante escuchar historias, sino que, seguramente, estas contribuyeron a bosquejar la manera de compartir y recibir información de nuestra mente.

Sin duda, el poder de las historias se ha mantenido hasta el presente, como ponen en evidencia las industrias multimillonarias que crecen en torno a novelas, películas y programas de televisión.

Y no sorprende descubrir que muchas de las mejores charlas se basan en un relato, en una historia contada. A diferencia de lo que ocurre con las explicaciones difíciles o los argumentos complejos, todo el mundo puede identificarse con una historia. Por lo general cuentan con una estructura lineal simple que facilita su seguimiento. Sencillamente, dejas que quien las cuenta te lleve de viaje, paso a paso. Gracias a nuestra larga historia de hogueras de campamento, a nuestra mente se le da muy bien seguirlas.

Y un aspecto natural de escuchar historias es que empatizamos con las experiencias de los personajes. Nos vemos inmersos en sus pensamientos y emociones. De hecho, sentimos físicamente lo que sienten; si están estresados, excitados, emocionados, nosotros también lo estamos. Y eso nos hace preocuparnos por el desenlace. Mantenemos la atención.

¿Cuáles son los elementos de una gran historia? La fórmula clásica es la siguiente: un protagonista con unas metas concretas se tropieza con un obstáculo inesperado y se produce una crisis. El protagonista intenta vencer el obstáculo en cuestión, lo que conduce a un clímax y finalmente a un desenlace. (También puede haber interrupciones y giros en el argumento).

Cuando se trata de compartir una historia desde un escenario, recuerda poner el énfasis en cuatro cosas:

- Básala en un personaje por el que tu público pueda sentir empatía.
- Crea tensión, ya sea a través de la curiosidad, de la intriga social o de un peligro real.
- Ofrece el grado adecuado de detalle. Si aportas poco, la historia no resultará vívida; si aportas demasiado, se estancará.
- Concluye con una resolución satisfactoria, ya sea divertida, conmovedora o reveladora.

Por supuesto, todo depende en gran medida de la ejecución, así que merece la pena afinar bien las historias. A menudo, sobre todo cuando las extraemos de nuestra propia vida, tendemos a sobrecargarlas de detalles que nos resultan importantes a nosotros, pero que un público más amplio no necesita conocer. O, peor aún, nos olvidamos de una parte esencial del contexto sin la que la historia no tiene demasiado sentido.

He aquí una gran historia:

> Una vez, cuando tenía once años, mi padre me llevó a pescar. Estábamos los dos en una barquita muy pequeña, a cinco millas de la costa, cuando se desencadenó una gran tormenta. Papá me puso un chaleco salvavidas y me susurró al oído: "¿Confías en mí, hijo?". Yo asentí. Él me lanzó por la borda. *[Pausa.]* Lo digo en serio. Me tiró al mar, así, sin más. Caí al agua y me quedé flotando en la superficie, haciendo esfuerzos por respirar. El agua estaba helada. Las olas me aterraban. Eran monstruosas. Entonces… papá se lanzó al agua y vino a por mí. Observamos con horror que la barquita se volcaba y se hundía. Pero él me sostenía todo el rato, me decía que todo saldría bien. Quince minutos después llegó el helicóptero de los guardacostas. Lo que ocurrió fue que mi padre sabía que la barca estaba dañada y que iba a hundirse, y había comunicado nuestra localización exacta. Supuso que era mejor lanzarme a mar abierto que arriesgarse a que me quedara atrapado en la

> barca cuando esta se volcara. Así fue como aprendí el verdadero significado de la palabra "confianza".

Y, a continuación, cómo no hay que contarla.

> Aprendí qué significaba confiar en mi padre cuando tenía once años y nos vimos en medio de una tormenta mientras pescábamos truchas. Antes de que se formara la tormenta, no habíamos logrado pescar ni una. Papá sabía que la barca iba a hundirse, porque era una de aquellas inflables, de la marca Saturn, que normalmente son bastante resistentes, pero que ya se había pinchado en una ocasión y papá temía que pudiera volver a ocurrir. En todo caso, aquella tormenta era demasiado fuerte para una barca inflable, y ya empezaba a hacer aguas. Así que llamó al servicio de rescate de los guardacostas, que en aquella época estaba disponible las veinticuatro horas del día, siete días a la semana, no como ahora. Les comunicó nuestra posición y entonces, para evitarnos el riesgo de quedar atrapados debajo si la barca volcaba, me puso un chaleco salvavidas y me lanzó por la borda antes de tirarse él al agua. Entonces los dos esperamos a que llegaran las guardacostas y, sí, quince minutos después apareció el helicóptero (creo que era un Sikorsky MH-60 Jayhawk) y no tuvimos ningún problema.

La primera historia cuenta con un personaje por el que nos preocupamos y transmite un intenso dramatismo que crece hasta el punto de generar incredulidad antes de resolverse de una manera preciosa. La segunda versión es un lío. El dramatismo desaparece al revelarse demasiado pronto las intenciones del padre. Ni se intenta siquiera compartir la experiencia real del niño. Se incluyen numerosos detalles que resultan irrelevantes para la mayor parte del público, mientras que otros que sí importan, como el de las olas gigantes, se ignoran por completo. Lo peor de todo es que la frase clave, que cierra el círculo de la historia ("¿Confías en mí, hijo?"), se pierde. Si piensas contar una historia, asegúrate de saber *por qué* la cuentas, y haz lo posible por descartar los detalles que no sean necesarios para demostrar lo que pretendes demostrar y por incluir la cantidad suficiente de elementos para que la gente imagine de manera vívida qué ocurrió.

Algunas de las mejores charlas se construyen en torno a una única historia. Esta estructura reporta a quien habla en público inmensos beneficios:

- Se respeta la línea argumental. (Es, simplemente, el arco narrativo de la historia).
- Con tal de que el relato sea convincente, puede suscitarse una reacción intensa en el público.
- Si la historia trata de ti mismo, generarás empatía respecto a algunas de las cosas que más te importan.
- Te resulta fácil recordar lo que vas a decir porque la estructura es lineal y tu cerebro se siente extremadamente cómodo recordando un hecho tras otro.

Así pues, muchos conferencistas aprovechan su ocasión de hablar para simplemente compartir con los demás su propia historia. Es el tipo de charla más sencillo, más fácil de preparar, de todos los que existen. Y tiene una ventaja. Todos *conocemos* nuestra historia. Es evidente que sabemos más de ella que todos los demás presentes en la sala.

Si tu viaje ha sido excepcional, y si en tu relato hay coherencia, este tipo de charla puede funcionar muy bien.

Pero aquí también hay una trampa: recuerda, el objetivo es dar. Y eso es algo que, a veces, con las historias personales, no se consigue. Tal vez sí entretienen, intrigan o suponen una inyección para el ego de quien dicta la charla. Pero no necesariamente aportan al público algo que puedan llevarse consigo: ideas, información aplicable, perspectiva, contexto, esperanza.

Y es sin duda una lástima. Una de las principales razones por las que rechazamos solicitudes de charlas en TED se da precisamente cuando nos ofrecen una serie de anécdotas cautivadoras a las que les falta una idea central que enlace todo el relato. Y es algo que nos rompe el corazón, porque los conferencistas son a menudo personas maravillosas, fascinantes. Pero sin el envoltorio de una idea se trata de una oportunidad perdida.

El cambio básico consiste, pues, en revisar ese viaje nuestro buscando algo que enlace momentos clave, de manera que quienes nos escuchan puedan extraer un significado de ellos. Sin eso, incluso si nuestra vida ha sido impresionante, la charla podrá parecer errática y autocompasiva. Por el contrario, si el viaje revela algo potente que hayamos aprendido, y si compartimos con humildad, sinceridad y vulnerabilidad cada paso de dicho viaje, los demás lo emprenderán gustosamente con nosotros.

Existe también otro aspecto básico irrenunciable cuando queremos contar nuestra propia historia: *tiene que ser verdadera*. Es algo que puede parecer evidente, pero..., ¡ay!, los conferencistas sienten a veces la tentación de exagerar o incluso de inventar. Precisamente por el gran impacto que puede suscitar su historia, quieren colocarse a sí mismos o a las entidades que representan bajo la luz más propicia, y para ello, a veces, cruzan esa línea llamada *verdad*. Hacerlo es la manera más fácil de destruir su reputación. Cuando las charlas se hacen públicas, puede haber miles de ojos observándolas. Basta con que una persona se dé cuenta de que algo no encaja para que la situación se le complique mucho a quien dio la charla. No merece la pena arriesgarse.

Cuando combinas una historia verdadera con el deseo de usarla en beneficio de los demás, muy posiblemente ofrecerás a quienes te escuchan un regalo extraordinario.

La psicóloga Eleanor Longden estaba dispuesta a compartir con el público que en sus años universitarios empezó a oír voces en su cabeza, lo que desembocó en un diagnóstico de esquizofrenia, en un ingreso hospitalario y en ideas de suicidio. La historia, en sí misma, resulta interesantísima, pero ella la construye de tal modo que el público sale de la charla habiendo recibido información reveladora sobre la esquizofrenia, la enfermedad mental y la manera de replantear las reacciones ante ella. He aquí parte de su conclusión:

> No existe mayor honor ni privilegio que contribuir a ese proceso de curación para alguien; dar testimonio, tender una mano, compartir la carga del sufrimiento de otro y mantener la esperanza en su recuperación. Asimismo, para los supervivientes de angustias y adversidades, saber que no es inevitable vivir nuestra vida definidos siempre por las cosas dañinas que nos han ocurrido. Somos únicos. Somos irreemplazables. Lo que se halla en nuestro interior nunca puede ser del todo colonizado, distorsionado ni arrebatado. La luz nunca se apaga.

El explorador Ben Saunders emprendió una expedición al Polo Sur que casi le cuesta la vida. Es un excelente narrador y posee unas fotografías muy buenas con las que ilustra lo que le ocurrió. A medida que se acercaba al final de su charla, todos esperábamos con gran expectación los consejos habituales que los aventureros nos ofrecen: que vayamos en pos de nuestro yo verdadero en cualquier reto al que nos enfrentemos. Pero Ben nos sorprendió. Compartió con nosotros algunos momentos oscuros que había vivido desde el viaje, y nos dijo que el destino con el que llevaba años soñando le había resultado menos satisfactorio que el viaje en sí. ¿La idea clave? No pongas tu felicidad en el futuro.

> Si no nos sentimos a gusto aquí, hoy, ahora, en nuestros viajes, entre los líos y las luchas en las que vivimos todos, los finales abiertos, las listas a medio terminar de cosas que hay que ha-

> cer, las veces que nos decimos: "La próxima vez lo haré mejor", entonces es posible que no lleguemos a sentirnos a gusto nunca.

El escritor Andrew Solomon expuso las humillaciones a las que se sintió expuesto de niño, incluso antes de declararse homosexual, y convirtió su historia en un apasionante ensayo sobre la identidad con el que todo el mundo podía sentirse identificado y del que todos podían aprender.

> Siempre hay alguien que quiere apoderarse de nuestra humanidad, y siempre hay historias que nos la devuelven. Si vivimos bien con nosotros mismos, podemos derrotar el odio y enriquecer la vida del prójimo.

La hilarante celebración de la importancia de la creatividad en los niños que hace sir Ken Robinson se basa en una anécdota, en una historia. Describe que un doctor, en la década de los treinta, se fijó en que una joven que fallaba en el colegio sentía unas ganas irreprimibles de bailar. En lugar de medicarla, convenció a su madre para que la matriculara en una academia de danza. Aquella joven era Gillian Lynne, que con el tiempo llegó a ser una coreógrafa de inmenso éxito junto a Andrew Lloyd Webber. Esa historia, contada con el estilo inimitable de sir Ken Robinson, es una ilustración conmovedora de los peligros y el potencial del tratamiento que se da a la creatividad en las escuelas, y es la parte de la charla que transforma las risas en inspiración.

El poder de la parábola

Hay historias cuidadosamente pensadas para ser metáforas. Existe un término muy útil para definir este tipo de relatos: *parábolas*.

Tradicionalmente, una parábola es una historia que incorpora una lección moral o espiritual. Se trata de una herramienta usada por maestros religiosos a lo largo de la historia, con muy buenos resultados. Creo que estaremos de acuerdo en que las historias de Jesús cuentan con más seguidores que las de sir Ken. En todo caso, el significado de la palabra puede ampliarse para que abarque cualquier historia que incorpore el poder de la metáfora.

El profesor de Derecho Lawrence Lessig es un excelente suministrador de parábolas. Llegó a TED en 2013 para denunciar que el proceso político estadounidense se había corrompido irremediablemente por culpa del dinero. Nos hizo imaginar un país chiflado llamado "Lesterlandia" en el que solo la gente llamada "Lester" tuviera derecho a voto. Sin duda, se trataría de algo ridículo. Pero entonces nos reveló que el número de personas que se llaman Lester en Estados Unidos equivale aproximadamente al número de los financiadores políticos de peso en el país. Y que las prioridades de los miembros del Congreso las establecen en gran medida esos financiadores, por lo que, en la práctica, son solo las opiniones y los votos de ellos los que cuentan. Según esta parábola, todos vivimos en Lesterlandia.

El escritor Malcolm Gladwell también está especializado en parábolas, y el interés que suscitan se refleja en lo mucho que se venden sus libros y en la gran cantidad de visualizaciones que consiguen sus Charlas TED. Por increíble que pueda parecer, su charla más popular es un relato sobre el desarrollo de nuevas variedades de salsas para espagueti. Pero el caso es que él lo usa como parábola para explicar que la gente quiere cosas muy distintas, pero muchas veces no encuentra las palabras idóneas para expresarlas, hasta que uno encuentra las preguntas adecuadas que formular.

Lo que satisface de cada una de esas charlas es la manera como extraen el significado de la historia. No se trata de insultar la inteligencia de los asistentes dándoles muy masticada la conclusión exacta que deben extraer de la historia que has contado, pero sí hay que asegurarse del todo de que se les proporcionan los suficientes puntos para que los vayan uniendo con una línea.

Y es ahí donde conocer a cada público resulta de gran importancia. Una parábola puede funcionar muy bien ante unos asistentes que ya están familiarizados con tu campo de conocimiento, pero quienes se encuentren fuera de él tendrán que hacer un mayor esfuerzo para dilucidarla. Es importante probar el material con alguien que conozca al público para ver si llega a este con claridad pero sin torpeza.

Surgen muchos otros riesgos cuando uno emprende la ruta de la parábola. A veces la analogía no acaba de encajar del todo. Puede desorientar más que ilustrar. O uno dedica tanto rato a contar la historia que luego no le queda tiempo para dibujar las conclusiones necesarias. En todo caso, lo bueno es que una parábola puede entretener, informar y motivar, todo a la vez.

Las historias cumplen también con otra función poderosa: la explicación. Para ese propósito no suelen ser la atracción principal, pero sí sirven de apoyo. Y suelen darse en forma de inserciones breves diseñadas para ilustrar o reforzar una idea. En el capítulo siguiente profundizaremos en dicho uso.

Entretanto, recuerda esto: las historias reverberan profundamente en los seres humanos. Al dictar tu charla en forma de historia, o de una serie de historias relacionadas, lograrás que se incremente inmensamente tu conexión con el público. Pero, por favor, que signifique algo.

HERRAMIENTAS

7
EXPLICACIÓN
Cómo explicar conceptos difíciles

Daniel Gilbert, psicólogo de Harvard, llegó a TED con una tarea imponente: en una sola charla breve se proponía explicar un concepto sofisticado denominado "felicidad sintetizada", así como por qué esta nos lleva a realizar predicciones muy inexactas sobre nuestro propio futuro.

Veamos cómo empezó. He aquí el inicio de la charla:

> Cuando dispones de veintiún minutos para hablar, dos millones de años parecen una eternidad.

Una frase inicial anclada en el aquí y el ahora, pero que de inmediato crea intriga:

> Pero, evolutivamente, dos millones de años no son nada. Y sin embargo, en dos millones de años, el cerebro humano ha triplicado su masa y ha pasado del medio kilo de este antepasado nuestro, el *[Homo] habilis*, a esta pieza de un kilo y trescientos cincuenta gramos que todos tenemos entre oreja

> y oreja. ¿Qué tenían los cerebros grandes que hacían que la naturaleza quisiera que todos tuviéramos uno?

¿Sientes una chispa de curiosidad? Ese es el primer paso para obtener una explicación satisfactoria. Una vez que la mente se siente intrigada, se abre. Quiere ideas nuevas.

Gilbert sigue tentándonos:

> Bien, pues resulta que cuando el cerebro triplica su tamaño, no solo se vuelve tres veces mayor, sino que obtiene nuevas estructuras. Y una de las razones principales por las que el cerebro creció tanto es que desarrolló una parte nueva llamada... corteza prefrontal. ¿Qué es eso tan importante que hace por nosotros la corteza prefrontal como para justificar una reestructuración arquitectónica integral del cráneo humano en un abrir y cerrar de ojos evolutivo?

Sin dejar de estimular nuestra curiosidad, Gilbert acaba de colarnos el primer concepto que irá construyendo: el de la corteza prefrontal.

> Una de las cosas más importantes que hace: es un simulador de experiencias. Los pilotos practican con simuladores de vuelo para no cometer errores reales en aviones. Los seres humanos cuentan con ese maravilloso recurso de adaptación por el que, de hecho, tienen experiencias en su cabeza antes de ponerlas a prueba en la vida real. Se trata de un truco que ninguno de nuestros antepasados podía ejecutar, y que ningún otro animal es capaz de hacer como nosotros. Se trata de una adaptación maravillosa. Es tan importante como los pulgares oponibles, el bipedismo o el lenguaje, en tanto que es una de las cosas que sacó a nuestra especie de los árboles y la llevó a los centros comerciales.

Camuflado entre capas de humor nos llega otro concepto interesante: el de "simulador de experiencias". Se trata de una pieza clave. Y se nos ofrece gracias a una metáfora muy sencilla: la del simulador de vuelo. Nosotros ya sabemos lo que es, por lo que podemos imaginar qué puede ser un simulador de experiencias. Pero ¿podría quedar más claro con un ejemplo? Pues sí:

> Si la marca de helados Ben & Jerry no tiene un sabor de "cebolla e hígado" no es porque lo prepararan, lo probaran y les diera asco. Es porque, sin levantarnos del sofá, somos capaces de simular ese sabor y sentir asco antes de preparar el helado.

Un sencillo y vívido ejemplo del simulador en acción, y lo entendemos todo perfectamente. Pero ahora la charla da un giro intrigante:

> Veamos de qué manera funcionan nuestros simuladores de experiencias. Llevemos a cabo un rápido diagnóstico antes de que yo prosiga con el resto de la charla. He aquí dos futuros distintos que les invito a contemplar. Pueden intentar simularlos y decirme cuál de los dos preferirían. Uno de ellos es ganar la lotería. El otro es convertirse en parapléjico.

Los asistentes a la charla se ríen, aunque algo nerviosos, y se preguntan qué viene a continuación. Y lo que viene a continuación es una diapositiva realmente asombrosa: Gilbert nos muestra datos que apuntan a que, un año después de ganar la lotería o desarrollar una paraplejia, los dos grupos son, de hecho, igual de felices. ¿Qué? ¿Cómo? Eso no puede estar bien. Ese concepto nuevo de simulador de experiencias te ha llevado de pronto a un lugar que no esperabas. A un lugar incomprensible. Los hechos que se te presentan no tienen sentido. Experimentas una brecha de conocimiento, y tu mente desea que esa brecha sea cubierta lo antes posible.

De manera que Gilbert procede a cubrirla, y lo hace ofreciendo otro concepto nuevo:

> La investigación que ha llevado a cabo mi laboratorio... ha revelado algo que a nosotros nos resulta bastante desconcertante, algo que nosotros denominamos "el sesgo del impacto", y que es la tendencia del simulador a funcionar mal... para

hacernos creer que distintos resultados se diferencian más entre sí de lo que en realidad se diferencian.

Al darle un nombre —"el sesgo del impacto"—, el misterio, en cierto modo, se vuelve más creíble. Pero nuestra curiosidad se enciende más que nunca en su intento de vencer ese vacío. ¿Es realmente posible que malinterpretemos nuestros niveles de felicidad futura hasta ese punto? Gilbert alimenta esa veta de curiosidad revelándonos su concepto clave:

> Desde trabajos de campo hasta estudios de laboratorio, vemos que ganar o perder en unas elecciones, ganar o perder a una pareja sentimental, conseguir o no un ascenso, aprobar o suspender un examen en la universidad, etcétera, etcétera, tienen menos impacto, menos intensidad y mucha menos duración de lo que la gente da por supuesto que tienen. Y esto casi me deja helado: un estudio reciente que muestra cómo afectan los grandes traumas de la vida a la gente apunta a que si se trata de algo que ocurrió hace más de tres meses, salvo en algunas excepciones, no tiene el menor impacto en tu felicidad.
>
> ¿Por qué? Porque la felicidad puede ser sintetizada... Los seres humanos cuentan con algo que podría considerarse como una especie de sistema inmunitario psicológico. Un sistema de procesos cognitivos, en gran medida inconscientes, que les ayudan a cambiar sus visiones del mundo para que se sientan mejor en los mundos en los que se encuentran.

Ahí la tienes, la felicidad sintética explicada. Se ha construido sobre los conceptos de la "corteza prefrontal", el "simulador de experiencias" y el "sesgo del impacto". Y, para aclararla, Gilbert recurre a otra metáfora, la del "sistema inmunitario". Tú ya sabes qué es un sistema inmunitario, por lo que pensar en esto como en un "sistema inmunitario psicológico" es fácil. El concepto no se ofrece en un solo paso, sino pieza a pieza, y con metáforas que te guían y te muestran la manera de hacerlas encajar.

Pero es posible que sigamos sin creérnoslo del todo. Así que Gilbert nos hace saber que sí, que quiere decir lo que parece estar diciendo, y lo hace compartiendo con nosotros una serie de ejemplos sobre el funcionamiento del sistema inmunitario de varias personas:

- Un político caído en desgracia y agradecido de haber caído en desgracia.
- Un preso condenado a pesar de ser inocente que describe sus treinta y siete años en la cárcel como "una experiencia gloriosa".
- Y Pete Best, el baterista rechazado de los Beatles, quien, en unas declaraciones muy conocidas, dijo: "Soy más feliz de lo que lo habría sido con los Beatles".

Y con estos ejemplos, sin duda, nos lleva a su terreno y nos convence. Gilbert prosigue indicándonos que dicho fenómeno se observa en todas partes, y que podemos vivir una vida más sabia y más feliz si lo tenemos en cuenta. En el fondo, ¿por qué perseguimos la felicidad cuando tenemos en nosotros mismos la capacidad de fabricar todos los productos que deseamos?

Pero ya hemos visto lo suficiente como para revelar los elementos fundamentales de una explicación magistral. Recapitulemos:

Paso 1: Empezó en el punto en el que nos encontrábamos. Tanto literalmente —"Cuando dispones de veintiún minutos para hablar..."— como conceptualmente, sin intimidantes suposiciones sobre nuestros conocimientos de psicología o neurociencia.

Paso 2: Encendió una hoguera llamada "curiosidad". La curiosidad hace que nos preguntemos "por qué" y "cómo". Es la sensación de que hay algo que no acaba de encajar, de que existe un vacío de conocimiento que no se ha llenado. Eso es algo que ocurrió casi al principio y se cubrió de inmediato de manera teatral con sus datos inesperados sobre parapléjicos y ganadores de lotería.

Paso 3: Presentó los conceptos uno a uno. No puedes entender el concepto principal si antes no te muestran las piezas de las que depende, en este caso la "corteza prefrontal", el "simulador de experiencias" y el "sesgo del impacto".

Paso 4: Recurrió a metáforas. Requirió metáforas como la del simulador de vuelo y la del sistema inmunitario psicológico para dejar claro de qué estaba hablando. Para que una explicación resulte satisfactoria deben tomarse los hechos desconcertantes y construir una conexión entre ellos y algún modelo mental del mundo ya existente para alguien. Las metáforas y las analogías son herramientas clave necesarias para lograrlo. Ayudan a dar forma a la explicación hasta que finalmente esta encaja y se produce ese tan satisfactorio "¡Ajá!".

Paso 5: Usó ejemplos. Pequeñas historias, como la de Pete Best, ayudan a fijar en su sitio las explicaciones. Es como decirle al cerebro: ¿te parece que entiendes esta idea? Pues entonces intenta aplicarla a estos hechos. Si encaja, es que ya lo has entendido.

Al final de la explicación, nuestro modelo mental del mundo ha quedado actualizado. Es más rico, más profundo, más verdadero. Un mejor reflejo de la realidad.

La explicación es el acto que de manera consciente incorpora un elemento nuevo al modelo mental de alguien, o que reordena elementos ya existentes de un modo más satisfactorio. Si, como ya he sugerido, el objetivo de una gran charla es construir una idea en el interior de la mente de alguien, entonces la explicación es la herramienta esencial para alcanzar dicho objetivo.

Muchas de las mejores Charlas TED alcanzan su grandeza mediante explicaciones magistrales. Y existe una hermosa palabra para definir el regalo que nos hacen: *comprensión*. Podemos definirla como la actualización de una visión del mundo para que refleje mejor la realidad.

Existen indicios, procedentes de distintas fuentes —desde la neurociencia hasta la psicología, pasando por la teoría educativa—, de que así es como ha de producirse la comprensión. Esta se construye como una jerarquía en la que cada capa suministra los elementos que construyen la capa siguiente. Empezamos con lo que sabemos, e incorporamos pedazos pieza a pieza; cada parte se posiciona gracias al uso de un lenguaje que ya se comprende, con el apoyo de metáforas y ejemplos. Las metáforas, tal vez literalmente, revelan "la forma" del nuevo concepto para que la mente sepa como incorporarlo de manera efectiva. Sin esa forma, los conceptos no pueden ponerse en su lugar, por lo que una parte clave a la hora de planificar una charla pasa por encontrar el equilibrio adecuado entre los conceptos que introduzcas y las metáforas que hacen falta para hacerlos comprensibles.

El lexicógrafo Erin McKean nos lo ofrece como un bello ejemplo del poder de la metáfora.

> Si estás dando una charla sobre el lenguaje JavaScript a un público general, podrías explicar que la gente, por lo común, tiene un modelo mental de lo que es un programa informático según el cual este consiste en un conjunto de instrucciones que se ejecutan una tras otra. Pero en el JavaScript las instrucciones pueden ser asincrónicas, lo que significa que no puede tenerse la seguridad de que la línea cinco vendrá siempre después de la línea cuatro. Imagina que te estás vistiendo por la mañana y que fuera posible que te pusieras los zapatos antes que los pantalones (¡o los pantalones antes que los calzoncillos!). Pues eso es algo que puede ocurrir con el JavaScript.

Una sencilla metáfora y..., ¡clic!, se enciende la bombilla.

Si el núcleo de tu charla es explicar una idea nueva muy potente, te resultará de gran ayuda preguntarte: ¿Qué supones que tu público conoce ya? ¿Cuál será tu tema de conexión? ¿Cuáles son los conceptos necesarios para construir tu explicación? ¿Y qué metáforas y ejemplos usarás para revelar esos conceptos?

La maldición del conocimiento

Por desgracia, las cosas no son tan fáciles. Todos sufrimos de un sesgo cognitivo para el que el economista Robin Hogarth acuñó el término "la maldición del conocimiento". Expuesto brevemente, nos resulta difícil recordar qué se siente al *no saber* algo que nosotros sabemos muy bien. Un físico vive y respira partículas subatómicas y es muy posible que dé por supuesto que todo el mundo, claro está, sabe qué es un "quark encantado". Durante un coctel al que asistí recientemente, quedé asombrado al oír a un joven novelista de gran talento preguntar: "No dejas de hablar de «selección natural». ¿A qué te refieres exactamente?". Yo creía que cualquier persona con estudios secundarios comprendía las ideas básicas sobre la evolución. Me equivocaba.

En *The Sense of Style: The Thinking Person's Guide to Writing in the 21st Century*, Steven Pinker sugiere que vencer el curso del conocimiento tal vez sea el requisito más importante a la hora de convertirse en un escritor de estilo claro. Si eso es cierto para la escritura, en la que los lectores tienen tiempo para detenerse y releer una frase varias veces antes de proseguir, entonces ha de ser aún más cierto cuando hablamos. Pinker sugiere que no basta con ser conscientes de ese sesgo. Debemos mostrar los borradores a amigos o colegas y suplicarles que nos comenten con despiadada sinceridad cualquier cosa que no entiendan. Y lo mismo ha de hacerse con las charlas, sobre todo con aquellas que buscan explicar algo complejo. En primer lugar, comparte un borrador del guion con colegas y amigos. Después prueba a dictar la charla ante un público privado. Formula a los asistentes, muy concretamente, estas dos preguntas: "¿Tenía sentido?", "¿Hay algo que te haya resultado confuso?".

Admiro desde hace mucho tiempo la capacidad de Pinker para explicar las maquinaciones de nuestra mente, por lo que le pedí que, en este punto, me guiara un poco más. Y me contó que para que se produzca una verdadera comprensión ha de comunicarse plenamente la *estructura jerárquica* de una idea.

> Un importante hallazgo de la psicología cognitiva es que la memoria a largo plazo depende de la organización jerárquica coherente del contenido: pedazos dentro de otros pedazos en el interior de otros pedazos. El reto de un conferencista es usar el medio del discurso, que es fundamentalmente unidimensional (una palabra tras otra) para representar una estructura multidimensional (jerárquica y de vínculos transversales). Un hablante empieza con una red de ideas en la cabeza, pero por la propia naturaleza del lenguaje debe convertirla en una cuerda de palabras.

Es algo que implica cuidar cada una de las frases y la manera que tienen de conectarse unas con otras. Quien habla en público debe tener la seguridad de que los oyentes saben de qué modo cada frase se relaciona a nivel lógico con la precedente, si dicha relación es de similitud, contraste, elaboración, ejemplificación, generalización, anterioridad y posterioridad, causa, efecto o expectativa truncada. Y deben saber si el punto que en ese momento se plantean es una digresión, parte del argumento principal, una excepción al argumento principal, etcétera.

Si imaginas la estructura de una charla explicativa como un hilo conductor que tiene otras partes conectadas a él —anécdotas, ejemplos, amplificaciones, digresiones, clarificaciones, etcétera—, entonces, en conjunto, esa estructura puede parecerse a un árbol. El hilo conductor es el tronco, y las ramas son las diversas partes unidas a él. Pero para que tenga lugar la comprensión, es fundamental que el oyente sepa en qué punto del árbol se encuentra.

Es ahí donde a menudo la maldición del conocimiento impacta más fuertemente. Las frases, por sí mismas, resultan todas comprensibles, pero quien habla se olvida de mostrar cómo se vinculan unas a otras. Para el conferencista eso es algo que le parece evidente.

He aquí un ejemplo muy simple. Alguien que da una charla dice:

> Los chimpancés tienen muchísima más fuerza que los seres humanos. Los seres humanos encontraron la manera de usar herramientas para amplificar su fuerza natural. Claro que los chimpancés también usan herramientas.

El público se queda confuso. ¿Qué se pretende demostrar? Tal vez el conferencista intentaba argumentar que las herramientas importan más que la fuerza, pero no quería dar a entender que los chimpancés nunca usan herramientas. O que los chimpancés ahora son capaces de aprender a amplificar su, ya de por sí, inmensa fuerza física. Las tres frases no conectan, y el resultado es un lío. El ejemplo de arriba debería sustituirse por esta otra formulación:

> Aunque los chimpancés poseen una fuerza muy superior a la de los seres humanos, a estos se les da mucho mejor el uso de herramientas. Y esas herramientas han amplificado la fuerza natural de los seres humanos mucho más allá de la de los chimpancés.

O (y con un significado distinto):

> Los chimpancés poseen una fuerza muy superior a la de los seres humanos. Y ahora hemos descubierto que también usan herramientas. Podrían usarlas para aprender a amplificar su fuerza natural.

Lo que ello implica es que algunos de los elementos más importantes en una charla son los pequeños conectores que proporcionan pistas sobre su estructura general. "Aunque", "Un ejemplo reciente…", "Por otra parte…", "Partamos de la base de que…", "Ejercer por un momento de abogado del diablo…", "Debo contarles dos historias que amplían este hallazgo…", "Haciendo un paréntesis…", "En este punto podría objetarse que…", "Así pues, en resumen…".

Igualmente importante es la secuenciación precisa de las frases y conceptos para que la comprensión pueda construirse de manera natural. Cuando compartía los primeros borradores de este libro, había incontables ocasiones en las que la gente señalaba: "Creo que lo entiendo. Pero quedaría mucho más claro si cambiaras de orden esos dos párrafos y explicaras un poco mejor la relación entre ellos". Es importante conseguir la claridad en una obra escrita, y es más importante aun cuando se trata de una charla. En última instancia, siempre es mejor pedir ayuda a personas ajenas al tema, porque son las que mejor detectarán las lagunas.

Deborah Gordon, conferencista TED que explicó de qué modo las colonias de hormigas pueden enseñarnos importantísimas ideas en red, me contó que la búsqueda de lagunas en las explicaciones es una parte fundamental en la preparación de toda charla.

> Una charla no es un contenedor, un recipiente en el que se introduce el contenido, sino un proceso, una trayectoria. La meta es llevar al oyente desde donde se encuentra hasta un lugar nuevo. Ello implica intentar que la secuencia sea tan gradual que nadie se pierda por el camino. No se trata de ser paternalista, pero si pudieras volar y quisieras que alguien volara contigo, lo tomarías de la mano, despegarías y no lo soltarías, porque una vez que la persona se cae, ya no hay nada que hacer. Yo ensayaba en presencia de amigos y conocidos que no supieran nada del tema, y les preguntaba si se sentían desconcertados o qué preguntas se suscitaban

en ellos, con la esperanza de que al rellenar esas lagunas para ellos estuviera también rellenándolas para otras personas.

Resulta de especial importancia controlar mucho la jerga. Cualquier término técnico con el que los oyentes no estén familiarizados debe ser suprimido o explicado. Nada frustra más al público que una exposición de tres minutos llena de siglas cuando no se tiene la menor idea de qué es una sigla. Tal vez uno pueda saltarse la norma una sola vez, pero cuando los términos de jerga se acumulan, la gente, sencillamente, se desconecta.

No defiendo con ello que todo haya de explicarse como si los asistentes a una charla tuvieran diez años. En TED nos regimos por una pauta pronunciada por Einstein: "Hazlo todo lo más simple posible. Pero no más".* No se trata de insultar la inteligencia de los asistentes a una charla. A veces los términos especializados resultan esenciales. Para la mayoría de los públicos no hace falta aclarar que el ADN es una molécula especial que porta una información genética única. Ni hace falta explicar las cosas en exceso. De hecho, las personas que explican mejor son las que dicen lo justo para que los oyentes sientan que las ideas se les ocurren a ellos. Su estrategia pasa por presentar el concepto nuevo y describir su forma apenas lo necesario como para que las mentes preparadas de los asistentes a una charla lo pongan en su sitio ellas solas. Se trata de algo que al conferencista le ahorra tiempo y que al público le resulta profundamente satisfactorio. Cuando termina la charla, este último se muestra encantado de ser tan listo.

De la explicación al entusiasmo

Existe otra herramienta clave para las explicaciones. Antes de intentar construir tu idea, intenta dejar claro lo que *no* es. Te

* No está claro que lo dijera exactamente con estas palabras, pero la idea se le atribuye a él.

habrás fijado en que yo ya he recurrido a esta técnica a lo largo del libro, por ejemplo al mencionar los estilos de charla que no funcionan antes de plantear los que sí sirven. Si explicar es crear un pequeño modelo mental en un largo espacio de posibilidades, resulta de ayuda reducir, primero, el tamaño de ese espacio. Al descartar posibilidades plausibles, facilitas mucho al público que se concentre en lo que tú le planteas. Cuando, por plantear un caso concreto, la neurocientífica Sandra Aamodt pretendía explicar por qué la atención plena ayudaba a la hora de seguir una dieta, comentó: "No digo que tengas que aprender a meditar o a practicar yoga. Estoy hablando de comer con conciencia: aprender a comprender las señales de tu cuerpo para que comas cuando tengas hambre y dejes de comer cuando estés saciado".

Entre los grandes maestros de la explicación de las Charlas TED están Hans Rosling (reveladores gráficos animados), David Deustsch (pensamiento científico no convencional), Nancy Kanwisher (neurociencia accesible), Steven Johnson (de dónde vienen las ideas) y David Christian (historia de un gran lienzo). Los recomiendo a todos encarecidamente. Todos ellos construyen en tu interior algo nuevo y poderoso que atesorarás siempre.

Si eres capaz de explicar algo bien, puedes usar esa aptitud para crear verdadero entusiasmo en tu público. Bonnie Bassler es una científica que investiga cómo se comunican las bacterias entre sí. Dio una charla que profundizaba en la investigación que estaba llevando a cabo su laboratorio, bastante compleja pero asombrosa. Al ayudarnos a comprenderla, nos abrió la puerta a un mundo de posibilidades intrigantes. Así es como lo hizo.

Empezó por hacer que la charla nos pareciera significativa. Después de todo, no era evidente que entre el público hubiera gente extraordinariamente interesada en las bacterias. De modo que sus primeras palabras fueron estas:

> Sé que se ven a sí mismos como seres humanos, y así es más o menos como los veo yo también. Cada uno de nosotros

> está formado por un billón de células humanas, que nos hacen lo que somos y nos capacitan para hacer todas las cosas que hacemos. Pero es que, en cualquier momento dado de la vida, en cada uno de nosotros hay diez billones de células bacterianas. Así pues, en un ser humano hay diez veces más células bacterianas que células humanas... Y esas bacterias no son viajeras pasivas, sino que nos resultan increíblemente importantes: nos mantienen con vida. Nos cubren con una armadura corporal invisible que impide que nos alcancen los ataques ambientales y hacen que nos mantengamos sanos. Digieren nuestra comida, preparan nuestras vitaminas y, de hecho, educan a nuestro sistema inmunitario para que ahuyente a los microbios. De modo que hacen todas esas cosas asombrosas que nos ayudan y son vitales para mantenernos con vida, y nunca se les atribuye ningún mérito.

Muy bien. Está hablando de nosotros, ya lo hemos llevado al terreno de lo personal. Esos bichos son importantes. A continuación, una pregunta inesperada despierta nuestra curiosidad:

> La cuestión que nos planteábamos era: ¿cómo pueden hacer lo que hacen? La verdad es que son increíblemente pequeñas, hay que usar microscopios para verlas. Viven una especie de vida aburrida durante la que crecen y se dividen, y siempre se han considerado unos organismos asociales y huraños. Así pues, nos parece que son demasiado pequeñas para incidir en el entorno si actúan simplemente como individuos.

Esto se pone interesante. ¿Va a contarnos que, de alguna manera, las bacterias cazan en manada? ¡Estoy impaciente por saber más cosas! Entonces Bonnie nos sumerge en una investigación detectivesca en la que varias pistas apuntan a que las bacterias deben actuar concertadamente. Hay una historia fascinante sobre un calamar bioluminiscente que usa el comportamiento sincronizado de unas bacterias para hacerse invisible. Y finalmente llegamos a su descubrimiento de que unas bacterias invasivas podrían lanzar un ataque sobre un ser humano.

No pueden hacerlo individualmente. Pero lo que hacen es emitir una molécula de comunicación. A medida que más bacterias van comunicándose en el cuerpo, la concentración de esa molécula aumenta hasta que de pronto todas "saben" colectivamente que son las suficientes como para atacar, y entonces todas empiezan a emitir toxinas a la vez. A eso se le llama *percepción de quorum*. ¡Vaya!

Comenta que ese descubrimiento abrió nuevas estrategias para combatir a las bacterias. No las mates: limítate a cortar sus vías de comunicación. Con la expansión de la resistencia a los antibióticos, ese es un concepto ciertamente emocionante.

Y entonces pone fin a su charla planteando una implicación más amplia aún:

> Defiendo que esa es la invención de la multicelularidad. Las bacterias llevan en la Tierra miles de millones de años; los seres humanos, doscientos mil. Creemos que las bacterias establecieron las reglas sobre la organización multicelular… Si conseguimos entenderlas en esos organismos primitivos, la esperanza es que ese conocimiento pueda aplicarse al tratamiento de varias enfermedades humanas, así como también a entender comportamientos humanos.

En cada etapa de la charla de Bonnie, cada una de las piezas se construía cuidadosamente sobre la anterior. No aparecía jerga que no se explicara. Y aquello la hacía capaz de abrirnos a nosotros nuevas puertas de posibilidad. La suya era, sí, una ciencia compleja, pero aquel público nuestro, no experto, se entusiasmó mucho y, al final, para su asombro, todos nos pusimos de pie y la aplaudimos.

No podrás transmitir una idea nueva, potente, a un público a menos que aprendas a explicar. Y eso es algo que solo puede hacerse paso a paso, alimentando la curiosidad. Cada paso se construye sobre la base de lo que el oyente ya sabe. Las metáforas y los ejemplos son esenciales para revelar cómo se arma una idea. ¡Cuidado con la maldición del conocimiento! Asegúrate de no presuponer cosas que harán que el público se pierda. Y cuando hayas explicado algo especial, el entusiasmo y la inspiración surgirán enseguida.

HERRAMIENTAS

8
PERSUASIÓN
La razón puede cambiar mentes para siempre

Si la explicación es la construcción de una idea totalmente nueva dentro de la mente de alguien, la persuasión es un poco más radical. Antes de la construcción, requiere de algo de demolición.

Persuadir implica convencer a un público de que su manera de ver el mundo no es del todo correcta. E implica desmontar las partes que no funcionan, así como reconstruir algo mejor. Cuando sale bien, resulta fascinante tanto para quien habla como para el público.

El científico cognitivo Steve Pinker destruyó por completo mi modelo mental de la violencia.

Todo el que crece a base de una dieta normal de medios de comunicación da por sentado que nuestro mundo está plagado de una violencia constante —guerras, asesinatos, asaltos, terrorismo—, y que las cosas parecen estar empeorando. Pinker, en apenas dieciocho minutos, persuadió al público de TED de que se trata de una presuposición del todo errónea. De que, en realidad, cuando ampliamos un poco el plano y nos fijamos en los datos reales, el mundo se está convirtiendo en un lugar menos violento, y de que esa tendencia lleva años, décadas, siglos y milenios ampliándose.

¿Cómo lo hizo? En primer lugar, recurriendo a un poco de demolición. A nuestras mentes hay que predisponerlas antes de poder persuadirlas. Pinker empezó recordando a la gente lo espantosas que resultaban algunas prácticas violentas de épocas pasadas, como por ejemplo una de las distracciones públicas de la Francia de hace quinientos años consistente en acercar lentamente gatos vivos a una hoguera para ver cómo chillaban. O el hecho de que en numerosas sociedades antiguas más de un tercio de los varones adultos moría de forma violenta. Básicamente, lo que nos decía era: "Tal vez creas que la violencia está empeorando, pero has olvidado lo espantosa que realmente ha sido a lo largo de la historia".

A continuación expuso que los medios de comunicación modernos están interesados en priorizar las historias de dramas y violencia, independientemente de si esos sucesos son representativos de la vida en su conjunto. De ese modo revelaba un mecanismo por el que es posible que sobredimensionemos los niveles reales de violencia que existen.

Con ese trabajo de predisposición ya efectuado, fue mucho más fácil tomar en serio sus estadísticas y sus diagramas, que mostraban disminuciones sustanciales de todas las formas de violencia, desde el asesinato hasta las grandes guerras. En este punto, una estrategia clave era presentar las estadísticas en relación con el tamaño relativo de la población: lo que importa no es el número total de muertes violentas, sino la probabilidad de que uno, individualmente, sea víctima de una muerte violenta.

Acto seguido pasó a abordar posibles explicaciones para esa tendencia inesperada, y terminó con la siguiente afirmación, hermosa y alentadora:

> Sean cuales sean las causas, la disminución de la violencia, creo yo, presenta profundas implicaciones. Debería obligarnos no solo a preguntarnos por qué hay guerras, sino también por qué hay paz. No solo qué estamos haciendo mal, sino también qué hemos estado haciendo bien, porque algo habremos estado haciendo bien, y sin duda sería interesante descubrir qué ha sido.

La charla llevó, cuatro años después, a la aparición de un libro importante, *Los ángeles que llevamos dentro* (Paidós Ibérica), que desarrollaba ese argumento en mayor profundidad.

Aceptemos que Pinker tiene razón. Si es así, qué gran regalo ha ofrecido a millones de personas. La mayoría de nosotros vive con la impresión constante de que las noticias diarias son cada vez peores y de que las guerras y el terrorismo están fuera de control. Cuando sustituimos esa idea por la posibilidad de que, aunque las cosas puedan estar mal, la tendencia es de hecho positiva, el peso que nos quita de encima es inmenso.

Persuasión y predisposición

El psicólogo Barry Schwartz cambió mi manera de pensar sobre la libertad de elección. En Occidente estamos obsesionados con potenciarla al máximo. La libertad es nuestro mantra, y potenciar la elección es la manera de potenciar la libertad. Pero Schwartz discrepa. En su charla sobre la paradoja de la elección elaboró gradualmente la idea de que, en numerosas circunstancias, un exceso de libertad de elección nos hace, de hecho, *desgraciados*. La herramienta de demolición que empleó era sorprendentemente indolora: combinaba píldoras de teoría psicológica con una serie de ejemplos que iban desde las prácticas de las empresas prestatarias de servicios de salud hasta una experiencia desesperante en un día de compras, todo ello salpicado con deliciosas tiras cómicas de *The New Yorker* relacionadas con el tema. Las ideas expuestas parecían ir en contra de la intuición, pero el viaje resultaba agradable en todo momento, y casi no nos percatamos de que la visión del mundo con la que habíamos crecido se estaba rompiendo en pedazos.

La autora Elizabeth Gilbert nos mostró que el poder de relatar algo puede ser un aspecto clave entre las herramientas de la persuasión. Su meta era cambiar la visión que se tiene del genio creativo. En lugar de imaginar que ese genio forma parte de los atributos de una persona y que se tiene o no se tiene, pensemos en él como en algo que puede recibirse de vez en cuando en forma de don, si uno está preparado para *recibirlo*. Dicho así, tal vez no suene demasiado convincente, pero Gilbert recurrió a su talento de narradora para persuadirnos. Empezó la charla con su propia experiencia terrorífica ante la idea de tener que repetir su éxito de ventas *Come, reza, ama*, y compartió con nosotros anécdotas divertidísimas y conmovedoras sobre creativos célebres atenazados por la angustia ante su incapacidad para actuar a demanda. También nos mostró que el término "genio" se había concebido de maneras distintas a lo largo de la historia, no solo como algo que se era, sino como algo que le llegaba a uno. Solo entonces pudo contarnos la historia de la poetisa Ruth Stone, que le había hablado del momento en el que percibía que le llegaba un poema:

> Y sentía que le llegaba porque se le abría la tierra bajo los pies. Y sabía que en ese momento solo podía hacer una cosa, y eso que debía hacer era, según sus propias palabras, salir corriendo. Y salía corriendo hasta su casa, y el poema la perseguía, y la cosa era que tenía que conseguir papel y lápiz lo antes posible para que cuando el poema pasara por ella, pudiera recogerlo y fijarlo en la página.

Lo que habría parecido una historia descabellada si se hubiera presentado al inicio de la charla, al final resultaba de lo más natural y servía para afianzar la idea clave en su sitio.

En todos los casos, lo fundamental para suscitar un cambio de visión es hacer el viaje paso a paso, predisponiendo nuestras mentes de distintas maneras antes de llegar a la argumentación final.

¿A qué me refiero cuando hablo de *predisposición*? El filósofo Daniel Dennett lo explica mejor. Él acuñó el término *bomba de intuición* para referirse a cualquier metáfora o recurso lingüístico que, de manera intuitiva, contribuya a que una conclusión parezca más plausible. Y eso es "predisponer". No se trata de aportar un argumento riguroso; es sencillamente una manera de guiar a alguien en la dirección que nos interesa. La anécdota de las compras de Schwartz era una de aquellas "bombas de intuición". Si nos hubiera soltado directamente que "demasiada libertad de elección puede hacernos desgraciados", tal vez nos hubiéramos mostrado escépticos. Por eso lo que hizo fue predisponernos:

> Había una época en la que solo había un modelo de *jeans*, y sentaban fatal, eran muy incómodos, pero si los llevabas un tiempo, después de lavarlos unas cuantas veces, empezaban a quedar bien. Al cabo de unos años de llevar unos, que ya estaban viejos, fui a comprarme otros y dije: "Quiero unos *jeans*. Tengo esta talla". El dependiente me preguntó: "¿De corte estrecho? ¿Recto? ¿Ancho? ¿Con bragueta de cremallera o de botones? ¿Lavados al ácido o a la piedra? ¿Los quiere rotos? ¿Entubados? ¿Acampanados? Bla, bla, bla...".

A medida que nos cuenta esa anécdota, nosotros sentimos su agobio y recordamos las veces que también nos hemos sentido agobiados durante nuestras interminables jornadas de compras. A pesar de que su historia es una historia concreta de un hombre concreto y de ninguna manera puede justificar por sí misma la afirmación de que un exceso de libertad de elección puede hacernos desgraciados, entendemos hacia dónde se encamina. De pronto, la idea que defiende nos parece mucho más plausible.

Dennett señala que muchos de los pasajes más respetados de los textos filosóficos no son argumentos razonados, sino poderosas bombas de intuición, como por ejemplo el mito de la caverna de Platón o la hipótesis del genio maligno de Descartes. En este último, el filósofo francés quería dudar de todo aquello de lo que pudiera dudarse, por lo que imaginó toda su experiencia consciente como un engaño que le venía impuesto por un genio maligno. Dicho genio podía haber inventado todo el mundo que él creía ver. Lo único de lo que Descartes podía estar seguro era de la experiencia de pensar y dudar, y eso al menos significaba que existía. De ahí el "Pienso, luego existo". Sin el genio maligno, cuesta captar el sentido. Nuestras mentes no son robots lógicos. Hay que darles un empujoncito en la dirección adecuada, y las bombas de intuición son maneras muy vívidas de lograrlo.

Una vez que la gente ya está predispuesta, resulta mucho más fácil plantear el argumento principal. ¿Y cómo se hace eso? Recurriendo a la herramienta más noble de todas, una herramienta que puede causar una gran repercusión a largo plazo. Se le denomina con un término filosófico anticuado que a mí me encanta: la *razón*.

El largo alcance de la razón

Lo que tiene la razón es que es capaz de proporcionarnos una conclusión con un grado de certeza mucho mayor que el que proporciona cualquier otra herramienta. En un argumento razonado, con tal de que las premisas iniciales sean verdaderas, las conclusiones, válidamente razonadas, también han de serlo, y podemos *saber* que son verdaderas. Si consigues aportar a alguien de manera convincente un argumento razonado, la idea que habrás plantado en su mente se alojará ahí y ya no se moverá.

Pero para que el procedimiento funcione ha de descomponerse en pequeños pasos, y cada uno de ellos debe resultar totalmente convincente. El punto de arranque de cada punto ha de ser algo cuya verdad el público entienda claramente, o algo cuya verdad se le haya demostrado en un momento anterior de la charla. De modo que el mecanismo básico que se aplica en este punto es del tipo "si..., entonces...". Si X es verdadero, queridos amigos, entonces, claramente, sucede Y (porque *toda* X implica una Y).

Una de las Charlas TED consideradas más convincentes es la que dictó el reformador de causas humanitarias Dan Pallotta, que defiende que nuestra manera de entender las obras benéficas se traduce en que nuestras organizaciones sin ánimo de lucro se vean irremediablemente mermadas en sus posibilidades. Para demostrar su tesis, toma cinco aspectos distintos de una organización: nivel salarial, expectativas de mercado, disposición a asumir riesgos, tiempo disponible para ejercer influencia y acceso al capital. Para todos y cada uno de los casos recurre a un lenguaje de gran precisión apoyado en una infografía preciosa para demostrar la dicotomía absurda entre lo que esperamos de nuestras empresas y lo que esperamos de las organizaciones benéficas. Y la charla está plagada de afirmaciones del tipo "si..., entonces...".

Por ejemplo, después de señalar que animamos a las empresas a asumir riesgos, pero vemos con malos ojos a las organizaciones benéficas que hacen lo mismo, pronuncia la siguiente afirmación: "Pues bien, ustedes y yo sabemos que si prohíbes el fracaso, matas la innovación. Si matas la innovación en la recaudación de fondos, no puedes recaudar más ingresos. Si no puedes recaudar más ingresos, no puedes crecer. Y si no puedes crecer, es imposible que resuelvas grandes problemas sociales". *Quod erat demostrandum*. Caso demostrado. Si queremos que nuestras organizaciones benéficas solucionen grandes problemas sociales, no hemos de prohibirles el fracaso.

Existe otra forma de argumento razonado, conocido como *reducción al absurdo*, que puede resultar letalmente poderoso. Se trata del proceso por el cual nos ponemos de parte de la posición *contraria* a la que defendemos y demostramos que esta lleva a la contradicción. Si esa posición contraria es falsa, entonces nuestra posición sale fortalecida (o incluso demostrada, si no existen más posiciones que puedan adoptarse). Los conferencistas no suelen recurrir a las versiones más rigurosas de la reducción al absurdo, pero a menudo beben de su espíritu ofreciendo contraejemplos y demostrando que son claramente ridículos. He aquí otra píldora de la charla de Dan Pallotta. Argumenta que es una locura criticar que los directivos de las organizaciones benéficas cobren sueldos altos.

> Si quieres ganar cincuenta millones de dólares vendiendo videojuegos violentos a niños, adelante. Saldrás en la portada de la revista *Wired*. Pero si pretendes ganar medio millón de dólares intentando curar a niños con malaria, te considerarán un parásito.

Desde el punto de vista retórico, es un golazo.

Restar credibilidad a la posición contraria es otro mecanismo poderoso, pero conviene usarlo con cuidado. Es mejor aplicarlo a temas que a oponentes. No me parece mal decir: "No es difícil entender por qué los medios de comunicación llevan años transmitiendo otra impresión sobre este tema. Son los dramas los que venden periódicos, no unas aburridas pruebas científicas". Pero no me parece apropiado comentar: "Pues claro que lo dice: le pagan para que lo diga". La cosa puede pasar muy rápidamente de la razón a la difamación.

Seamos detectives

La siguiente es una manera más atractiva de construir una defensa: en TED la llamamos "relato detectivesco". Algunas de las charlas de persuasión más convincentes están completamente estructuradas en torno a ese recurso. Se empieza por el gran misterio y a continuación se viaja por el mundo de las ideas en busca de posibles soluciones, descartándolas una a una, hasta que solo sobrevive una solución viable.

Un ejemplo muy sencillo es el de la charla del artista plástico Siegfried Woldhek, que pretendía demostrar que tres famosos dibujos de Leonardo da Vinci eran en realidad autorretratos realizados en distintos momentos de su vida. Para ello, centró la charla en sus pesquisas para descubrir "el verdadero rostro" de Leonardo da Vinci. Empieza con una pantalla en la que aparecen ciento veinte retratos de hombres atribuidos a Leonardo, y pregunta: "¿Era alguno de ellos un autorretrato? ¿Cómo podríamos saberlo?". A continuación, como un detective que va descartando a sospechosos, empieza a reducir el número usando sus propias aptitudes como pintor de retratos, hasta que solo le quedan tres.

Entonces llega el golpe de efecto: aunque representan a hombres de distintas edades y están pintados en distintas épocas, todos comparten los mismos rasgos faciales. Y estos coinciden con los de una estatua de Da Vinci, la única imagen de la que consta que fue modelo, ejecutada por otra persona.

Lo que hace que su argumento resulte persuasivo es que sentimos que hemos realizado el mismo viaje de aprendizaje que el conferencista. En lugar de recibir hechos, nos ha invitado a unirnos a su proceso de descubrimiento. Nuestra mente se siente más interesada de manera natural. A medida que vamos eliminando teorías rivales, una a una, nos convencemos gradualmente. *Nos persuadimos.*

Se trata de un recurso que puede usarse para convertir el tema más arduo en algo realmente intrigante. Un desafío habitual para quienes hablan en público es cómo convertir temas difíciles, como la enfermedad, las hambrunas, la degradación humana, en charlas a las que la gente asista y por las que se interese.

La economista Emily Oster quería persuadirnos de que las herramientas de la economía podían servirnos para pensar de otra manera en relación con el sida, pero, en lugar de plantear un argumento económico, se convirtió en detective. Mostró una diapositiva titulada "Cuatro cosas que sabemos". Exponiendo una tras otra, reveló algunas pruebas sorprendentes y fue desmontándolas una por una, abriéndose así la puerta a exponer una teoría alternativa.

La fuerza de esta estructura es que se nutre en gran medida de nuestro amor por los relatos. La charla, en su conjunto, parece una historia; mejor aún, una historia de misterio. La curiosidad lleva a más curiosidad hasta que se alcanza una conclusión satisfactoria. Pero, a la vez, subyace una lógica muy poderosa. Si cada una de esas alternativas es falsa, y solo queda una alternativa viable, entonces esa única alternativa ha de ser verdadera. ¡Caso resuelto!

Hace falta algo más que lógica

En ocasiones puede resultar difícil hacer que unas charlas basadas en la razón sean amenas. Las personas no son computadoras, y sus circuitos lógicos no siempre son los que se activan con más facilidad. Para que una charla resulte realmente persuasiva no basta con construirla a partir de unos pasos lógicos estancos. Estos son necesarios, sin duda, pero no suficientes. La mayoría de la gente es capaz de dejarse convencer por la lógica, pero esta no siempre les infunde energía. Y, sin energía, es posible que olviden el argumento y pasen a otra cosa. Así pues, tal vez haya que potenciar el lenguaje de la razón mediante otras herramientas que hagan que las conclusiones no solo sean válidas, sino también que tengan sentido para quien las recibe, que les resulten emocionantes, deseables.

En este aspecto son muchas las herramientas que pueden usarse, además de las bombas de intuición ya mencionadas, y del enfoque del relato detectivesco.

- **Introduce algo de humor:** De ese modo comunicas un mensaje útil, como por ejemplo: "*Voy a exigirles que piensen sobre cosas complicadas..., pero será divertido. Sudaremos juntos y nos reiremos juntos*".
- **Incorpora alguna anécdota:** Tal vez una que revele cómo te interesaste por el tema. Es algo que te humaniza. Si la gente sabe *por qué* te has apasionado por el tema, es más probable que siga tus razonamientos.
- **Aporta ejemplos vívidos:** Si yo quisiera convencerte de que la realidad exterior no tiene nada que ver con lo que tú crees que es, tal vez empezaría con la imagen de alguna ilusión óptica espectacular. Que algo *parezca* ser de una determinada manera no implica que sea así.
- **Consigue la validación de terceros:** "*Mis colegas de Harvard y yo llevamos diez años estudiando los datos, y hemos llegado unánimemente a la conclusión de que ha de interpretarse así*", o "Y por eso no soy solo yo quien lo defiende; todas las madres de niños de dos años saben que tengo razón". Afirmaciones como estas deben pronunciarse con cuidado, porque nadie es un argumento válido por sí mismo, pero de todos modos, dependiendo del público, sí puede hacer que tu argumento resulte más persuasivo.
- **Usa elementos visuales potentes:** En un momento determinado de su charla, Dan Pallotta usa gráficos de

pastel para mostrar los resultados de dos iniciativas de recaudación de fondos de empresas sin ánimo de lucro. En primer lugar, un negocio de venta de pasteles que consume solo el 5% de lo que obtiene en gastos de funcionamiento, y en segundo lugar una empresa profesional de recaudación de fondos que debe dedicar el 40% a los gastos de funcionamiento. Esta última nos parece malísima, una pérdida total de dinero, hasta que Dan afirma:

> Confundimos moralidad con frugalidad. A todos nos han enseñado que vender pasteles para recaudar fondos gastando solo el 5% de lo que obtenemos es moralmente superior a montar una empresa profesionalizada de recaudación de ingresos que implique una inversión del 40% de lo obtenido, pero lo cierto es que no acertamos a ver la información más importante, que es: ¿cuál es el tamaño real de la venta de pasteles? ¿Y si con su venta solo se recaudaran setenta y cinco dólares por no haber invertido nada, y con la empresa de recaudación se consiguieran setenta y un millones de dólares por haber invertido? ¿Qué pastel preferimos ahora, y qué pastel creemos que preferiría la gente que pasa hambre?

Mientras va hablando, el segundo gráfico se expande, y el primero se encoge. La porción que no es de gastos de funcionamiento del segundo gráfico es ahora muchísimo mayor que la porción equivalente del primer gráfico. Lo que pretende demostrar nos llega de manera muy impactante.

La charla de Dan Pallotta mereció una ovación cerrada, con el público puesto de pie, y ha sido visualizada en Internet más de tres millones de veces. Tres meses después de publicarla, las tres grandes agencias de evaluación de entidades benéficas emitieron un comunicado conjunto haciendo suyos muchos de sus argumentos, en el que llegaban a la conclusión de que "a la gente y a las comunidades atendidas por las asociaciones benéficas no les hace falta que estas inviertan poco en mantenerse, sino que funcionen bien".

Pero no todas las charlas basadas en la razón suscitan un éxito tan inmediato. Por lo general son más difíciles de procesar que otras, y es posible que no sean las más populares. Sin embargo, creo que están entre las charlas más importantes de nuestro portal, *porque la razón es la mejor manera de construir saber a largo plazo.* Un argumento potente, aunque no sea inmediatamente aceptado por todo el mundo, va ganándose nuevos adeptos de manera gradual hasta que se hace imparable.

De hecho, hay una Charla TED que trata precisamente de eso: un diálogo socrático entre el psicólogo Steven Pinker y la filósofa Rebecca Newberger Goldstein en el que ella, gradualmente, lo persuade de que la razón es la fuerza más profunda que subyace al progreso moral a lo largo de la historia. No la empatía. No la evolución cultural, por más que ambas hayan tenido su importancia. La razón. A veces su influencia puede tardar siglos en manifestarse. En la charla, la filósofa comparte con el público citas impactantes de razonadores de toda la historia sobre cuestiones como la esclavitud, la desigualdad de género, los derechos de los homosexuales, escritas o pronunciadas muchos siglos antes de los movimientos que las inspiraron. En todo caso, esos argumentos fueron básicos para el éxito de dichos movimientos.

El diálogo entre Pinker y Goldstein bien podría contener el argumento más importante expuesto en una Charla TED, pero, en 2015, acumulaba menos de un millón de visitas. La razón no es una hierba de crecimiento rápido, sino un roble que va agrandándose despacio. Aun así, sus raíces se hunden profundamente, con gran fuerza, y una vez crecido es capaz de transformar el paisaje para siempre. En TED tenemos hambre de muchas más charlas basadas en la razón.

Para concluir:

- La persuasión es el acto de sustituir la visión del mundo de alguien por algo mejor.
- En su esencia está el poder de la razón, capaz de ejercer una influencia a largo plazo.
- La razón es mejor si se acompaña de bombas de intuición, relatos detectivescos, elementos visuales u otros recursos pensados para predisponer hacia lo plausible.

HERRAMIENTAS

9
REVELACIÓN
Déjame sin aliento

Conexión, narración, explicación, persuasión... Todas son herramientas vitales. ¿Pero cuál es la manera más directa de regalar una idea al público?

Simplemente, *mostrándosela.*

Muchas charlas se presentan así. Revelas tu trabajo al público de una manera que encanta e inspira.

El nombre genérico para ellas es *revelación*. En una charla basada en la revelación, puedes:

- Mostrar una serie de imágenes sobre un proyecto artístico muy novedoso y hablar sobre ellas a medida que aparecen.
- Hacer la demostración de un producto que hayas inventado.
- Describir tu visión de una ciudad sostenible del futuro.

- Mostrar cincuenta fotografías impactantes de tu reciente viaje a la selva amazónica.

Existe una infinita variedad de posibles charlas de revelación, y su éxito depende de lo que se revele en ellas.

En una charla basada en imágenes, tu objetivo principal puede ser solamente crear una sensación de maravilla y placer estético. Si se trata de una demostración, probablemente buscas asombrar y crear una nueva sensación de posibilidad. Si es una visión del futuro, querrás que sea tan vívido y convincente que el público la haga suya.

Detengámonos en estas tres amplias categorías y profundicemos algo más en ellas.

El paseo maravilloso

Un paseo maravilloso es una charla basada en la revelación de una sucesión de imágenes o momentos maravillosos. Si la charla es un viaje, entonces un paseo maravilloso puede entenderse como una visita guiada por un estudio en el que un artista nos proporciona ideas reveladoras sobre cada una de las obras de arte. O como una excursión por un terreno espectacular en el que un gran explorador ejerce de guía. Los pasos son fáciles, de una obra de arte a la siguiente, y constantemente va creciendo la sensación de maravilla. "*Si esta te ha gustado..., ¡espera a ver esta otra!*".

Al dar por sentado que la obra es potente, el viaje puede resultar disfrutable, informativo o inspirador. Esta estructura de charla suelen usarla sobre todo artistas, diseñadores, fotógrafos y arquitectos, aunque cualquiera con un grueso de obra visual puede recurrir a ella, incluidos los científicos.

Por ejemplo, la breve charla que dictó David Gallo sobre asombros subacuáticos fue un glorioso paseo maravilloso o, en su caso, un "buceo" maravilloso. Nos mostró una serie de imágenes y videos extraordinarios sobre criaturas luminiscentes que un creador de obras de ciencia ficción apenas habría sido capaz de concebir. Le siguió la grabación de un pulpo que desaparece a la vista de todos tras cambiar la imagen de su piel para camuflarse a la perfección con el coral que tenía detrás. El entusiasmo de Gallo ante lo asombroso de toda aquella exótica vida submarina no tardó en contagiársenos a los presentes. Además de describir lo que íbamos viendo, nos proporcionaba el contexto, y de ese modo se incrementaba la sensación de maravilla.

> Ese es el mundo desconocido, y hasta hoy solo hemos explorado el 3% de lo que hay en el mar. Ya hemos encontrado las montañas más altas del mundo, los valles más profundos, lagos submarinos, cascadas submarinas..., y en un lugar en el que creíamos que no había vida encontramos más vida... y más diversidad y densidad que en la selva lluviosa tropical, lo que nos indica que no sabemos casi nada sobre este planeta. Todavía queda el 97% por descubrir, y puede ser que ese 97% esté vacío, o lleno de sorpresas.

Es una charla de apenas cinco minutos, con una estructura sencilla. Pero ha sido vista más de doce millones de veces.

Otro paseo maravilloso sencillo pero extraordinariamente convincente fue el que ofreció la científica Mary Roach sobre el orgasmo. Nos guio a través de diez cosas que no sabíamos sobre el orgasmo, incluyendo el video de un granjero danés con un cerdo que tal vez no deberías ver en compañía de tus padres o tus hijos. Los paseos maravillosos no tienen por qué ser serios. Pueden ser divertidos, provocadores, contundentes.

El atractivo de esta clase de charla, desde el punto de vista del conferencista, es que la estructura está clara. Se trata, simplemente, de guiar al público a través de tu trabajo, o a través de algo que te apasiona, de punto en punto. Cada punto se acompaña de diapositivas o de un video y, sencillamente, vas pasando de una cosa a otra, creando emoción por el camino.

Con todo, los paseos maravillosos funcionan mejor cuando existe un tema claro que los une. Algo más potente que una simple serie de ejemplos recientes de tu trabajo. Sin eso, ese tipo de charla puede aburrir enseguida. "Y ahora pasamos a mi siguiente trabajo" es una frase de transición demasiado plana que invita al público a revolverse en el asiento. Es mucho mejor proporcionar a quien nos escucha un nexo de unión: "Este siguiente proyecto partió de la misma idea y la multiplicó exponencialmente...".

Más potente aún resulta contar con una línea argumental en la que encajen todas las piezas. Shea Hembrey nos llevó a través de "una exposición sobre el trabajo de un centenar de artistas". Cada pieza era completamente distinta...: pintura, escultura, fotografía, video y soportes combinados que cubrían un gran espectro de ideas artísticas. ¿El hilo conductor? ¡Todos los artistas expuestos eran él! Sí, ¡Shea era el creador de todas aquellas obras! Por ello, cuanto más acusadas eran las diferencias, más crecía nuestra sensación de asombro, más nos maravillábamos.

Con todo, los motivos por los que un paseo maravilloso puede torcerse son múltiples. El principal es que el trabajo expuesto se describa con un lenguaje inaccesible. Hay profesiones con una larga tradición en recurrir a un lenguaje innecesariamente oscuro, excesivamente intelectualizado, para describir su actividad, siendo el arte y la arquitectura las que se llevan la palma. Cuando sus practicantes sienten la necesidad de recurrir a él durante una charla, no debería sorprenderles que sus invitados, discretamente, vayan desapareciendo por la puerta de atrás: "*Con esta obra buscaba desafiar el paradigma de la identidad contra la comunidad en el contexto de una dialéctica posmoderna...*". Si alguna vez sientes la tentación de pronunciar algo remotamente parecido, por favor, por favor, busca unas tijeras bien afiladas y córtalo de tu guion.

Steve Pinker me hizo ver que ese tipo de lenguaje es mucho peor que un simple mal uso de la jerga:

> "Paradigma" y "dialéctica" no son términos técnicos como "ADN", que un especialista no puede evitar. Son metaconceptos, conceptos sobre otros conceptos, más que conceptos sobre cosas que existen en el mundo. Los lenguajes académico, empresarial y de crítica de arte resultan tediosos e incomprensibles porque están llenos de metaconceptos como "enfoque", "asunción", "condición", "contexto", "marco de referencia", "tema", "nivel", "modelo", "perspectiva", "proceso", "rango", "rol", "estrategia", "tendencia" y "variable".

Existe un uso válido de esos términos individualmente, pero conviene usarlos poco. Cuando se suman unos a otros, se pone en peligro la comprensión del público.

La meta debería ser proporcionarnos a los asistentes una visión desde dentro. Compartir con nosotros, *en un lenguaje humano, accesible*, lo que soñabas cuando iniciaste el trabajo. Mostrarnos tu proceso creativo. ¿Cómo llegaste hasta ahí? ¿Qué errores has cometido por el camino? Cuando el ilustrador David Macaulay compartió sus dibujos de Roma, no nos mostró solamente las obras terminadas, sino también sus bocetos fallidos y sus callejones sin salida, así como lo que hizo para llegar desde ellos hasta las ilustraciones publicadas. Ello llevó a que todas las personas creativas que había en la sala pudieran aprender algo de su experiencia. Levantar la tapa del proceso creativo es uno de los regalos clave en toda charla creativa.

Sobre todo, prepara la charla para que nos transmita el máximo sobre la experiencia misma de tu trabajo. Si es principalmente visual, plantéate reducir el número de palabras que uses y pon el foco en las imágenes. En una charla de doce minutos pueden caber cómodamente más de cien imágenes. Tal vez a algunas secuencias puede dárseles solo dos segundos de tiempo por diapositiva. Su efecto puede amplificarse si se acompaña de un recurso muy raramente usado por los conferencistas: *el silencio*. Uno de los mejores ejemplos de paseo maravilloso en TED lo proporcionó el escultor cinético Reuben Margolin. Su voz era el fondo susurrado de sus asombrosas obras, perfectas instantáneas habladas de una galería de pura inspiración. Y además tiene la valentía de mantenerse en silencio de vez en cuando. Algunos de los momentos más potentes de la charla se producen cuando, una vez establecido el contexto, nos deja, simplemente, sumergirnos visualmente en su obra.

Una manera inteligente de asegurarnos de que la charla mantenga la energía es hacer que las diapositivas avancen de manera automática. Échale un vistazo al paseo que nos ofrece Ross Lovegrove a través de sus proyectos de diseño inspirados en la naturaleza y obtendrás un magnífico ejemplo de ello. En una secuencia predeterminada, se muestran más de cien diapositivas y videos, y Lovegrove se limita a hablar de cada uno de ellos cuando aparecen. De ese modo, el formato adquiere un ritmo dinámico. Louis Schwartzberg hizo algo similar en su charla sobre su asombrosa película *Mysteries of the Unseen World* [Misterios del mundo invisible]. Fragmentos del documental iban proyectándose durante toda la charla, mientras su voz actuaba como una narración lírica. El resultado es de un gran impacto.

Muchas de las charlas que se dan en las empresas podrían mejorar si se concibieran como paseos maravillosos. Las presentaciones que profundizan en los resultados recientes de este o aquel departamento, y que lo hacen avanzando por listas de viñetas, pueden resultar aburridas casi desde el principio. Supongamos que, en cambio, el conferencista se esfuerza un poco y se pregunta: ¿Cómo puedo relacionar todos estos proyectos para crear emoción? ¿Cómo puedo comunicar qué hay de encantador, de inesperado, de divertido, en ellos? ¿Cómo puedo cambiar el tono y pasar del "miren lo que hemos conseguido" al "miren qué intrigante es esto"? Supongamos que, en lugar de una serie de viñetas marcadas por puntos, intentáramos relacionar cada paso del paseo con una imagen intrigante. Imaginemos que hacemos el esfuerzo de descubrir una idea única que podemos compartir con los demás, y de la que los compañeros de la empresa pueden beneficiarse. Ah, entonces sí, tal vez por una charla así mereciera la pena desconectar el teléfono móvil.

Ya se trate de negocios, de ciencia, de diseño o de arte, no te limites a pasear a la gente por tu trabajo. Busca la ruta que interese, intrigue e ilustre. La ruta que aporte algo de asombro y maravilla.

La demo dinámica

Supongamos que lo que vas a mostrar no es solo visual, sino tecnológico, un invento o un procedimiento novedoso. Aquí ya no se trata solo de mirarlo. Nos hace falta verlo funcionar. Necesitamos una demostración.

Una buena demo puede convertirse en la parte más memorable de una conferencia. Ahí delante, en el escenario, entrevemos un pedazo del futuro.

Cuando Jeff Han mostró el potencial de la tecnología multitáctil en 2006, dos años antes del lanzamiento del iPhone, se oían los gritos ahogados de asombro de los asistentes. La demo de Pranav Mistry sobre la tecnología SixthSense causó un efecto similar al revelar las asombrosas posibilidades de combinar un teléfono móvil con un proyector personal y una cámara capaz de detectar los gestos. Por ejemplo, enmarcando un objeto lejano con los dedos te permitiría tomar una foto de este que después podría proyectarse sobre cualquier superficie blanca.

Para dar una charla de ese tipo, lo más importante, claro está, es la calidad de lo que sea que pretendes demostrar.

¿Se trata de un invento o un diseño realmente convincente? Partiendo de la base de que lo es, existen numerosas maneras de revelarlo. Lo que no hay que hacer es pasar la primera media hora de la charla exponiendo las complejidades tecnológicas. El público aún no lo ha visto funcionar, y podría desconectarse de lo que le cuentas.

Cuando tienes algo asombroso que mostrar, permítete el lujo de lucirte un poco. No te digo que te muestres fanfarrón, pero sí que nos entusiasmes un poco. Proporciónanos una pista de lo que estamos a punto de ver. Y a *continuación* guíanos a través del contexto necesario, preparándonos, si puede ser, para un clímax potente.

Markus Fischer es un inventor increíble. En el TEDGlobal celebrado en Edimburgo en 2001 mostró un extraordinario robot que parecía una gaviota gigante (y que volaba). De hecho, su aspecto era tan realista que cuando lo hizo volar para que lo viéramos durante el pícnic, después del evento, fue atacado con excrementos por una bandada de gaviotas de verdad, claramente desconcertadas ante aquel nuevo competidor. En la charla, dedicó los primeros diez minutos a describir aspectos técnicos de vuelo, sin ofrecernos el menor indicio de lo que estaba a punto de llegar. Perdió a parte del público. Pero lo asombroso de la demostración propiamente dicha —hacer volar una gaviota por encima de los asistentes— hizo que no tardara en recuperarlo. En todo caso, para la versión en línea modificamos un poco el orden de la charla para que esta empezara con la frase: "Volar como un pájaro es un sueño de la humanidad". De ese modo la charla se situaba de inmediato de manera hermosa, lo que ayudó a que fueran millones las visitas en Internet.

Jeff Han acertó al iniciar así su charla:

> Me entusiasma estar hoy aquí. Les mostraré algunas de las cosas que acaban de salir del laboratorio, literalmente, y me alegra que ustedes sean de los primeros en verlas, porque creo

que a partir de ahora va a cambiar nuestra manera de relacionarnos con las máquinas.

Con apenas unas palabras nos había dado unas pistas intrigantes con las que nos daba a entender que íbamos a poder echarle un vistazo al futuro. A partir de ahí tenía libertad para explicarnos la tecnología antes de mostrárnosla en acción. Primero nos proporcionó el marco, y después empezó a mostrarnos qué era capaz de hacer la tecnología. Los presentes aplaudían y ahogaban gritos de asombro, que no dejó de crecer en ningún momento.

El inventor Michael Pritchard recurrió a una estructura similar. En primer lugar compartió un breve experimento mental sobre cómo sería la vida si no contáramos con garantías de agua potable. Acto seguido, entró en una explicación sobre la tecnología que encierra la "botella salvavidas" que había diseñado. Otros habrían puesto el punto y final de la conferencia ahí mismo. Pero el poder de la charla estaba en demostrar, no solo en hablar, por lo que Michael llegó hasta el final. Había hecho llevar un gran recipiente de agua al escenario. En él echó agua turbia de estanque, residuos de cloacas y excrementos de conejo, que hicieron que el agua se volviera de un marrón repugnante. Tras bombearla varias veces a través de su botella, la vertió en un vaso vacío y me lo ofreció para que bebiera. Por suerte, sabía bien. Y así, la teoría tecnológica pasó a ser una prueba teatral. Después Michael se dedicó a hablarnos de las implicaciones de su invento para el auxilio en desastres naturales y para la salud pública. La verdad es que ya se había ganado a los presentes con la poderosa demostración que les hizo del funcionamiento de su idea.

La estructura que usaron Han y Pritchard funciona en la mayoría de las demos:

- Un breve avance

- Las explicaciones necesarias sobre el contexto o la historia de la invención.
- La demostración propiamente dicha (cuanto más visual y espectacular, mejor, siempre y cuando no sea falsa).
- Las implicaciones del nuevo invento

A veces una demostración resulta tan asombrosa que permite al público imaginar unas aplicaciones y unas implicaciones ciertamente emocionantes. En esos casos la demostración no es solo una demostración, sino una visión del futuro. Y hacia ahí es hacia donde nos dirigimos ahora.

Paisaje de sueño

Los seres humanos poseemos una habilidad que, por lo que sabemos, no posee ninguna otra especie. Es tan importante que contamos con múltiples palabras para etiquetar sus distintos matices, sus distintos sabores: "imaginación", "invención", "innovación", "diseño", "visión". Se trata de la capacidad de modelar el mundo en nuestra mente y después remodelarlo para crear un mundo que no existe, pero que tal vez llegue a existir algún día.

Y, sorprendentemente, también somos capaces de revelar esos mundos no existentes a los demás, con la esperanza de que a ellos también les entusiasmen. Más milagroso aún es que, en algunas ocasiones, después de que varias personas compartan una visión entre ellas, sean capaces de usarla como plantilla para que ese mundo llegue a ser real. El guionista persuade al estudio para que se ruede la película. El inventor persuade a una empresa para que fabrique el aparatito ese. El arquitecto persuade al cliente para que financie el edificio. El emprendedor infunde energía al equipo de *startups* con la creencia de que darán nueva forma al futuro.

Los sueños pueden compartirse mediante imágenes, bocetos, demos..., o simplemente con palabras.

Algunos de los discursos más potentes de la historia lo han sido, precisamente, porque han comunicado un sueño con irresistible elocuencia y pasión. El más célebre, claro está, fue el de Martin Luther King Jr. en el Lincoln Memorial de Washington, D. C., el 28 de agosto de 1963. Tras preparar cuidadosamente el terreno, e infundir al público el intenso deseo de poner fin a siglos de injusticia, se fue con todo:

> Tengo un sueño. Sueño que un día esta nación se pondrá de pie y hará realidad el verdadero significado de su credo: "Defendemos que estas verdades son evidentes, que todos los hombres son creados iguales".
>
> Sueño que algún día, sobre las rojas colinas de Georgia, los hijos de quienes fueron esclavos y los hijos de quienes fueron dueños de esclavos podrán sentarse juntos en la mesa de la hermandad...
>
> Sueño que mis cuatro hijos, algún día, vivirán en un país en el que no los juzguen por el color de su piel, sino por su carácter.

Su discurso duró diecisiete minutos y cuarenta segundos. Y cambió la historia.

El presidente Kennedy llevó al hombre a la Luna, y empezó a hacerlo compartiendo primero un sueño. Parte del lenguaje que seleccionó resulta sorprendente:

> Elegimos ir a la Luna en esta década y hacer lo demás, no porque sea fácil, sino precisamente porque es difícil... Me doy cuenta de que en cierta medida es un acto de fe y de visión del futuro, porque no sabemos qué ventajas nos traerá. Pero si afirmara, mis conciudadanos, que enviaremos a la Luna, a unos 340 000 kilómetros de distancia de la estación de control en Houston, un cohete gigante de más de más de noventa metros de altura, del largo de este campo de futbol americano, confeccionado de nuevas aleaciones de metal, algunas de las cuales aún no

> se han inventado, capaz de resistir el calor y la presión muchas más veces de las que se han experimentado, ensamblado con una precisión mejor que la del reloj más fino, que lleva todo el equipamiento necesario para la propulsión, la dirección, el control, las comunicaciones, la alimentación y la supervivencia, en una misión nunca antes intentada, a un cuerpo celeste desconocido, y luego traerlo de regreso a la Tierra de manera segura, que vuelva a entrar a la atmósfera a una velocidad mayor, a más de cuarenta mil kilómetros por hora, con lo que genera un calor equivalente a la mitad de la temperatura del Sol —casi tanto calor como el que hace hoy aquí—, y que haremos todo esto, y lo haremos bien, y lo haremos primero, antes de que termine esta década, entonces tenemos que ser audaces... Pero se hará. Y se hará antes de que termine esta década.

Podría pensarse que haber planteado así la situación, presentando la iniciativa como algo plagado de peligros e incertidumbres, podría haber resultado contraproducente. Pero si funcionó, no fue solo porque expuso de manera muy vívida lo que estaba por venir, sino porque nos hizo soñar con el heroísmo. Nos regaló un viaje al futuro para que leyéramos el relato que con el tiempo se contaría sobre su empresa.

En TED, la mayoría de nuestras charlas se dictan en un lenguaje más informal. Pero la capacidad de dibujar una imagen convincente del futuro es uno de los mayores regalos que puede aportar un conferencista. Sin duda, los que al hablar han dibujado paisajes soñados se cuentan entre los conferencistas que más entusiasmo han despertado en TED. Ellos no hablan del mundo tal como es, sino como podría ser. Cuando esas charlas salen bien, hacen que los corazones de los espectadores latan con más fuerza y que en sus mentes estalle la sensación de posibilidad.

La visión de Salman Khan de una revolución educativa en la que las lecciones por video permitan a los niños asimilar los temas a su propio ritmo se nos reveló de manera preciosa, paso a paso, y sentíamos que la emoción crecía sin parar en la sala.

El cineasta Chris Milk nos mostró su trabajo recurriendo a la realidad virtual para recrear con mucha fuerza la experiencia de la vida en un campo de refugiados sirios. A la gente le da miedo que la realidad virtual nos aleje a los unos de los otros, pero Milk nos ofreció una visión alternativa emocionante: que los dispositivos de realidad virtual podrían convertirse en máquinas generadoras de empatía.

La bióloga marina Sylvia Earle recurrió a imágenes potentes y a un lenguaje de gran elocuencia para describir la crisis a la que están expuestos nuestros mares sobreexplotados y muy contaminados. Pero no se quedó ahí: nos habló de cómo podrían ser las cosas si empezáramos a crear "puntos de esperanza", zonas protegidas en las que la vida marina pudiera recuperarse. Su visión fue tan convincente que un espectador le extendió allí mismo un cheque por valor de un millón de dólares, y seis años después sigue dando apoyo a su labor. En el tiempo que ha transcurrido desde entonces, la cantidad de espacio protegido en nuestros mares se ha más que triplicado.

Hay dos claves para compartir eficazmente un sueño:

- Dibujar un retrato muy vívido del futuro que deseas.
- Hacerlo de manera tal que los demás también deseen ese futuro.

Conseguir las dos cosas en una misma charla es todo un desafío. La primera parte suele requerir de apoyos de tipo visual. Kent Larson se pasó dieciocho minutos compartiendo unas ideas de diseño muy radicales, como por ejemplo coches que se doblan y apartamentos que cambian de forma para facilitar que la gente quepa en las ciudades sin que estas se sobrecarguen. Aquellas ideas individuales no parecían necesariamente valores seguros, pero al mostrarlas visualmente conseguía hacerlas mucho más convincentes.

El arquitecto Thomas Heatherwick en su charla mostró una diapositiva que bien podría ser la imagen aislada más interesante que he visto nunca en TED. En ella aparecía el diseño de un complejo de apartamentos en Kuala Lumpur con rascacielos de líneas curvas que, partiendo de una base estrecha, iban ensanchándose para dejar espacio a un parque espectacular a nivel del suelo. En ella se representaba un futuro en el que me habría encantado haber nacido.

Pero no siempre ocurre así. A menudo, cuando se muestran nuevas tecnologías, el público no sabe si sentirse entusiasmado o asustado. En 2012, Regina Dugan, a la sazón directora de la Agencia de Proyectos de Investigación Avanzados de Defensa (DARPA), expuso una sucesión de tecnologías, desde planeadores de alta velocidad hasta drones-colibrí, que al tiempo que nos dejaron con la boca abierta nos resultaron algo desconcertantes, dado su uso militar. Y las charlas sobre ingeniería genética, o sobre la capacidad de las computadoras de reconocer rostros en medio de una multitud, o sobre el desarrollo de robots de apariencia humana, pueden resultar más terroríficas que atractivas.

¿Qué puede hacer el conferencista para evitar esa clase de incomodidad en el público? La única manera es dejar claro por qué merece la pena aspirar a un futuro así. O presentar la idea de modo que haga hincapié en los valores humanos, y no solo en una tecnología muy inteligente.

Bran Ferren intentó hacerlo en TED2014. Nos habló de que en un futuro radicalmente distinto nos llevarán vehículos autónomos. Pero su charla se inició con la inspiración que había hallado de niño durante una visita al Panteón de Roma, con sus padres, y terminó haciendo una llamada a inspirar a los niños del futuro:

> Debemos animarlos a encontrar su propio camino, aunque este sea muy distinto del nuestro. También necesitamos hacerles entender algo que no se aprecia adecuadamente en nuestro mundo cada vez más dependiente de la tecnología: que el arte y el diseño no son lujos, ni cosas incompatibles con la ciencia y la ingeniería. Son, de hecho, parte esencial de lo que nos hace especiales.

Lo que podría haberse quedado en una mera visión tecnológica, en algo que tal vez incluso hubiera podido inspirarnos cierto temor, acabó con un mensaje humano, de esperanza.

El humor también ayuda. Juan Enríquez ha presentado en sus charlas en TED algunas ideas muy novedosas, anunciando inminentes avances en biología y genética que podrían haber resultado algo preocupantes si él no hubiera encontrado la manera de aportar algo de diversión a las diapositivas. Con Juan a tu lado, el futuro parece más asombroso que preocupante.

Finalmente, cuanto más factible pueda ser una visión del futuro, mejor. Dave Isay, el fundador de StoryCorps, nos habló del poder de la gente al formular a personas cercanas preguntas profundas sobre el significado de la vida y grabar esas entrevistas. A continuación nos presentó una aplicación que permitiría a todo el mundo hacer lo mismo de manera muy sencilla y subir los resultados a la Biblioteca del Congreso, creando de ese modo un registro permanente. Su visión de un mundo en el que la gente se escucha de verdad resultaba inspiradora, y al cabo de unos días de publicar su charla, miles de personas grabaron conversaciones que nunca hasta entonces habían mantenido.

Ese es el poder de nuestros sueños: que pueden transmitirse a otros, crear emociones y creencias, y por tanto conseguir, por sí mismos, convertirse en realidad. Al proporcionarnos una sensación de posibilidad aumentada, también nos motivan a trabajar más en nuestros propios sueños. Si un soñador inspirado te invita a un viaje, no rechaces nunca su invitación.

Mezcla y combina

La realidad es así: la mayoría de las charlas no encajan perfectamente en una sola de las categorías que hemos abordado hasta ahora. Más bien incorporan elementos de muchas de ellas. Por ejemplo, la popular charla de Amy Cuddy sobre el lenguaje corporal y su incidencia en la confianza en nosotros mismos es una ingeniosa mezcla de explicación y relato personal. Y la charla de Salman Khan empieza con su propia historia y luego se transforma en un paseo maravilloso a través de las excepcionales características que se están dando en su Khan Academy, antes de terminar en un paisaje de sueño: una visión apasionante del potencial que tiene ese tipo de educación.

Así que vuelvo a insistir: *las técnicas expuestas anteriormente no deben verse de ningún modo como elementos que te limiten*. Son herramientas que te ayudan a imaginar la mejor manera de construir tu propio y notable proyecto en las mentes de los espectadores. Selecciona, mezcla, combina y argumenta de la manera que aporte más fuerza y autenticidad a la idea que deseas construir.

Así pues, digamos que ya tienes la línea argumental, el contenido de la charla, y que has combinado con maestría una mezcla de conexión, narración, explicación, persuasión y revelación. ¿Y ahora qué?

Ya va siendo hora de sacar el espectáculo a la calle.

A continuación, vamos a fijarnos en cuatro elementos clave del proceso de preparación de una charla que determinarán si esta afina o desafina:

- Incluir o no elementos visuales y, si es así, de qué tipo.
- Hacer un guion o memorizar la charla, o pensar en "improvisar" en el momento.
- Cómo practicar los dos tipos de charla.
- Cómo abrir y cerrar para conseguir el mayor impacto.

¿Estás listo? Ven conmigo. Queda trabajo por hacer.

PROCESO PREPARATORIO

PROCESO PREPARATORIO

10
APOYOS VISUALES
¡Cuidado con esas diapositivas!

En el siglo XXI ya contamos con los medios que nos permiten complementar la palabra hablada con una amplísima gama de tecnologías que, si se emplean correctamente, pueden llevar una charla a otro nivel. Fotografías, ilustraciones, tipografía elegante, gráficos, infografías, animaciones, videos, audios, simulaciones de *macrodatos*... Todo puede contribuir a mejorar tanto la fuerza explicativa de una charla como su atractivo estético.

A pesar de ello, la primera cuestión que has de preguntarte a ti mismo es si en realidad necesitas alguna de esas cosas. Es un hecho sorprendente, pero en al menos un tercio de las Charlas TED más vistas no se hace uso de ningún tipo de elemento visual adicional.

¿Cómo es posible? Sin duda, una charla acompañada de imágenes siempre será más interesante que una charla a secas. Pues no. Las diapositivas alejan, aunque sea un poco, la atención del conferencista y la desplazan hacia una pantalla. Si toda la fuerza de una charla está en la conexión personal entre quien habla y quien escucha, las imágenes, en realidad, pueden suponer una interferencia.

En todo caso, lo que no ocurre es que la pantalla y el conferencista le resten uno al otro. Lo que se muestra en pantalla suele ocupar una categoría mental distinta de la de lo que se dice. Estética en un caso y análisis en otro, por ejemplo. Aun así, si el núcleo de tu charla es profundamente personal, o si dispones de otros dispositivos para animarla —el humor o un relato muy vívido—, en ese caso tal vez te resulte mejor olvidarte de los elementos visuales y centrarte solo en dirigirte personalmente al público.

Además, lo que sigue es aplicable a todos los casos, a todos los conferencistas: no incluir imágenes siempre es mejor que incluir unas imágenes malas.

Dicho esto, la mayoría de las charlas se beneficia de las imágenes cuando estas son muy buenas, y en algunos casos, los elementos visuales son el elemento que determina su éxito o su fracaso.

TED era, en sus inicios, un congreso dedicado exclusivamente a la tecnología, el entretenimiento y el diseño, y la presencia de diseñadores alimentó desde el principio la expectativa de que las imágenes fueran elegantes e impactantes. Hay motivos para creer que esa tradición es una de las razones por las que las Charlas TED se popularizaron.

Así pues, ¿cuáles son los elementos clave de unos apoyos visuales potentes?

Pertenecen a tres categorías:

- Revelación
- Fuerza explicativa
- Atractivo estético

Abordémoslas en orden.

¡Revela!

El uso más evidente de un elemento visual es, simplemente, mostrar algo que resulta difícil describir. Presentar la obra de la mayoría de artistas plásticos y fotógrafos, claro está, depende de ello. Asimismo, un explorador que nos hable de uno de sus viajes o un científico que desvele algún descubrimiento también pueden recurrir a los elementos visuales.

Edith Widder formaba parte del equipo que captó por primera vez en video un calamar gigante. Cuando llegó a TED, toda su charla giró en torno a ese momento de revelación. Y cuando aquella increíble criatura finalmente apareció en pantalla, los asistentes estuvieron a punto de saltar de sus asientos. Pero el uso de imágenes para la revelación no tiene por qué ser tan espectacular. La clave es establecer el contexto, predisponer al público y entonces..., ¡pam!, dejar que los elementos visuales obren la magia. Presentarlos a toda pantalla, con los mínimos adornos.

¡Explica!

Una imagen vale más que mil palabras (aunque para expresar ese concepto hagan falta palabras). A menudo, las mejores explicaciones se dan cuando las palabras y las imágenes funcionan juntas. La mente es un sistema integrado. Gran parte de nuestro mundo se imagina visualmente. Si realmente quieres explicar algo nuevo, con frecuencia la manera más simple y potente de hacerlo pasa por mostrar y contar.

Pero para que funcione tiene que darse un encaje convincente entre lo que se cuenta y lo que se muestra. A veces un conferencista castiga al público con una diapositiva de gran complejidad. Tal vez, inconscientemente, intenta impresionar con el gran alcance y detallismo de su trabajo. Mientras va disparando palabras, los asistentes, desesperados, pasan la vista por la diapositiva intentando ver cómo encaja lo que se dice con lo que ven.

La clave para evitar algo así es limitar cada imagen a una sola idea básica. Hay conferencistas, sobre todo científicos, que parecen tener integrada de manera inconsciente la idea preconcebida de que conviene reducir al máximo el número de diapositivas, por lo que atiborran unas pocas con el mayor número posible de datos. Tal vez eso se justificaba en la época en que las diapositivas eran objetos físicos que había que cargar en un proyector. Pero actualmente el costo de diez diapositivas es el mismo que el de una. El único límite que se mantiene es el tiempo disponible para dar la charla. Así que una diapositiva excesivamente complicada que necesita dos minutos de explicación podría sustituirse por tres o cuatro imágenes más sencillas que se expliquen en el mismo tiempo.

Tom Rielly, de TED, habla de la necesidad de gestionar la carga cognitiva:

> Con una charla y diapositivas se dan dos flujos de producción cognitiva que circulan en paralelo. El conferencista debe unir ambos flujos en una mezcla maestra. Hablar sobre física teórica implica una carga cognitiva muy alta. Y una diapositiva con decenas de elementos, también. En esas circunstancias, el cerebro de un espectador debe optar por concentrarse en tus palabras, en las imágenes que le muestras o en las dos cosas, y la decisión es casi siempre involuntaria. De modo que debes planificar hacia dónde quieres que vaya la atención, y asegurarte de que una carga cognitiva puesta en una diapositiva no entorpezca lo que estás diciendo.

Por eso mismo, no tiene sentido dejar la diapositiva en pantalla una vez que terminamos de hablar de ella. Tom vuelve a explicárnoslo:

> Deja la pantalla en blanco, y el público descansará de imágenes y prestará más atención a tus palabras. Así, cuando

regreses a las diapositivas, se mostrará más dispuesto a ponerse a trabajar de nuevo.

Si tu meta es comunicar una idea clave por diapositiva, es lógico que te plantees si puedes hacer algo más con una imagen para destacar el argumento que pretendes demostrar. Sobre todo cuando se trata de gráficos y tablas. Si te refieres a que el índice pluviométrico en febrero siempre es superior al de octubre y muestras un gráfico del régimen de lluvias anual, ¿por qué no regalar al público unas barras en distintos colores para los meses de febrero y octubre?

Y si a continuación comparas marzo y noviembre, hazlo en una tabla distinta, o en una diapositiva distinta, con esos dos meses diferenciados. No amontones todos esos datos en una sola imagen.

David McCandless es un maestro a la hora volver comprensibles los datos mediante el uso de diapositivas elegantes. En el TEDGlobal de 2010, por ejemplo, mostró dos. La primera llevaba por título: "¿Quién cuenta con el mayor presupuesto de defensa?". En ella se mostraban diez cuadrados de distintos tamaños. Cada uno de ellos representaba un país en proporción con el tamaño de su presupuesto. El de Estados Unidos, claro está, era, por mucho, el mayor.

Sin embargo, la segunda diapositiva mostraba los cuadrados que representaban el presupuesto militar en relación con el porcentaje del PIB. Y de pronto Estados Unidos pasaba a ocupar la octava posición, por detrás de Birmania, Jordania, Georgia y Arabia Saudí. En apenas dos gráficos, nuestra visión del mundo se agudiza notablemente.

Otros conferencistas, al parecer, siguen creyendo que para potenciar la fuerza explicativa de una diapositiva hay que llenarla de palabras, con frecuencia las mismas que piensan pronunciar. Nada más lejos de la verdad. Esas clásicas diapositivas de PowerPoint en los que aparece un titular seguido de viñetas con frases larguísimas, son la vía más directa si lo que quieres es perder del todo la atención del público. El motivo es que este lee antes que el conferencista, y cuando este cubre el punto en cuestión, a los asistentes ya les parece viejo. Cuando en TED recibimos a conferencistas que llegan con paquetes de diapositivas como esas, les servimos algo de beber, nos sentamos con ellos frente a una pantalla de computadora y les pedimos permiso, amablemente, para borrar, borrar y borrar. Tal vez cada viñeta pase a ser una diapositiva única. Muchas frases quedan reducidas a una sola, son reemplazadas por una imagen o se suprimen del todo.

La idea es que no sirve de nada repetir en texto lo que ya estás diciendo en la tarima. Puede justificarse que si dedicas un par de minutos a desarrollar un punto concreto, merezca la pena dejar en la pantalla una palabra o una frase que recuerde al público el tema que se está tratando. Pero si no es así, las palabras en la pantalla, lejos de potenciarla, interfieren negativamente en tu presentación.

Incluso si una diapositiva con texto es simple, puede restarte garra. En lugar de una imagen en la que se lea: "Un agujero negro es un objeto con tanta masa que la luz no puede escapar de él", es mejor que muestres otra que ponga: "¿Cómo de negro es un agujero negro?". Y después aportas la información de esa diapositiva original en forma hablada. De esa manera, la imagen despierta la curiosidad del público y hace que tus palabras suenen más interesantes, no menos.

Si se piensa un poco en ello, es bastante sencillo. El propósito principal de los elementos visuales no puede ser comunicar palabras: para eso ya está la boca. El propósito principal es compartir cosas que a tu boca no se le dan tan bien: fotografías, videos, animaciones, datos clave.

Si se usa así, la pantalla puede explicar en un instante lo que de otro modo llevaría horas. En TED, nuestro defensor favorito de los elementos visuales explicativos es Hans Rosling. Ya en 2006 mostró una secuencia gráfica animada que duraba apenas cuarenta y ocho segundos. Pero en aquellos cuarenta y ocho segundos transformó el modelo mental de todos los presentes sobre el mundo desarrollado. Y el quid de la cuestión es este: que si no lo has visto, yo en realidad no puedo explicártelo. Para intentarlo debería dedicar párrafos enteros, y ni aun así me acercaría a su resultado. De eso se trata, precisamente. Su explicación *tenía* que mostrarse en una pantalla. Así que la próxima vez que estés cerca de una computadora busca "Hans Rosling: the best stats you've ever seen" [Hans Rosling nos muestra las mejores estadísticas que jamás hayamos visto]. Mira y maravíllate (la animación empieza a los 4:05 minutos).

No todos podemos ser Hans Rosling. Pero todos, al menos, podemos formularnos la pregunta: *¿resultan claves estos elementos visuales para explicar lo que quiero decir? Y, si es así, ¿cuál es la mejor manera de combinarlos con mis palabras para que funcionen bien conjuntamente?*

¡Deleita!

Una contribución de los elementos visuales que suele infravalorarse es su capacidad de proporcionar un gran atractivo estético a la charla.

Me asombra que los artistas visuales muchas veces limiten lo que muestran a una pequeña porción de su trabajo. Sí, es cierto, los conceptos en una charla han de ser limitados. ¿Pero las imágenes? Las imágenes no tanto. El error está en dar por sentado que debemos explicar todas y cada una de las imágenes. No es así. Si hubieras invitado a un público selecto a tu inmensa sala de exposiciones para ver tu obra y solo tuvieras tiempo para concentrarte en una sala, de todos modos lo conducirías rápidamente por el resto de la galería, aunque solo fuera para dejarlo sin aliento y ampliar su comprensión sobre el grueso de tu obra. Cuando se trata de imágenes, una visualización de cinco segundos, aunque no se acompañe de palabras, puede generar impacto. Y si resulta tan fácil ofrecer ese regalo al público, ¿por qué no hacerlo?

Hay muchas maneras de estructurar una charla para que en ella quepan momentos de indulgencia visual que potencien significativamente la sensación de deleite entre los espectadores, incluso cuando el tema tratado no sea necesariamente hermoso.

Lucy McRae, diseñadora y compañera de TED, incorporó gran cantidad de imágenes y videos intrigantes y fantásticos a su charla, y todo ello generó una sensación de asombro, de maravilla, incluso cuando hablaba de olor corporal. De manera similar, el estilo gráfico de una presentación o la elección de fuentes de letra elegantes, ilustraciones y efectos de animación pueden contribuir a que esta resulte irresistible.

Estos son solo algunos principios básicos, pero, con los elementos visuales, la gracia está en los detalles. Para ir un poco más allá, permíteme invitar de nuevo en estas páginas a Tom Rielly, un hombre a quien los elementos visuales malos le causan dolor físico. ¡Tom, es tu turno!

Tom Rielly escribe:

¡Genial! Empecemos por las herramientas que vas a usar.

Consejos para el uso de *software* en presentaciones

En 2016 contamos con tres herramientas principales para las presentaciones: PowerPoint, Keynote (para Mac) y Prezi. El uso de PowerPoint está muy generalizado, aunque a mí Keynote me resulta más fácil de usar, y cuenta con mejor tipografía y gráficos. Prezi (empresa de la que TED fue uno de los primeros inversionistas) ofrece un modelo alternativo en el que, en lugar de las sucesiones de diapositivas, te mueves por un paisaje bidimensional, ampliando y alejando lo que te interesa enfocar.

La mayoría de los proyectores y las pantallas actuales tienen las dimensiones de una pantalla panorámica de televisor: 16:9, distinta a los 4:3 de los televisores de antes. Aun así, el *software* de las presentaciones se abre en un modo 4:3. Así pues, lo primero que hay que hacer es cambiar el formato a 16:9 (a menos que dictes la charla en un local en el que sea posible que aún dispongan solo de proyectores 4:3).

No uses las plantillas predeterminadas de viñetas, letras y puntos. Si lo haces, tu presentación se parecerá a la de cualquier otra persona, y además esas plantillas acaban limitándote. Te recomiendo que empieces con una diapositiva en blanco. Si vas a compartir muchas fotos, usa el negro como color de fondo, porque desaparecerá y tus fotos surgirán de la nada.

La mayoría de las fotos deben mostrarse "sangradas". No se trata de un término propio de las películas de terror, sino que pertenece a la jerga de los impresores y significa que la imagen ocupa la totalidad de la pantalla. Mejor proyectar tres fotos sangradas seguidas que tres en una sola diapositiva. Las fotografías aún suelen tomarse con formato 4:3, por lo que si quieres mostrar alguna sin cortar los bordes superior e inferior, proyéctala sobre una diapositiva negra, lo que creará unos bordes negros no invasivos a izquierda y derecha.

Usa fotografías con la mayor resolución de imagen posible para evitar ese molesto pixelado que puede producirse al proyectarlas en pantallas grandes. El concepto "resolución excesiva" simplemente no existe, a menos que esta lleve a una ralentización del *software*.

Fuentes/tipos de letra

Suele ser mejor usar un solo tipo de letra en cada presentación. Hay fuentes mejores que otras. Nosotros, por lo general, recomendamos fuentes de anchura media y sin serifa (o paloseco), tipo Helvética o Arial. No conviene usar fuentes excesivamente delgadas, porque cuesta leerlas, y más sobre fondos oscuros. En caso de duda, opta por la simplicidad.

Tamaño de fuente

Los tipos diminutos obligan al público a esforzarse. Usa fuentes de veinticuatro puntos, o mayores, en la mayoría de los casos. Recurre como máximo a tres tamaños de la fuente que hayas elegido en una presentación. Además, los cambios de tamaño deben estar justificados. El tamaño grande es para títulos y encabezamientos; el tamaño medio, para las ideas principales; y el tamaño pequeño, para las ideas de apoyo.

Fondo de fuente

Si quieres incorporar texto a alguna foto, asegúrate de colocarlo donde el público pueda leerlo. Si una foto contiene demasiados detalles y no se puede escribir sobre ella directamente, lo mejor es añadir una barra estrecha en la zona inferior y colocar el texto sobre ella.

Color de fuente

Aquí las palabras a tener en cuenta son "simplicidad" y "contraste". El negro sobre blanco, un color oscuro sobre blanco y el blanco o el amarillo sobre negro van bien porque se consigue un contraste acusado y resultan fáciles de leer. Usa solo un color de fuente en la presentación, a menos que desees expresar énfasis o sorpresa. No uses nunca un color de fuente claro sobre un fondo claro, ni un color de fuente oscuro sobre un fondo oscuro: por ejemplo, el azul celeste sobre fondo amarillo y el rojo sobre negro no son fáciles de leer.

Legibilidad

Una vez escogida la fuente y el color, echa un vistazo a tu presentación en la computadora o, mucho mejor, en tu televisor, o pásala en un proyector, y retrocede entre dos y seis metros. ¿Puedes leerlo todo? ¿Las fotografías se ven bien, sin pixelado? En caso contrario, corrige los problemas.

Qué no hacer

- Viñetas, no. Evítalas a toda costa.
- No uses guiones (cortos o largos) para encabezar textos.
- Evita los subrayados y las cursivas; son difíciles de leer. No hay problema con la negrita.
- Los sombreados pueden resultar útiles para mejorar la legibilidad, sobre todo para tipos de letra que encabezan fotografías, pero no conviene abusar del efecto.
- No uses más de un efecto en la misma línea. El resultado es espantoso.

Explicaciones y diagramas

Crea construcciones añadiendo palabras e imágenes sobre una diapositiva a través de una serie de clics, para concentrar la atención de la gente primero en una idea y después en otra. Proporciona al público el tiempo suficiente para asimilar cada paso. No llenes las diapositivas con demasiada información para que la gente no se sienta desbordada.

Créditos de fotografías

En la comunidad científica resulta de especial importancia citar la autoría de las fotografías de todas las diapositivas. Pero es mejor evitar letras grandes, porque esas citas distraen la atención del público de la imagen que quieres mostrarles. Si todas las imágenes pertenecen a un mismo autor, puedes agradecer de viva voz a *National Geographic*, por ejemplo, o puedes añadir un pie de foto inicial en el que diga: "Imágenes cortesía de *National Geographic*". De ese modo no tendremos que repetirlo en todas.

Si debes incluir los créditos, conviene colocarlos siempre en el mismo sitio y uniformar el estilo (la misma fuente, el mismo tamaño: no más de diez puntos) en todas las diapositivas. Además, sintetiza todo lo que puedas. No uses: "Crédito de la fotografía: Agustín Álvarez, Ames Research Center, NASA, Mountain View, CA", pero sí: "Agustín Álvarez, NASA". Ten en cuenta que algunos custodios de derechos, como son los museos, pueden resistirse a esa abreviatura de los créditos. Pero vale la pena preguntar. Yo, por lo general, marco los créditos en blanco, fuera de la imagen, y los coloco en vertical al lado derecho. Pregunta a tus amigos si los créditos distraen su atención. En caso afirmativo es que tienen demasiada preeminencia.

Fotografías tuyas y de tu equipo

Es muy buena idea incluir una foto en la que salgas tú en tu entorno de trabajo: el laboratorio, el campo, el Gran Colisionador de Hadrones... Pero, a menos que exista una razón para ello, no muestres más de una. Ben Saunders nos contó sus viajes al Polo Norte y al Polo Sur. Su imagen es necesaria en la mayoría de las fotos para contar esa historia. Para que la expedición de Ben resultara posible tuvo que contar con un equipo entero de personas, pero mostrar fotografías de ellos habría distraído al público de la historia principal. Si bien es comprensible querer compartir el mérito, las imágenes de los equipos, sobre todo si aparecen en un formato del tipo anuario o mosaico de fin de curso, son importantes para ti, pero no para los espectadores. Así que resiste la tentación, y si debes incluir una foto, asegúrate de que represente al grupo en una situación orgánica. Es mucho mejor mostrarlo en contexto durante la presentación.

Videos

Los videos pueden ser herramientas fabulosas para mostrar tu trabajo y tus ideas. Sin embargo, como norma general no deberías pasar piezas de más de treinta segundos de duración. En una charla de dieciocho minutos, no pongas más de dos, tres, cuatro fragmentos, a menos que tu trabajo dependa absolutamente de ellos. Es mejor que esos fragmentos de video sean de tu trabajo, y que tengas los derechos sobre las imágenes (no una escena de *Star Wars*). Explica con ellos algo que no pueda explicarse mediante imágenes fijas, y preocúpate de que el nivel de ejecución sea bueno (grabados en alta definición, con una buena iluminación y, sobre todo, un buen sonido). Un video mal producido hará que el público piense más en su mala calidad que en su contenido. Asegúrate de que venga a cuento, y de que sea auténtico, no producido por tu departamento de relaciones públicas ni acompañado de una música enlatada estridente. *Consejo*: cuando estés trabajando, grábalo todo en video, porque así podrás decidir qué incluyes más tarde, aunque no sepas cuándo. TED invierte en videos y fotografías de buena calidad, y cuanto más tiempo pasa, más valor adquieren.

Así pues, sí, puedes incluir un video en tu presentación, pero recuerda consultar con el equipo de producción audiovisual para asegurarte de que todo funcione bien antes de salir al escenario.

Transiciones

Estas son las temidas arenas movedizas de muchos conferencistas. Como regla general, evita casi todas las transiciones. Centelleos, confeti, giros, tendederos, cubos, balanzas, desplazamientos, efectos sonoros, explosiones de fuego, rebotes... Todas ellas son transiciones reales de Keynote. Y yo nunca uso ninguna, salvo en broma o irónicamente. Son truquitos que te alejan de tus ideas y te arrastran a la mecánica de tu *software*. Las transiciones que a mí me gustan son dos: ninguna (un corte instantáneo, como al editar una película) y el efecto de difuminado. La primera, el corte brusco, es genial cuando deseas obtener una respuesta inmediata del señalador láser, y la segunda, el difuminado, se ve natural si se predetermina para que dure menos de medio segundo. Además, cortar y disolver aportan dos significados subliminales: con el corte brusco pasas a una idea nueva, y con disolver las dos diapositivas las relacionas de algún modo. No tiene por qué ser siempre así, pero sirve como norma general. En una misma presentación pueden usarse las dos transiciones. Si no hay motivo que las justifique, mejor no recurrir a ellas. En resumen, una transición nunca debe llamar la atención por sí misma.

Transporte de archivos

Envía tu presentación a tus anfitriones, y lleva una versión completa en un dispositivo USB, con el (los) video(s) por separado. Incluye, además, las fuentes usadas en la presentación. Incluso cuando ya he enviado con antelación una presentación al lugar en el que esta va a llevarse a cabo, siempre la llevo conmigo. Importante: antes de enviarla por Internet o copiarla en la memoria USB, mete todos los documentos en un archivo y comprímelo en un archivo .zip. Así te asegurarás de que Keynote o PowerPoint reúnan todos los fragmentos de tu presentación en un sitio. Etiqueta con claridad cada video, incluida su ubicación. Por ejemplo: SIOBHAN STEPHENS DIAPOSITIVA 12: VIDEO: POLILLA SALE DEL CAPULLO.

Derechos

Asegúrate de contar con la licencia para usar fotografías, videos, música y cualquier fuente especial, o que pertenezcan a Creative Commons o que sean de dominio público. Siempre resulta más fácil y mejor usar el trabajo propio. Si usas una canción de Whitney Houston, por ejemplo, podría costarte miles de dólares contar con la autorización para usarla en una charla, sobre todo si esta va a publicarse en Internet.

Prueba

Hay dos clases de pruebas: humana y técnica. En primer lugar, para la prueba humana, recomiendo que ensayes la presentación —sobre todo la parte de las diapositivas— con familia o amigos que no pertenezcan a tu campo. Pregúntales, después, qué han entendido y qué no, y déjalos que te pregunten lo que quieran. Estas pruebas son de vital importancia, sobre todo cuando se trata de cuestiones muy técnicas o abstrusas.

Igual de importantes resultan las pruebas técnicas. Yo me compré un mando a distancia Kensington de treinta y cinco dólares que se conecta la computadora con puerto USB, lo que me permite ir pulsando órdenes durante la charla como lo haría en el escenario. ¿Las diapositivas se ven bien, el brillo es adecuado? ¿Las transiciones resultan lo bastante rápidas? ¿Las fuentes se ven bien? ¿Los videos se ponen en marcha cuando corresponde? ¿Se aprecia algún defecto técnico de algún tipo? Revisar muchas veces la charla te ayudará a saber si todo está en su sitio.

Pregunta siempre qué clase de computadora se usará para mostrar la presentación, si es compatible con tu programa, si incorpora las mismas fuentes que has usado para crearla, y si tu anfitrión usa el mismo *software*, pregúntale qué versión tiene.

Asegúrate de usar la última versión del *software* en cuestión, porque ese suele ser el que tienen los organizadores, y las conversiones *in situ* de una versión a otra resultan estresantes y, en ocasiones, requieren de un alto grado de destreza. Una vez yo preparé una presentación con el Keynote, en una Mac, y esta se importó a un PowerPoint para PC. En el ensayo, todo parecía un desastre. Los convencí para que consiguieran una Mac, y todo quedó muy bien.

No presentes nunca nada si no has repasado antes las diapositivas —y sobre todo los videos— en el mismo equipo en el que van a proyectarse durante la charla. Es de especial importancia que el técnico de sonido compruebe el volumen de los audios de tus presentaciones, sobre todo si pretendes hablar mientras se pasan. Un fragmento inaudible o una explosión de sonido inesperada jugarán en tu contra.

Trabajar con diseñadores

Casi todos podemos crear buenas diapositivas, pero si el nivel es alto y el presupuesto lo permite, no dudes en contratar a un diseñador gráfico especializado en presentaciones. Fíjate que no me refiero a un diseñador cualquiera. Alguien que trabaje normalmente en páginas web o material impreso puede no estar familiarizado con el arte y la gramática de trasladar ideas a diapositivas. Solicita ver trabajos previos.

Otros cuatro aspectos importantes son:

1. Aunque en tu trabajo cuentes con un departamento de diseño gráfico que pueda encargarse del proyecto, deberías implicarte en él desde el principio. Ten una actitud proactiva. No te conformes con revisar el video terminado; asegúrate de estar presente, de participar. Los diseñadores,

en su inmensa mayoría, hacen bien su trabajo, pero ellos te ayudan a expresarte, de modo que es lógico que tú te impliques.

2. Si no te sientes a gusto con las recomendaciones de alguien en relación con tus diapositivas, confía en tu instinto. Después de todo, el que va a subirse al escenario vas a ser tú.

3. Nosotros trabajamos con muchos diseñadores a distancia, vía Skype, correo electrónico y Dropbox, y funciona bien. Los diseñadores no tienen por qué estar siempre cerca físicamente.

4. La ayuda no tiene por qué salir cara. Para los elementos gráficos de las presentaciones, a mí me gusta acudir a pequeñas empresas de diseño que cuentan con entre uno y quince trabajadores, porque eso me ofrece más posibilidades de relacionarme con los cargos importantes. Además, actualmente existe un gran número de personas recién graduadas que han estudiado en prestigiosas escuelas de todo el mundo.

Control de revisiones

Usa religiosamente el control de revisiones, y alguna herramienta como Dropbox para almacenar tus fuentes, fotografías, videos y sonido. Nunca está de más incluir en el nombre de los archivos el número de la versión, así como tu nombre y el lugar donde se va a impartir la charla. Por ejemplo, algo así: v4trjw-TomRiellyPrezTED2016Sesion1. Las iniciales (trjw) te permitirán saber quién ha sido el último en trabajar en el documento. *Consejo*: Coloca el número de versión y las iniciales de la última persona al principio del nombre del archivo, porque si no, es posible que no puedas determinar con facilidad quién es quién. Cada vez que lo cambies de sitio, guarda una nueva versión con un nuevo número, y antes de compartir el enlace de Dropbox con el equipo de producción de algún evento, crea una carpeta dentro de Dropbox para las versiones antiguas y mantén la última versión separada del resto. Marca la versión final como "FINAL" al principio o al final del nombre del archivo.

Tu diseñador te adorará si tú o algún miembro del equipo reune tantos elementos como sea posible (fotografías, videos, audios) en una carpeta antes de que él empiece a diseñar. Además, para ayudar al diseñador, a veces yo abro un archivo de Keynote nuevo y creo diapositivas muy simples con instrucciones; por ejemplo: "Esta diapositiva mostrará una de las especies que estamos intentando conservar", "Esta diapositiva mostrará el lecho del lago seco", etcétera.

Hazlo con todas las diapositivas que puedas, ordénalas y envía el archivo al diseñador. Es el equivalente de los *Post-it* que los cineastas pegan en la pared y les ayudan a organizar las ideas.

Finalmente, como ocurre con todo lo que tiene que ver con los gráficos, menos es más.

Volvemos con Chris:

¡Un aplauso para Tom, por favor!

Y, por fin, si quieres ver lo último en acción, a continuación enumeramos otros tres conferencistas cuyos elementos visuales nos encantan.

Las gloriosas imágenes mostradas por el fotógrafo y conservacionista Mac Stone en TEDxUC [en la Universidad de California] justifican plenamente el título de su charla: "Sorprendentes imágenes de los Everglades en vías de extinción".

En TEDxVancouver, Jer Thorp nos habló del impacto de una infografía clara y demostró su tesis con incontables ejemplos.

Y en TEDxSydney, el animador biomédico Drew Barry recurrió a unas asombrosas animaciones en 3D para revelar unos procesos ocultos que tienen lugar en nuestras células.

Ahora que ya dispones de un plan para tus elementos visuales, es hora de regresar a las palabras y ver de qué manera vas a convertirlas en una charla. En este punto existen dos enfoques bastante distintos y, como veremos, los mejores del mundo discrepan profundamente sobre este punto. Por suerte, hay una manera de vencer la brecha.

PROCESO PREPARATORIO

11
EL GUION
¿Memorizar o no memorizar?

En una reciente conferencia TED habíamos invitado a un físico brillante y muy prometedor para que diera una charla sobre algunos hallazgos destacables en su campo. Tenía fama de ser el mejor conferencista científico de su universidad. Sus clases magistrales estaban siempre llenas gracias a su don para simplificar lo complejo, para convertir lo abstruso en emocionante. Y durante el ensayo nos impresionó con su pasión, su elocuencia y su claridad. Yo aguardaba con impaciencia su gran momento.

Empezó bien, paseándose por el escenario y ofreciéndonos una metáfora intrigante que el público, que llenaba la sala, disfrutaba intentando entender. Entonces... vino el primer titubeo. Durante un momento perdió la concentración. Sonrió y pidió un segundo, se sacó el teléfono móvil del bolsillo y recordó dónde estaba. Siguió adelante. Ningún problema. Pero lo mismo volvió a ocurrirle cuarenta segundos después. La metáfora empezaba a hacerse excesivamente complicada. La gente, desconcertada, empezaba a rascarse la cabeza y a sentirse estresada por él. Se le notaba la voz tensa. Tosió. Yo le alargué una botella de agua. Por un momento pareció ayudarle. Pero no. Espantosamente, en cámara superlenta, la charla se desmoronó delante de todo el mundo. Como la humorista Julia Sweeney comentó más tarde, fue como si desapareciera en uno de los agujeros negros de los que estaba hablando. Sacó el teléfono dos, tres, cuatro veces más. Empezó a leer. La sonrisa y la pasión habían desaparecido. Se había bebido toda el agua. Tenía la frente sudorosa. Parecía estar a punto de ahogarse. No sé bien cómo, consiguió terminar y fue despedido con una ovación tímida, incómoda, comprensiva.

Su charla fue la más comentada de la conferencia. Pero no por lo que él había soñado que lo fuera.

Y el caso es que la culpa no fue suya, sino mía. Mientras la preparaba, lo animé a dedicar tiempo a crear un exitazo de charla, a estructurarlo todo por adelantado, en forma de guion. Era el enfoque que usaban casi todos los conferencistas de TED, y durante el ensayo parecía haber funcionado bien. Pero aquel no era su estilo natural a la hora de hablar. Había explicado aquel tema de manera magistral en innumerables clases con alumnos, valiéndose de un lenguaje fluido, espontáneo, que brotaba directamente de su privilegiado cerebro. Debería haberle pedido que trajera a TED su habilidad. (En realidad *la trajo*. Un día antes se había subido al escenario y había dado una explicación improvisada, brillante, sobre el mayor hallazgo de la historia de la física. Lo que lo confundió fue el guion).

Hay muchas maneras de preparar y dar una charla, y es importante encontrar la que a cada uno le va bien. Porque cuando llega el momento, incluso si has preparado algo fantástico, la lista de cosas que pueden salir mal es muy larga. Entre ellas:

- Tu tono de voz duerme al público.
- Suenas como si estuvieras recitando.
- Te quedas sin tiempo antes de llegar a la mitad de lo que querías decir.
- Confuso, intentas recordar qué relación hay entre las diapositivas y las palabras que has preparado.
- Tus videos no arrancan y el control del proyector no funciona bien.
- No estableces contacto visual con ni siquiera uno de los asistentes.
- Te sientes incómodo en el escenario, y no sabes si deberías pasearte un poco por él o mantenerte clavado en un sitio. Así que optas por algo intermedio, y te balanceas torpemente apoyando el peso del cuerpo primero en una pierna, luego en la otra.
- El público no se ríe cuando se supone que debería.
- El público se ríe cuando, claramente, no debería.
- La ovación con todos los asistentes puestos de pie, con la que tanto soñabas, se ve sustituida por un tímido aplauso de compromiso.
- Y —lo que más teme la gente— te olvidas de lo que ibas a decir, se te queda la mente en blanco y te paralizas.

Por suerte, con una preparación a conciencia, el riesgo de que ocurra alguna de estas cosas puede minimizarse inmensamente. Pero tal como ilustra la anécdota de arriba, ha de tratarse de la preparación adecuada. Y para ello tienes que empezar por saber *cómo* piensas dar la charla. Dependiendo del conferencista, el enfoque puede ser muy distinto. En este capítulo intentaremos ayudarte a determinar qué enfoque es el mejor en tu caso.

Hace unos años, TED solía ser bastante rígido en sus reglas sobre la manera de dar una charla. *Nada de atriles. No leer nunca la charla*. Y, en general, esas reglas tienen sentido. La gente responde muy bien a la vulnerabilidad de alguien que está solo, sin la protección de un atril, y que habla desde el corazón. Se trata de una comunicación de ser humano a ser humano en su forma más pura.

Pero en la variedad también está la fuerza. Si todos los conferencistas se plantaran en el centro del escenario y enunciaran con claridad y emoción una charla perfectamente memorizada, no tardaríamos en cansarnos. Cuando un grupo de personas se ausenta durante una semana de su lugar de residencia habitual para asistir a una conferencia, las personas que suelen causar más impacto son las que hacen las cosas de manera diferente. Si todo el mundo habla sin guion, el profesor raro que se coloca detrás de un atril y, travieso, *lee* su charla puede acabar siendo el más recordado.

Y, más que cualquier otra cosa, lo importante es que quienes hablan en público se sientan cómodos y tengan confianza en sí mismos, que dicten la charla de la manera que mejor les permita concentrarse en lo que los apasiona.

Eso lo descubrimos cuando invitamos a TED al premio Nobel Daniel Kahneman. Conocido como el padre de la economía conductual, se trata de un pensador extraordinario con una amplia gama de ideas capaces de modificar cualquier visión del mundo. Originalmente le habíamos pedido que nos hablara a la manera tradicional de TED: sin atril. De pie en el escenario, con unos pocos tarjetones, como máximo, para ayudarse un poco durante la charla. Pero durante el ensayo nos dimos cuenta de que se sentía incómodo. No había podido memorizarlo todo, y no dejaba de detenerse y de mirar abajo, incómodo, para recomponerse.

Al final le dije: "Danny, a lo largo de tu vida has dictado miles de charlas. ¿Cómo te sientes más cómodo?". Me respondió que le gustaba instalar su computadora en el atril para tener a mano sus notas. Lo probamos, y se relajó inmediatamente. Pero lo cierto era que bajaba la mirada con demasiada frecuencia para fijarse en la pantalla. Así que llegamos a un acuerdo: le dejaríamos el atril a cambio de que mirara al público lo más posible. Y eso fue exactamente lo que hizo. Su charla, excelente, no quedó como un discurso recitado ni leído. Parecía conectado a los espectadores. Y dijo todo lo que quería decir, sin sentirse incómodo.

Así pues, en la actualidad ya no marcamos unas reglas predeterminadas. Nos limitamos a sugerir para ayudar a quienes hablan en público a encontrar la manera más potente de hacerlo.

Una de las primeras decisiones importantes que debes tomar —y lo ideal es que lo hagas muy al principio del proceso de preparación— es si:

A. Escribirás la charla como un guion completo (para ser leído, memorizado o una mezcla de ambas cosas), o
B. crearás una estructura claramente definida y, llegado el momento, hablarás de cada uno de los puntos.

Existen argumentos poderosos a favor de las dos estrategias.

Charlas escritas en su totalidad

La gran ventaja de optar por los guiones es que puedes aprovechar al máximo el tiempo disponible. Condensar todo lo que quieres decir en diez, quince o dieciocho minutos puede resultar dificilísimo. Si debes incluir explicaciones de cierta complejidad, o si hay pasos importantes en tu proceso de persuasión, tal vez no tengas más remedio que anotar todas y cada una de las palabras y perfeccionar al máximo cada frase, cada párrafo. Escribir la charla también tiene la ventaja de que los borradores pueden compartirse con antelación. A nosotros nos encanta que los conferencistas nos envíen sus primeras versiones un par de meses antes de que tenga lugar la conferencia. Eso nos deja tiempo para comentar los elementos que tal vez pueden suprimirse y los que podrían requerir de una explicación más detallada.

Con todo, la gran desventaja del guion con el texto íntegro es que, a menos que se dicte de la manera adecuada, la charla puede parecer poco espontánea. Oír a alguien hablar y oírlo leer son dos experiencias muy distintas. En general (hay excepciones), el público reacciona mucho mejor a lo primero que a lo segundo. Es algo que no deja de ser desconcertante: si las palabras son las mismas, y si todos los presentes saben que las ha escrito quien da la charla, ¿por qué nos importa de qué manera nos lleguen?

Tal vez sea porque la comunicación entre seres humanos es un proceso dinámico, que se despliega en tiempo real. Dices algo. Yo te miro a los ojos y realizo toda clase de juicios inconscientes. Eso que estás diciendo, ¿lo crees de verdad? ¿Te apasiona? ¿Estás implicado en ello? Como oyente, y sé lo que digo, me resulta demasiado arriesgado abrirte mi mente. Ello implica que observar a alguien "pensar en voz alta" en el momento es algo muy poderoso. Percibimos tu convicción, y llegamos a formar parte de la emoción de ver cómo te identificas con una gran idea, cómo luchas por ella, y cómo, finalmente, le das forma. El hecho de poder percibir que crees de verdad en lo que estás diciendo en el momento de decirlo nos ayuda a darnos permiso para aceptar eso que tú crees.

Por el contrario, cuando las palabras se leen, pueden resultar impersonales y distantes. Es algo así como ver un partido de alguna competición deportiva en DVD. Ya se ha ganado o se ha perdido. Aunque no sepamos el resultado, no nos importa tanto. (E imagina lo terrible que sería la experiencia de ver ese DVD con los comentarios añadidos después del partido, y que fueran comentarios leídos, no pronunciados en tiempo real. Así es como puede sonar una charla leída).

De modo que, si optas por la vía del guion con el texto íntegro, cuentas con tres estrategias principales:

1. Apréndete la charla tan bien que ni por un momento suene a que ha estado escrita. (Pronto volveré a este punto).
2. Consulta el guion (bien desde un atril —preferiblemente uno que no impida la visión de todo el cuerpo—, bien desde una pantalla o monitor tipo *teleprompter*), pero compensa alzando la vista en cada frase para establecer contacto visual con el público. Fíjate que no he dicho "lee el guion". Puedes tener el texto entero frente a ti, pero es importante que sientas que estás hablando, no leyendo. El público nota la diferencia. Tiene que ver con dar sentido a las palabras a medida que hablas con la máxima naturalidad y pasión posibles. Tiene que ver con establecer contacto visual, con sonreír, con mostrar al público otras expresiones faciales. Tiene que ver con estar tan familiarizado con el texto que solo te haga falta bajar la vista cada dos o tres frases. Sí, hay que trabajar, pero merece la pena, y cuesta menos que memorizar toda la charla.
3. Condensa el guion en viñetas y proponte expresar en su momento cada uno de esos puntos con tus propias palabras. Es algo que entraña distintos riesgos, que se abordan más abajo, en el apartado de Charlas no escritas.

Solo hay dos circunstancias en las que puede salirte bien leer el guion:

1. Tu charla viene acompañada de unas imágenes o de unos videos espectaculares que se proyectan mientras tú hablas. En esa situación, tú (a través de tu voz) eres un proveedor de emociones. La atención del público está en la pantalla. La charla del fotógrafo James Natchwey, premio TED, fue de este tipo.

2. Eres un escritor extraordinario, y el público sabe que está escuchando un fragmento de obra escrita. Pero, como veremos más abajo, incluso en el caso de los grandes escritores que llegan con guion escrito en un estilo muy lírico, no leer puede transmitir más fuerza.

A pesar de esas advertencias, para la mayoría de las personas que han de hablar en público, la manera más fiable de decir lo que quieren decir, de la manera más potente, es ponerlo primero por escrito y aprenderlo hasta que se convierte en parte de ellas. Pero eso es algo que cuesta trabajo. A casi todos, memorizar una charla de dieciocho minutos puede llevarnos fácilmente cinco o seis horas. Una hora al día durante una semana. Si no dispones de tanto tiempo, no lo intentes siquiera. Cuando sales al escenario, lo que menos te interesa es pasarte el rato haciendo esfuerzos por recordar un texto.

Cuando eso sucede, el problema no es tanto el riesgo de quedarse en blanco, sino que el público *note* que estás recitando. Que vea que mueves los ojos para buscar entre los párrafos la frase siguiente. Es probable que se dé cuenta de que tu tono de voz es ligeramente plano y robotizado, porque estás concentrado en pronunciar las frases correctas en vez de en dar verdadero sentido a esas frases.

Y resulta algo trágico, la verdad. Tú te has esforzado mucho para crear una charla fantástica, pero no llegas a darle la oportunidad de que tenga verdadera repercusión.

Se trata de un problema que tiene solución. Pero requiere de cierto esfuerzo.

Imagina que observas a un amigo que, en el curso de una semana, aproximadamente, intenta memorizar su charla. Digamos que le pides cada día que te ofrezca la mejor versión que pueda sin usar notas. Si lo haces, te darás cuenta de algo raro: al inicio del proceso, resultará bastante convincente (si bien un poco desestructurado). Todavía no se sabe casi nada de memoria, por lo que, sencillamente, se esfuerza al máximo por transmitirte la información que conoce en el orden aproximado que ha planeado.

Pero transcurridos unos días, te percatas de un cambio. Ha llegado al punto en que se sabe de memoria bastantes partes de la charla, por lo que las dicta en forma de párrafos. Pero tú no percibes la misma frescura cuando los oyes. Notas su tensión. Escuchas muletillas como: "A ver...", "Un momento...", "Déjame que empiece otra vez...". O, simplemente, esos párrafos te llegan de manera algo mecánica.

Esas pistas indican que la charla está siendo recitada en lugar de ser dictada con sentido. A esa fase de la preparación yo la llamo el "valle inquietante*". Se trata de un término tomado de la animación por computadora en la que la tecnología que crea personajes de apariencia humana se acerca mucho a la realidad, pero no lo logra del todo. El efecto resultante da miedo: peor que si el animador no hubiera intentado conseguir una imagen realista. Si el amigo que te habla sale al escenario en esa fase, su charla, probablemente, no será un éxito. Sería mejor que se olvidara de pronunciar el texto que se ha preparado y se limitara a anotar siete puntos y a hablar de cada uno de ellos. O que subiera al escenario con el texto.

Sin embargo, si persiste en el proceso de memorización, hacia el sexto o séptimo día, te darás cuenta de que se produce un cambio emocionante. De pronto el conferencista se sabe el texto. Se lo sabe tan bien que recordarlo le resulta facilísimo. Súbitamente tu amigo puede dedicar su atención consciente a concentrarse de nuevo en el significado de las palabras.

Así pues, lo que yo le diría a las personas que estén pensando en memorizar sus charlas es lo siguiente: "*Es genial. Te estás*

---

* Uncanny Valley, en inglés. *(N. del E.)*.

*dando la mayor oportunidad de conseguir un gran éxito, pero es absolutamente imprescindible que pases por ese valle inquie-*tante *y que no te quedes estancado ahí. Si no estás dispuesto a comprometerte a ello, mejor no memorices".*

¿Y cómo hay que memorizar? Los conferencistas TED recurren a muchos y muy diversos métodos.

Pamela Meyer, que dio una charla muy exitosa sobre cómo detectar a un mentiroso, parecía ser sincera al compartir el siguiente consejo:

> En Camp Seafarer, Carolina del Norte, debíamos mantenernos flotando en el agua al tiempo que cantábamos canciones típicas de un campamento. Después, para que resultara aún más difícil, teníamos que mantenernos a flote mientras movíamos los dedos índices al ritmo de la música, creando figuras muy complicadas. No habrás memorizado tu charla del todo hasta que seas capaz de compaginarla con otra actividad totalmente distinta que exija energía mental mientras dictas la charla. ¿Eres capaz de darla mientras pesas los ingredientes necesarios para preparar galletas? ¿Eres capaz de darla mientras archivas en una carpeta los papeles que tienes desordenados por todo el escritorio? Si eres capaz de dictarla mientras la carga cognitiva está sometida a tanta presión, seguro que la darás muy bien cuando tu concentración en el escenario sea alta.

Échale una mirada a la charla de Pam. ¿Parece memorizada? No. Parece totalmente natural.

Rives, conferencista TED y artista de la voz, coincide con su consejo:

> Cuando tengo tiempo para memorizar una charla, la memorizo hasta decir basta. La memorizo hasta que es como una melodía. La trabajo en la boca. La digo deprisa y despacio, con cantinela, en tono estentóreo, con frialdad, con más frialdad. Ensayo la charla hasta que represento la charla, sin recordarla. Y después me olvido de recitar. Mi ritual personal de memori-

zación suele tener lugar la(s) noche(s) anterior(es) a mi charla, en una habitación de hotel. Enciendo la televisión, pongo algún programa de entrevistas, con el volumen algo más alto que de costumbre, para crear la máxima interferencia cognitiva posible. Después (y esto es en serio) doblo una pierna y recito mi charla apoyándome en la otra, frente al espejo. Si dejo de sonreír, tengo que empezar de nuevo. Si me paro, tengo que empezar de nuevo. Si sobrevivo a una recitación completa, ya no me olvidaré de mi charla y las sonrisas llegarán si han de llegar.

Si usas mucho el coche, si conduces, podrías plantearte grabar la charla (leerla en voz alta y grabarla en el teléfono inteligente, por ejemplo) y reproducirla a volumen bajo, mientras tú intentas dictarla inmediatamente antes de que oírla. Después, inténtalo con el ritmo acelerado (la mayoría de teléfonos disponen de esa función). Gina Barnett, una de las *coaches* de charlas favoritas de TED, cree que la clave está en intentar recitar la charla al doble de la velocidad adecuada. Cuando eres capaz de hacerlo cómodamente, dictar la charla al ritmo normal te saldrá de manera automática, y entonces ya podrás concentrarte al ciento por ciento en el significado. Barnett también tiene una visión extraordinaria sobre cómo hemos de entender la memorización: "Esto es lo que le digo a la gente: la práctica no lleva a la perfección. *La práctica hace que la imperfección sea aceptable*. Porque cuando te sabes algo al derecho y al revés, puedes JUGAR con lo que surja en tu camino, en vez de rechazarlo".

Así que esa es la clave. No pienses que estás "recitando" la charla. Se supone que tienes que "vivirla". Encarnarla. Tu única meta es llegar a ese punto en el que recordar las palabras ya no te supone un esfuerzo y puedes usar tu tiempo en el escenario para transmitir pasión y sentido al público. *Y tiene que salirte como si compartieras esas ideas por primera vez.*

Es algo factible. No todas las ocasiones en las que debemos hablar en público merecen esa clase de esfuerzo. Pero cuando la ocasión lo merece, vale la pena hacerlo así.

Otra de las cuestiones clave que plantean las charlas con guion es el tipo de lenguaje que conviene usar. ¿Lenguaje hablado o lenguaje escrito? El lenguaje que usamos en nuestras conversaciones cotidianas es bastante distinto al lenguaje que usan los escritores. Más directo, menos lírico.

El consejo que da la mayoría de quienes asesoran para hablar en público es limitarse estrictamente al lenguaje oral. De ese modo podemos hablar con el corazón, en el momento. En el fondo se trata de dar una *charla*, no un *escrito*. Martin Luther King Jr. no dijo: "Vívida, poderosa e inolvidable es la visión que os traigo hoy". Dijo: "Tengo un sueño".

Dan Gilbert, profesor de Harvard, aconseja a sus alumnos grabar sus charlas primero, transcribirlas después y usar el resultado como primer borrador de su charla. ¿Por qué?

> Porque cuando la gente escribe, tiende a usar palabras, frases, estructuras y cadencias que nadie usa en un lenguaje hablado natural. Así que cuando partes de un texto escrito y después intentas adaptarlo para una actuación, lo que haces, básicamente, es transformar una forma de comunicación en otra, y es muy posible que la alquimia falle.

Y muchos otros conferencistas, como veremos, creen que la mejor manera de "escribir" una charla es, simplemente, intentar decirla en voz alta muchas veces.

Pero, una vez más, sería un error mostrarse demasiado inflexible al respecto. Los grandes escritores pueden proponerse una charla de otro tipo, una charla en la que la idea sea precisamente transmitir un lenguaje elegante, escrito previamente.

Echemos un vistazo a este párrafo de una charla memorable dictada por Andrew Solomon en TED2014:

> No buscamos las experiencias dolorosas que tallan nuestras identidades, sino que buscamos nuestras identidades a la luz de experiencias dolorosas. No podemos soportar un tormento sin sentido, pero somos capaces de soportar un dolor inmenso si creemos que detrás de él hay un propósito. Lo fácil causa en nosotros una impresión menor que lo costoso. Podríamos ser quienes somos sin nuestros deleites, pero no sin las desgracias que impulsan nuestra búsqueda de sentido.

Solomon es un escritor extraordinario, y se nota. El suyo es un lenguaje que aparecería de manera natural en un libro o en el artículo de una revista, no el que se usaría de manera natural en una conversación con un amigo en un bar. Las pistas están en el lirismo —palabras como "tallar" y "tormento"—. Se trata de un poderoso fragmento de *escritura*, y está pensado para ser recibido como tal. Aunque su autor hablaba a partir de unas notas, el poder lírico del lenguaje utilizado nos hizo sentir como si estuviéramos en manos de un maestro artesano. *Queríamos* que la charla hubiera sido escrita antes de ser dictada. (Por cierto, Andrew me contó que así es como habla con sus amigos en los bares. Ojalá pudiera estar en la mesa de al lado).

Las charlas como las de Andrew pueden leerse. Quizá deban leerse. Pero si tú sigues esa vía, incluso si escribes muy, muy bien, hazle el honor al público de saberte tan bien tu texto que de todos modos vea que sientes lo que lees en el momento de leerlo. Pon sentido a todas las frases. Alza la mirada todo lo que puedas y establece contacto visual. Y, tal vez, si deseas añadir un momento potente, de impacto, hacia el final, despréndete del texto antes de llegar a la última página. Aléjate del atril, aparta las notas, acércate a la parte delantera del escenario y pronuncia la conclusión directamente desde el corazón.

Charlas no escritas

Este término cubre un gran espectro, desde las charlas improvisadas hasta otras cuidadosamente preparadas y de estructura compleja acompañadas de sofisticados elementos visuales. Lo que todas tienen en común es que, en el momento de dictarlas, no intentas recordar una frase escrita previamente, sino que piensas en el tema que te ocupa y buscas la mejor manera de expresar el punto correspondiente. Como máximo, dispones de una serie de notas que te guían a través de los principales elementos de la charla.

Hay mucho que decir sobre las charlas sin texto previamente escrito. Pueden parecer frescas, vivas, auténticas, como si estuvieras pensando en voz alta. Si se trata del estilo con el que te sientes más cómodo, y si hablas de un tema que te resulta muy conocido, tal vez sea tu mejor opción.

Pero es importante distinguir *no escrito* de *no preparado*. En una charla importante, no hay excusas para esto último. Por desgracia, muchas charlas no escritas acaban siendo explicaciones a medio cocer, incongruentes, en las que faltan elementos clave, llenas de digresiones.

¿Cómo hay que preparar entonces una charla no escrita? En gran parte, ello dependerá del tipo de viaje al que quieras llevar al público. Una charla construida alrededor de una sola historia será mucho más fácil que otra en la que intentes construir una explicación compleja o un argumento con matices. Pero la clave del proceso es regresar a la metáfora del viaje y preguntarte a qué se parece cada paso de ese recorrido. Como mínimo, una etiqueta para cada paso puede ser tu lista elaborada en viñetas o tus notas mentales.

También te hará falta una estrategia para evitar los inconvenientes claros de este enfoque:

1. *Que repentinamente no puedas, en el momento, encontrar las palabras para explicar un concepto clave.* Antídoto: Practica en voz alta varias versiones de cada paso del viaje hasta que tengas una claridad mental absoluta de cada uno de ellos.
2. *Que te dejes en el tintero algo fundamental.* Tal vez merezca la pena trabajar en algún tipo de transición entre un paso y el siguiente que haga que el tránsito se produzca de manera natural. Tal vez sea preciso dedicarse a recordar esas frases de transición o añadirlas a las notas.
3. *Que te pases del tiempo asignado.* Se trata de algo que molesta a los organizadores de la conferencia, y a todos los conferencistas que han de hablar después. También puede fatigar al público. No lo hagas. Los únicos antídotos son: a) ensayar la charla varias veces para asegurarse de que puede dictarse en el tiempo disponible, y si no, recortarla, b) consultar sistemáticamente la hora para saber dónde tienes que estar cuando llegues a la mitad del tiempo, y c) preparar una charla que no ocupe más del 90% del tiempo asignado.

Una tentación a la que sucumben muchos conferencistas es el uso de sus diapositivas como muletas. En su peor manifestación, ello se traduce en una serie de imágenes aburridas, llenas de texto y de viñetas que el conferencista va desgranando con gran detalle. La mayoría de la gente, a estas alturas, ya entiende que esa es una manera espantosa de dar una charla. Las palabras que pronunciamos, si ya se han visto en una diapositiva, son palabras sin la menor garra. Ya no constituyen ninguna novedad.

Un conjunto de diapositivas bien estructurado puede darnos más confianza a la hora de avanzar en la conferencia, pero hay que hacerlo con sutileza. Por ejemplo, podrías incluir una imagen nueva que vinculara temáticamente cada elemento de la charla. Si te quedas bloqueado, pasa a la siguiente diapositiva y, de ese modo, retomarás el hilo. Con todo, conviene tener en cuenta que no se trata de una solución ideal. La elegancia en las transiciones entre diapositivas puede potenciar mucho el impacto de una charla. A menudo es bueno crear expectativas sobre una diapositiva antes de mostrarla: "Y esto nos lleva al futuro de las ciudades" [clic] es mucho más potente que: [clic] "Ah, sí. Y ahora quiero hablar del futuro de las ciudades".

Francamente, el viejo método de disponer de unas cuantas tarjetas con notas escritas a mano sigue siendo útil para no perder el hilo. Usa palabras que te lleven a frases clave o expresiones que te encaminen al siguiente paso de tu charla.

Una cosa que hay que comprender es que al público no le importa en absoluto que te detengas un instante para estudiar algo. Tal vez tú sí te sientas algo incómodo, pero los espectadores no. La clave es mostrarse relajado. Cuando el celebérrimo DJ Mark Ronson asistió a TED2014, se reveló como un maestro de esa naturalidad. En determinado momento perdió el hilo, pero entonces se limitó a sonreír, se fue hacia donde tenía el agua, dio un sorbo, comentó con el público que el agua le ayudaba a recobrar la memoria, consultó sus notas, dio otro sorbo, y cuando volvió a ponerse en marcha, a los presentes les caía aún mejor.

Los conferencistas TED, por cierto, manifiestan opiniones muy diversas sobre si es mejor memorizar un texto o preparar la charla, pero dictarla en el momento.

La autora Elizabeth Gilbert se decanta firmemente por lo primero:

> Yo siempre memorizo mis charlas, o al menos intento acercarme al máximo a una memorización completa. Memorizar me aporta comodidad y seguridad. La improvisación me hace sentir caótica y expuesta. Hablar en público, incluso para

> quienes lo disfrutamos, es algo que puede asustar, y el miedo puede hacer que te quedes en blanco. Pero cuando yo he trabajado duro para memorizar un discurso, igual que si fuera un poema o una canción, soy capaz de plantarme ahí delante y recitarlo, aunque mi mente consciente se quede en blanco. Prefiero correr el riesgo de sonar como si recitara algo de memoria que el de sonar perdida, o el de que parezca que no he planeado nada, o el de que parezca que no tengo ni idea de qué estoy hablando. En mi primera Charla TED estaba tan nerviosa y alterada que mi mente consciente, durante mis primeros cinco minutos en el escenario, estaba en otra parte. Por suerte, mi memoria profunda y mi boca seguían funcionando, por lo que las palabras salían de ella tal como las había ensayado. A medida que los minutos pasaban y yo entraba en el ritmo familiar de mi discurso, conseguí relajarme lentamente y entrar en calor, y hacia la mitad del discurso ya disfrutaba e incluso improvisaba un poco. Pero la memorización estricta fue lo que me mantuvo a salvo durante los instantes de nerviosismo iniciales. Así pues, he llegado a pensar en la memorización como en algo que se parece a la instrucción de combate para los soldados: cuando llega el momento de la batalla has de poder funcionar por instinto, automáticamente, no con el pensamiento consciente.

Amanda Palmer coincide con ella:

> A mí me va muy bien con la improvisación, pero una charla no es lugar para improvisar, y menos en un escenario como el de TED, donde el límite de tiempo es tan estricto. Me planteé la posibilidad de dejar espacios en blanco para poder divagar y explayarme un poco, pero a medida que escribía y reescribía y practicaba, me daba cuenta de que podía aportar MUCHO más si preparaba el trabajo con antelación y reducía mis divagaciones de cuarenta segundos a píldoras de cinco.

Pam Meyer me explicó que un motivo a favor de escribir una charla es que de ese modo te aseguras de que todas las frases cuentan:

> ¿Sabes que cuando dictas una charla hay partes que te gustan más que otras? Pues tienen que gustarte todas y cada una de tus frases. Así que debes revisar tu texto y tus diapositivas y preguntarte: ¿Esto es esencial para transmitir mi mensaje? ¿Y es interesante, realmente interesante? ¿Me encanta pronunciar esta frase? Yo someto a esta prueba a todas mis frases y todas mis diapositivas. Si algo pasa al grupo de los "bueno, tal vez sí", entonces lo suprimo.

Salman Khan opina otra cosa:

> Creer en lo que estás diciendo en el momento de decirlo ejerce un impacto mucho mayor que decir solamente las palabras exactas, correctas. Yo, personalmente, tiendo a descartar esas listas de puntos con lo que quiero decir, y después intento comunicar esas ideas con mi lenguaje natural, como si estuviera hablando con amigos durante una sobremesa. La clave es mantener la mente centrada en las ideas y dejar que las palabras fluyan. El público se da cuenta de cuándo estás pensando en lo que dices, y también de cuándo te limitas a reproducir un texto memorizado.

Steven Johnson coincide con él:

> Deliberadamente no he querido memorizar ninguna de mis Charlas TED, precisamente porque los asistentes identifican muy bien una charla memorizada, que suprime la naturaleza espontánea y comprometida consustancial al hecho de dirigirse a un público en vivo. El otro problema de un discurso memorizado es que cuando falla, falla catastróficamente. Si lo que estás haciendo simplemente es hablar, seguir una línea aproximada, y te saltas un poco, o te olvidas de un aspecto, casi nadie se da cuenta, solo tú. Pero si lo que haces es recitar algo de memoria y te quedas en blanco, lo más probable es que te quedes paralizado, sin poder seguir. Es como si tu *teleprompter* mental hubiera encallado.

Uno de los conferencistas con más talento del mundo, sir Ken Robinson, pertenece también a este grupo. Él me contó que algunas de las partes de su visitadísima Charla TED sobre creatividad las improvisó en su momento:

> La gente debe hacer aquello con lo que se sienta más cómoda en el escenario, aquello que le ayude a relajarse. Si es memorizar un trabajo, que lo haga así. A mí no me funciona. Una de mis prioridades a la hora de dar una charla es establecer una relación personal con el público, y para ello necesito espacio para la improvisación. Ya se trate de diez personas o de diez mil, ya sea un seminario o un mitin, siento que es básico hablar con la gente, no hablar a la gente, y ser auténtico al hacerlo. Con todo, sí planifico las charlas con gran cuidado. Cuando hablo en el escenario, siempre sé qué quería decir antes de bajarme de él. Pero también me interesa conectar con las personas que ese día se encuentran en la sala. No importa en cuántos lugares haya hablado ya, el público de hoy siempre es nuevo y distinto.

Dan Gilbert, por su parte, no cree que se trate de elegir entre una cosa y otra. En primer lugar escribe un texto para sus charlas (preocupándose de usar un tono conversacional):

> Pero luego, cuando dicto la charla, no me ciño estrictamente a lo que llevo escrito. ¿Entonces por qué lo escribo? ¡Porque es escribiendo una historia como uno se da cuenta de las lagunas! Las grandes charlas están a la vez escritas e improvisadas. Ocurre exactamente lo mismo que las grandes actuaciones de *jazz*: primero, la apertura y el cierre están siempre absolutamente pautados; segundo, la estructura general viene totalmente determinada antes del sonido de la primera nota; pero, tercero, lo que hace que el *jazz* resulte interesante y cautivador es que, en medio de una melodía, siempre hay un punto (o varios) en el (o los) que el intérprete puede salirse del guion y crear de manera espontánea algo que capta el estado de ánimo de ese público en concreto, de ese escenario en concreto, de ese instante concreto del tiempo. El intérprete puede dedicar unos momentos a ello, pero siempre debe saber cuándo volver a casa, y siempre debe saber dónde está su casa. Una

> charla totalmente improvisada es como el *jazz* libre: una absoluta abominación casi siempre que ocurre. Una charla totalmente escrita de antemano es como un concierto de música clásica: intrincada, profunda y ejecutada a la perfección, pero a menudo tan predecible que el público se queda dormido porque ya sabe desde el principio que no habrá sorpresas.

El gurú Rory Sutherland también recomienda el mejor de los dos mundos:

> Creo que fue Churchill quien dijo: "Ensaya tus comentarios improvisados". O al menos deja un espacio en tu charla para alguna digresión opcional. Si en ella todo conduce en perfectos pasos hacia su conclusión, ganará puntos en lógica, pero puede llevar al público a sentir que lo han obligado a participar en un desfile, y no que lo han llevado a dar un paseo agradable y en buena compañía.

He aquí la conclusión: en su mayoría, los conferencistas TED escriben, de hecho, su charla entera y la memorizan, pero hacen todo lo posible para que no suene a memorizada. Si tú tienes tiempo para hacerlo así y consigues superar la fase del "valle inquietante", probablemente tendrás más opciones de incluir todo lo que quieres decir y, a la vez, evitarás las trampas habituales de una charla memorizada. Pero si no dispones de tiempo para memorizarla tanto que se acabe convirtiendo en tu segunda piel, o si ya tienes claro que no es así como tú das una gran charla, por favor, no emprendas ese camino.

La clave es encontrar la modalidad que te resulte más cómoda e implicarte con ella.

Si esa opción te resulta algo estresante, tengo una buena noticia: a medida que empiezas a ensayar la diferencia entre las dos modalidades va difuminándose. Los puntos de partida pueden ser distintos, pero en ambos casos terminas con una charla que, a la vez que está meticulosamente preparada, se dicta con pasión.

PROCESO PREPARATORIO

12

REPASOS

Un momento, ¿tengo que ensayar?

Sea cual sea la modalidad por la que te decidas, existe una herramienta muy evidente que puedes usar para mejorar tu charla, a la que sin embargo la mayoría de conferencistas no recurre casi nunca: *ensayar. Repetidamente.*

Los músicos ensayan antes de tocar. Los actores ensayan antes de abrir las puertas del teatro al público que paga por verlos. Ante una charla pública, las expectativas pueden ser tan elevadas, o incluso más, que ante cualquier obra de teatro o cualquier concierto, y sin embargo muchos conferencistas parecen pensar que basta con subirse al escenario y hacerlo bien a la primera. Y por eso sucede una y otra vez que centenares de personas del público se ven obligadas a padecer minutos y más minutos de dolor innecesario sencillamente porque una persona no se ha preparado como debía. Qué lástima.

El mejor comunicador que ha tenido el mundo empresarial en los últimos años, Steve Jobs, no llegó donde llegó solo gracias a su talento. Dedicaba horas a ensayar meticulosamente antes de cada gran lanzamiento de Apple. Se obsesionaba con todos y cada uno de los detalles.

La mayoría de los grandes éxitos de TED se han dado por las horas de preparación que los conferencistas han dedicado a sus charlas. Jill Bolte Taylor, cuya charla sobre la embolia que sufrió corrió como la pólvora en Internet en 2008, me contó:

> Practiqué, literalmente, cientos de horas. Una y otra vez, incluso cuando dormía, me despertaba recitando la charla. Como era un tema que me emocionaba tanto, revivía la mañana de mi embolia cada vez que compartía la historia con los demás. Como mi historia era auténtica, los demás la percibían como auténtica, y emprendíamos juntos el viaje.

Susan Solomon, especialista en células madre, se muestra igualmente apasionada sobre el poder del ensayo:

> Cuando llega el momento en que estás preparada para dar tu charla, tienes que haberla ensayado tantas veces que te parezca que podrías dictarla dormida y ante cualquier tipo de público. Ensaya ante amigos. Ensaya para ti misma. Ensaya con los ojos cerrados. Ensaya mientras te paseas por el jardín. Ensaya sentada en tu escritorio, pero sin usar las notas. Y no te olvides de incorporar los elementos visuales a tus ensayos, porque la sincronización es básica.

Rachel Botsman opina que hay que tener cuidado con las personas ante las que ensayas.

> Practica tu charla en presencia de alguien que no sepa nada de tu trabajo. Yo cometí el error de ensayar la mía ante personas que me conocen muy bien y conocen lo que hago. Los mejores comentarios te los hará gente capaz de decirte dónde están las lagunas de tu discurso o si das por sentadas cosas.

Susan Cain, que se califica a sí misma de introvertida, atribuye el mérito de la significativa mejora de su charla al público que tuvo en los ensayos:

> Seguí el consejo de TED a rajatabla: si vas a memorizar tu charla, asegúrate de sabértela tan bien que las palabras te salgan del corazón. No basta con practicar frente al espejo ni mientras paseas al perro. Usa un escenario real, y dirígete al menos a un miembro del público. El viernes por la noche, justo antes de mi charla, Adam Grant, el extraordinario profesor de Wharton, reunió a un grupo formado por sus treinta mejores alumnos y exalumnos, y yo les di la charla. Sus comentarios posteriores fueron tan acertados que me quedé toda la noche en vela reescribiendo el último tercio de la charla. Luego tuve que pasarme el resto del fin de semana volviendo a memorizar. No recomiendo esperar hasta el último minuto, como hice yo. Pero sí recomiendo trabajar con un público real y algún amigo sabio, como Adam.

En todo caso, ahí va una sorpresa: incluso los conferencistas que *no* creen en escribir ni en memorizar antes su charla otorgan mucha importancia al hecho de ensayar. Esto es lo que dice el reformador educativo Salman Khan:

> Dicta la charla al menos cinco veces en tu dormitorio, reproduciendo en voz alta las ideas centrales. Aunque te equivoques o te olvides de algo, oblígate a ti mismo a llegar hasta el final cada vez (y controla siempre el límite de tiempo). En mi opinión, el valor de la práctica tiene menos que ver con la memorización que con sentirte más cómodo y menos estresado. Si te sientes confiado, relajado, todo el mundo lo pasará mejor.

La autora de temas científicos Mary Roach coincide con él:

> Yo no llevaba la charla escrita palabra por palabra, ni memorizada. Pero sí la había ensayado… al menos veinte veces, ayudada de diez tarjetas con notas y de un cronómetro. Se da una especie de memorización no intencionada que se desarrolla de manera natural a partir de la repetición. Creo que eso es lo

que debemos buscar. Memorizando nos sentimos más seguros, pero algo de riesgo no está mal. El miedo es energía, y nos interesa que un poco de energía pase por nuestros circuitos.

Esa expresión, *memorización no intencionada*, es importante. Si ensayas lo suficiente, es muy posible que descubras que te sabes la charla en su mejor forma. Cuando Clay Shirky acudió a las instalaciones de TED para dar una charla sobre una creciente controversia con respecto a la legislación sobre los derechos de autor, me maravilló su capacidad para dictarla entera, sin texto, sin siquiera unas notas. Le pregunté cómo lo hacía. Respuesta: ensayos repetidos. Pero unos ensayos que, de hecho, *crearon* la charla. Esto fue lo que me dijo:

> Una vez oí a Ron Vawter, el mejor actor que he conocido en mi vida, responder a una pregunta sobre su técnica de ensayo. Dijo: "Simplemente, digo las palabras tantas veces que suenan como si salieran de mí". Y eso es lo que yo hago: para una charla me preparo hablando. Empiezo con una idea básica, pienso en alguna frase introductoria o dos, y entonces me imagino a mí mismo explicándosela a gente que tiene interés por esa idea.
>
> Al principio, uno habla para hacerse una idea de lo que encaja y de lo que no... Se trata más de corregir que de ensayar. En aquella Charla TED que di, había toda una parte dedicada a la escasez en industrias que no fueran la televisión, pero no dejaba de sentirme algo incómodo incluyéndola, así que la suprimí. Al cabo de un tiempo, se ensaya para coger el ritmo, para ajustar el tiempo. Las diapositivas ayudan, claro está, pero resulta de especial importancia ensayar las transiciones. El público tiene que oír en la voz cuándo apostamos por una idea o cuándo estamos cambiando de tema.
>
> Yo siempre llevo notas escritas, pero nunca escribo la charla entera. Una charla no debería parecer un texto leído en voz alta. Lo que sí hago, en cambio, es escribir una lista de lo que la gente de teatro denomina "momentos": "Este es el

momento de la DMCA,* este es el momento de la SOPA.** Después hablaré del DNS,*** etcétera". Hago una lista de esos momentos antes de salir al escenario, como último recordatorio, para refrescarme la memoria.

Si sumas los consejos de Cain, Khan, Roach y Shirky, verás que la brecha entre las charlas memorizadas y las improvisadas empieza a difuminarse. Las mejores charlas son aquellas que llegan a memorizarse tan bien, que los conferencistas pueden concentrarse en su *pasión* por las ideas que contienen. Las mejores charlas improvisadas se han practicado un número suficiente de veces, hasta el punto de que quienes las dictan saben exactamente qué trayectoria deben seguir y encuentran que muchas de las frases más potentes están ya en su mente.

A lo que en realidad nos referimos aquí no es a dos formas distintas de *dar* la charla, sino más bien a dos maneras distintas de *construirla*. Hay quien empieza escribiendo un texto, otros lo hacen con una lista de puntos, pero en el proceso de ensayos ambos enfoques se aproximan mucho más. En los dos casos, la meta es conseguir una charla cuidadosamente estructurada que se dicta con la concentración del momento.

Tal vez, al llegar a este punto, te rebeles y digas que no soportas las charlas ensayadas. Tú siempre te das cuenta, por más que ellos digan que les sale natural, sin esfuerzo. *¡Las charlas tienen que ser frescas, únicas, vivas!*

Yo puedo contar con los dedos de la mano a los conferencistas que son capaces de darlas así. Se basan en una experiencia de toda una vida y/o en una habilidad excepcional para construir una idea y centrarse en ella en tiempo real. Pero para la mayoría de nosotros, dar una charla "fresca" implica concesio-

---

* *Digital Millennium Copyright Act*, Ley de derechos de autor del milenio digital. *(N. del E.)*.

** *Stop Online Piracy Act*, Ley de cese de la piratería en línea. *(N. del E.)*.

*** *Domain Name System*, Sistema de nomenclatura de dominios en Internet. *(N. del E.)*.

nes nada buenas: falta de concentración, olvido de puntos clave, falta de claridad, tiempo disponible excedido. Eso por nombrar solo algunas. Sinceramente, yo no recomiendo ese planteamiento. Cuando la gente cree que una charla suena ensayada, el problema no es que lo haya sido *demasiado*, sino que lo ha sido *demasiado poco*. El conferencista se encuentra metido en el "valle inquietante".

Pero reconozcámoslo: los ensayos son duros. Resultan estresantes por definición. Incluso someterse a un único repaso en voz alta, a solas en el dormitorio, es algo que cuesta. Tal vez existan ciertas charlas que no justifiquen tanto tiempo de ensayo (en cuyo caso, hablar a partir de una tarjeta con anotaciones o de un guion que consultas todo lo que puedes es tu mejor opción). Pero si la charla es importante, la verdad es que te debes a ti mismo y al público, y por tanto debes asumir el estrés de los ensayos. Al hacerlo, ese estrés empieza a verse reemplazado por confianza, primero, y después por emoción. La autora Tracy Chevalier venció su reticencia a ensayar y descubrió hasta qué punto los ensayos sirven para dar forma a la charla.

> Los organizadores de TED ponen mucho énfasis en los ensayos. A mí me dijeron tan a menudo que practicara, que me enfadé. He dictado muchas charlas en público, y nunca había practicado como TED esperaba que lo hiciera. Sin embargo, a la larga, ensayé y me alegré de haberlo hecho. En la mayoría de charlas el límite de tiempo no es tan estricto, y mi estilo es a menudo conversacional y algo tangencial. Al practicar te das cuenta de que en la mayoría de las charlas hay muchas digresiones. Practica, cronométrate y empieza a cortar todo lo que suponga irse por las ramas y las cosas innecesarias. Yo también me di cuenta de que al dictar la charla en voz alta se me ocurrían frases que funcionaban bien. Las memorizaba y las usaba como anclas, como puntos fijos en los cuales apoyarme. No memoricé toda la charla —eso es algo que puede sonar bastante falso, a menos que seas actor—, pero sí memoricé la

estructura y esas pocas frases de anclaje, lo que hizo que la charla resultara más firme y mejor.

Incluso Bill Gates, uno de los hombres más ocupados del mundo, pone un gran empeño en aprenderse y ensayar sus Charlas TED. Hace ya tiempo se le consideraba un mal conferencista. Al tomarse en serio la preparación, ha cambiado y ha llegado a dictar charlas muy potentes sobre salud pública, energía y educación.

Si personas como Bill Gates, Susan Cain y Tracy Chevalier piensan que vale la pena dedicar tiempo a ensayar para una charla importante, seguramente tú también deberías pensar así.

Algunas de las cosas que harás bien en preguntar a tu público durante o después de los ensayos son:

- ¿He captado su atención desde el principio?
- ¿Establecía contacto visual con ustedes?
- ¿He logrado con esta charla crearles una nueva idea?
- ¿Les ha resultado satisfactorio cada paso del viaje?
- ¿Ha habido suficientes ejemplos para que todo quedara claro?
- ¿Qué les ha parecido mi tono de voz? ¿Sonaba conversacional (lo que normalmente es bueno), o era como si estuviera predicando (lo que normalmente es malo)?
- ¿Ha habido suficiente variedad de tonos y de ritmos?
- ¿Les ha parecido que recitaba la charla?
- ¿Los guiños humorísticos han sonado naturales o algo forzados? ¿Ha habido suficiente humor?
- ¿Qué tal los elementos visuales? ¿Han sido de ayuda, o más bien un obstáculo?
- ¿Han notado algo que les haya molestado? ¿Chasqueaba la lengua? ¿Tragaba saliva demasiado a menudo? ¿Me movía mucho? ¿Repetía muletillas del tipo "ya saben" o (peor aún) "ehhh"?

- ¿Les parecieron naturales mis gestos corporales?
- ¿Terminé a tiempo?
- ¿Ha habido momentos en los que los haya aburrido un poco? ¿Hay algo que podría cortar?

Te recomiendo que le pidas a alguien que grabe esos ensayos en algún teléfono inteligente para que puedas verte en acción. Tal vez te des cuenta de inmediato de algún rasgo físico del que no eres consciente y que preferirías no tener.

Por último, hablemos del límite de tiempo. Es muy importante que te tomes en serio el reloj. Y aún más cuando formamos parte de un programa en el que son muchos los conferencistas. Superar el tiempo asignado equivale a robárselo a quienes vienen detrás. Pero no se trata solamente de evitar molestarlos a ellos y a los organizadores del evento. También tiene que ver con dar la mejor charla posible. En nuestra loca época de economía de la atención, la gente reacciona bien a contenidos ágiles, potentes. No tiene paciencia para el relleno. Y no se trata solo de un fenómeno moderno. A lo largo de la historia, muchas de las charlas más poderosas han sido breves y directas. El discurso de Gettysburg de Abraham Lincoln duró apenas dos minutos. El orador que lo había precedido se había alargado dos horas, y nadie recuerda lo que dijo.

Cuando llegue el día de la verdad, lo último que te interesará es tener que preocuparte por la duración. Para evitarlo, aprovecha los ensayos para ajustarla. Plantéate recortar material hasta que tengas la seguridad de que vas a acabar dentro del límite de tiempo estipulado. De esa manera dejarás margen para las risas y para el típico problemilla técnico. El día de la charla, si sabes que vas bien de tiempo, podrás concentrarte al ciento por ciento en el aspecto fundamental: explicar con pasión la idea que tanto te importa.

Rives, el artista de la palabra hablada, tiene sobre este punto un buen consejo:

> Tu línea de llegada es tu tiempo multiplicado por 0.9. Escribe y ensaya una charla que dure nueve décimas partes del tiempo estipulado: Una hora = 54 minutos, 10 minutos = 9.18 minutos = 16.12 (sí, así es). Después sal al escenario e ignora el reloj. Tendrás espacio para respirar, para detenerte, para equivocarte un poco, para exprimir la reacción del público. Además, lo que escribas resultará más conciso y destacarás por encima de otros conferencistas que bailan al ritmo del mismo límite de tiempo.

Recapitulemos:

- Para una charla importante, es básico ensayar muchas veces, preferentemente en presencia de personas en las que confíes.
- Trabaja en la charla hasta que dure menos del límite de tiempo asignado e insiste en obtener opiniones sinceras del público que asista a esos ensayos.
- Tu meta es conseguir una charla cuya estructura tengas tan incorporada a ti que puedas concentrarte en el significado de tus palabras.

PROCESO PREPARATORIO

13

APERTURA Y CIERRE

¿Qué tipo de impresión te gustaría causar?

Tanto si memorizas tu charla como si no, es importante que prestes atención a cómo empiezas y a cómo acabas. Al principio de tu charla, dispones de un minuto, aproximadamente, para intrigar a la gente con lo que vas a contar. Y tu manera de terminar influirá mucho en cómo se recordará tu intervención.

Dictes como dictes el resto de la charla, te animo encarecidamente a poner por escrito y a memorizar el primer minuto y las frases de cierre. Ayuda a calmar los nervios y potenciar la confianza y la repercusión que tendrás.

Cuatro maneras de empezar fuerte

La atención del público es un bien muy preciado. Y siempre cuentas con ella en el momento de salir al escenario. No la desperdicies con frases gastadas. La verdad es que no importa tanto que te sientas muy honrado de estar ahí o que quieras dar las gracias a la esposa del organizador. Lo que importa es convencer al público de que no debe desconectarse ni una fracción de segundo. Lo que necesitas es un inicio que atrape a la gente desde el primer momento. Una afirmación sorprendente. Una pregunta intrigante. Un relato breve. Una imagen increíble.

Existen sin duda ocasiones en las que puedes empezar dando las gracias una o dos veces, sobre todo cuando te diriges a un público entre el que existe un fuerte sentimiento de pertenencia. En ese caso tal vez esté del todo justificado iniciar la charla dando las gracias a una o dos personas, porque eso te confirma a ti como parte de esa comunidad. Con todo, si optas por ello, hazlo de una manera muy, muy personal, preferentemente con sentido del humor o con una emoción sincera. Bill Clinton es un maestro en este campo. Encuentra una anécdota personal que haga que el anfitrión se sienta maravillosamente bien y que al mismo tiempo lo conecte con el resto del público. Aun así, incluso en ese escenario de pertenencia, conviene no abusar de los agradecimientos. Las largas listas de personas a las que se les dan las gracias son destructoras de la atención en cualquier contexto. Y cuando empieces la charla propiamente dicha, asegúrate de que el inicio resulte atractivo.

Recuerda que en nuestra época cualquier contenido forma parte de una guerra de atención. Se trata de luchar contra otras miles de demandas de tiempo y energía de la gente. Y ello es así incluso cuando estás de pie en un escenario, frente a un público sentado; la gente dispone de unas distracciones mortíferas en sus bolsillos llamadas "teléfonos inteligentes", que pueden usar para acercar hasta sus ojos miles de alternativas exteriores. Una vez que los correos electrónicos y sus textos llaman su atención, tu charla puede quedar sentenciada. Y también está ese demonio siempre al acecho en la vida moderna: la fatiga. Son enemigos mortales, y no puedes proporcionarle a la gente una excusa para que se desconecte. Has de convertirte en un general experto que controla el resultado de esa guerra. Empezar fuerte es una de tus armas más importantes.

Es especialmente así si tu charla va a ser grabada para la posteridad en Internet. Una gran cantidad de otras charlas, artículos y concursos atractivos se encuentra apenas a un clic de ratón. Si malgastas el minuto inicial de tu charla, perderás a una porción importante de tu público en la Red, que jamás sabrá que había una parte interesante. Y de eso puede depender que tu charla se haga viral o experimente una muerte trágica.

He aquí cuatro maneras de reclamar la atención del público:

1. Ofrecer cierta dosis de drama

Tus primeras palabras importan de verdad.

La actriz cómica Maysoon Zayid, que sufre una parálisis cerebral causada por una mala praxis en el momento del parto, salió al escenario temblorosa e inició su charla así: "No estoy borracha..., pero el médico que asistió a mi parto sí". ¡Bang! A pesar de lo inesperado de su aspecto, todos supimos al instante que nos esperaba un buen rato; se apropió de todas las miradas, de todas las neuronas de la sala.

El chef activista Jamie Oliver llegó a TED para aceptar nuestro premio, que se otorga anualmente. Así es como empezó: "Tristemente, al finalizar los dieciocho minutos de nuestra charla... cuatro norteamericanos que ahora están vivos estarán muertos... por los alimentos que comen".

Creo que, oído esto, uno quiere saber más.

Al planificar tu arranque, deja que tu línea argumental sea tu guía. ¿Cómo puedes plantear la idea de tu charla de la manera más convincente imaginable? Pregúntate a ti mismo: si tu charla fuera una película o una novela, ¿cómo empezaría? Eso no significa que tengas que incluir algo dramático en tu frase inicial; cuentas con la atención del público durante unos momentos. Pero hacia el final del primer párrafo, algo contundente sí debe llegarles.

Zak Ebrahim llegó a TED2014 con una historia increíble. Pero, según el guion que nos trajo, pensaba empezar así:

> Nací en Pittsburgh, Pensilvania, en 1983, en el seno de una familia formada por una madre cariñosa y un padre egipcio que hicieron todo lo posible porque yo tuviera una infancia feliz. Hasta que tenía siete años la dinámica de nuestra familia no cambió. Mi padre me dio a conocer un aspecto del islam que poca gente, incluida la mayoría de los musulmanes, llega a ver nunca. Pero, de hecho, cuando la gente dedica parte de su tiempo a relacionarse con los demás, no tarda mucho en darse cuenta de que, en gran parte, todos le pedimos lo mismo a la vida.

Como arranque no está mal..., pero no te atrapa del todo. Sometimos a Zak a una lluvia de ideas, y así quedó su apertura revisada:

> El 5 de noviembre de 1990 un hombre llamado El-Sayyid Nosair entró en un hotel de Manhattan y asesinó al rabino Meir Kahane, líder de la Liga de Defensa Judía. Inicialmente, Nosair fue declarado no culpable del crimen, pero mientras cumplía condena por otros delitos menores, él y otros hombres empezaron a planear ataques a más de diez lugares emblemáticos de la ciudad de Nueva York, incluidos túneles, sinagogas y la sede de Naciones Unidas. Por suerte, aquellos planes fueron abortados por un informante del FBI. Desgraciadamente, el atentado de 1993 contra el World Trade Center no pudo evitarse. El-Sayyid Nosair acabaría siendo condenado por su participación en la trama. Él es mi padre.

El público quedó atrapado. Es un inicio que también ha funcionado muy bien en Internet, y su charla alcanzó rápidamente los dos millones de visitas.

A continuación, podemos ver la apertura que figuraba en el texto original que nos envió la socióloga Alice Goffman:

> Cuando estaba en el primer año de la carrera, en la Universidad de Pensilvania, me matriculé en un curso de sociología en el que se suponía que debíamos salir a estudiar la ciudad a través de la observación y la participación de primera mano. Encontré trabajo en una cafetería del campus, donde preparaba bocadillos y ensaladas. Mi jefa era una afroamericana de unos sesenta años que vivía en un barrio negro que no quedaba lejos de la ciudad. Al año siguiente empecé a darle clases a Aisha, su nieta, que ese año iniciaba sus estudios de secundaria.

Lo que hacía era contar la historia de un modo que a ella le resultaba natural. Pero cuando llegó el momento de participar en la conferencia, traía una apertura revisada que se correspondía con la intensa pasión del resto de su charla.

> En el camino que los niños estadounidenses recorren para llegar a la vida adulta, dos instituciones supervisan el viaje. De la primera de ellas se oye hablar mucho: la universidad. La universidad tiene algunas deficiencias: es cara, deja a los jóvenes endeudados. Pero, en general, se trata de un buen camino.
>
> Hoy quiero hablarles de la segunda institución que supervisa el viaje de la infancia a la edad adulta en Estados Unidos. Y esa institución es la cárcel.

Esa manera brillante de enmarcar la cuestión le permitió abordar la tragedia de los presos estadounidenses de un modo que exige atención: *¡Hey!, esos chicos podrían haber sido universitarios.*

Sí, claro, es posible excederse con el dramatismo y perder a parte del público precisamente por ese motivo. Tal vez sea buena idea establecer un poco de contacto con el público antes de soltarles la descarga dramática. Y, sin duda, no es nada recomendable simplificar en exceso lo que quieres decir. Aun así, si se hace bien, se trata de una manera convincente de iniciar la charla.

2. Despierta la curiosidad

Si te ofrecieran la oportunidad de oír una charla sobre parásitos, supongo que declinarías. Pero solo si no conocieras al divulgador de temas científicos Ed Yong. Así es como empezaba su charla:

> Una manada de ñus, un banco de peces, una bandada de pájaros. Muchos animales se unen en grandes grupos que se cuentan entre los espectáculos más maravillosos del mundo natural. ¿Pero por qué se forman esos grupos? Las respuestas más comunes incluyen cosas como "buscar protección en el gran número de individuos" o "la caza en grupos" o "reunirse para aparearse o reproducirse"... y todas esas explicaciones, aunque a menudo verdaderas, presuponen algo sobre el comportamiento animal, a saber, que los animales controlan sus propias acciones, que están a cargo de sus cuerpos. Y con frecuencia eso no es así.

Yong prosigue describiendo a una especie de gamba, cuyos individuos se agrupan solo porque sus cerebros han sido colonizados por unos parásitos que necesitan que las gambas resulten visibles a unos flamencos que son sus depredadores y en cuyos estómagos esos parásitos pueden seguir con su ciclo vital. En menos de un minuto, nuestro cerebro empieza a hacer piruetas: "¿Qué?", "¿La naturaleza es capaz de eso?", "¿En serio?". Y nos morimos de ganas de saber más. ¿Cómo? ¿Por qué? ¿Qué significa eso?

Despertar la curiosidad es la herramienta más versátil a tu disposición para asegurarte la implicación del público. Si la meta de una charla es construir una idea en la mente de quienes escuchan, entonces la curiosidad es el combustible que alimenta su participación activa.

Los neurocientíficos afirman que las preguntas crean unas lagunas de conocimiento que el cerebro lucha por cubrir. La única manera que tienen los cerebros para lograrlo es conseguir que sus propietarios escuchen atentamente lo que el conferencista tiene que decir. Y eso es bueno.

¿Cómo se aviva la curiosidad? La manera más evidente es formular una pregunta. Una pregunta sorprendente.

¿Cómo construir un futuro mejor para todos? Demasiado amplia. Demasiado manida. Ya estoy aburrido.

¿Cómo consiguió esta chica de catorce años, con menos de doscientos dólares en su cuenta, que su pueblo diera un salto de gigante hasta el futuro? Ahora te escucho.

A veces un pequeño ejemplo ilustrativo consigue convertir una pregunta normalita en todo un despertador de curiosidad. Así es como empezó el filósofo Michael Sandel:

> He aquí una pregunta que debemos repensar juntos: ¿Cuál ha de ser el papel del dinero y de los mercados en nuestras sociedades?

¿Ya te interesa? Tal vez no, pero así es como sigue.

> Hoy son muy pocas las cosas que no pueden comprarse con dinero. Si te han condenado a una pena de prisión en Santa Bárbara, California, has de saber que si no te gusta el alojamiento estándar, puedes comprar una mejora de celda. Es verdad. ¿Cuánto crees que piden? ¿Cuánto dirías tú? ¿Quinientos dólares? No es el Ritz-Carlton. ¡Es una cárcel!: ochenta y dos dólares la noche.

Si su pregunta inicial no te atrapó de inmediato, el ejemplo loco de la cárcel revela por qué la pregunta sí es relevante.

De hecho, los conferencistas que generan curiosidad *no* suelen formular preguntas explícitas. Simplemente, enmarcan un tema de algún modo inesperado que pulsa el resorte de la curiosidad.

Este es V. S. Ramachandran:

> Yo me dedico a estudiar el cerebro humano, sus funciones y su estructura. Y solo les pido que piensen durante un momento en lo que eso entraña. He aquí una masa gelatinosa de casi mil cuatrocientos gramos, que cabe en la palma de una mano, y que puede plantearse la inmensidad del espacio interestelar. Puede plantearse el significado del infinito, y puede contemplarse a sí mismo planteándose el significado del infinito.

¿Estás intrigado? Yo sí. De manera parecida, la astrónoma Janna Levin encontró la manera de despertar intensamente mi curiosidad sobre su trabajo:

> Quiero que todos ustedes se planteen por un segundo el hecho sencillísimo de que, en su mayor parte, lo que sabemos sobre el universo nos llega a través de la luz. Podemos estar de pie en la Tierra y alzar la vista al cielo, de noche, y ver estrellas a simple vista. El Sol quema nuestra visión periférica. Vemos luz reflejada en la Luna. Y desde que Galileo apuntó con su rudimentario telescopio a los cuerpos celestes, el universo conocido nos ha llegado a través de la luz, a través de vastas eras de historia cósmica. Y con nuestros telescopios modernos hemos podido recoger esta asombrosa película muda del universo, esas imágenes que se remontan hasta el Big Bang. Y, sin embargo, el universo no es una película muda, porque el universo no está callado. Me gustaría convencerlos de que el universo tiene una banda sonora, y de que esa banda sonora la toca el propio espacio, porque el espacio puede retumbar como un tambor.

La curiosidad es el imán que arrastra al público hacia ti. Si consigues manejarla eficazmente, lograrás convertir incluso los temas difíciles en charlas exitosas.

Y por "temas difíciles" no me refiero solamente a los de física avanzada. Más arduas aún son las charlas sobre cuestiones y causas espinosas. Si pretendes aportar nuevas ideas sobre el VIH, la malaria o la esclavitud, debes ser consciente de que a la gente le cuesta abrirse a esos temas. La gente sabe que, de un momento a otro, se sentirá incómoda. Y le resulta tentador cerrarse en banda y conectar el teléfono móvil. Una excelente manera de contraatacar es *dirigir mediante la curiosidad.*

Como ya se ha dicho, Emily Oster lo hizo así en su charla sobre el sida. En lugar de la previsible letanía de horrores que su público tal vez esperaba, empezó preguntando si las cuatro cosas que todos creíamos saber sobre el sida en África eran, de hecho, ciertas. Puso una diapositiva enumerándolas. Parecían ser verdad, pero estaba claro que ella iba a rebatirlas una a una. Y así es como una parte distinta del cerebro se pone en marcha. La atención había ganado la partida.

Si el tema de tu charla es arduo, la curiosidad será, probablemente, el motor más poderoso para conseguir la implicación del público.

3. Muestra una diapositiva, un video o un objeto cautivador

A veces, el mejor gancho es una imagen o un video extraordinario, impactante, intrigante.

La artista Alexa Meade empezó mostrando una imagen asombrosa de uno de sus trabajos, mientras pronunciaba estas palabras: "Quizá quieran mirar más de cerca. Hay mucho más en esta pintura de lo que parece. Y sí, es una pintura acrílica de un hombre, pero no la pinté en un lienzo. La pinté directamente sobre el hombre". ¡Vaya!

Elora Hardy, por su parte, empezó así: "Cuando tenía nueve años, mi madre me preguntó cómo me gustaría que fuera mi casa, y yo dibujé esta seta de cuento de hadas". Mostró un encantador dibujo infantil; "y ella fue y me la construyó". Se oyó la exclamación ahogada del público al ver la imagen de la casa de bambú que le construyó su madre. Y ese fue solo el principio de una serie de imágenes asombrosas en las que se mostraban las obras de Elora como arquitecta. Hay que ver lo rápidamente que atrapó a los asistentes. En apenas dos frases, todos quedaron con la boca abierta.

Si dispones del material adecuado, esa es sin duda una manera estupenda de iniciar una charla. En lugar de decir: "*Hoy pretendo hablarles de mi trabajo, pero antes debo ponerlos un poco en situación...*", simplemente puedes empezar por decir: "*Permítanme que les muestre esto...*".

Evidentemente, este enfoque es adecuado para fotógrafos, artistas plásticos, arquitectos y diseñadores, o para otras personas cuyos trabajos sean eminentemente visuales. Pero también puede funcionar para las charlas conceptuales. Cuando David Christian dictó la suya sobre la historia del universo en dieciocho minutos, empezó con un video de la preparación de unos huevos revueltos. Pero, al cabo de apenas diez segundos, más o menos, nos dimos cuenta de que el proceso ocurría al revés, y que el huevo, en realidad, se estaba recomponiendo hasta entrar de nuevo en la cáscara. Ahí mismo, con ese intrigante video de apertura, nos reveló el hilo conductor de la historia...: que existe una dirección en el tiempo. Que la historia del universo es una historia de complejidad creciente.

Una imagen extraordinaria capta la atención. Pero el impacto pleno suele llegar cuando revelamos algo sorprendente acerca de ella. Carl Zimmer partió de la imagen asombrosa y bella de una avispa esmeralda. Pero entonces nos reveló que ese animal vive convirtiendo cucarachas en zombis y poniendo sus huevos en el interior del cuerpo en estado comatoso de aquellas (otra entrada triunfal en esa extraña categoría de Charlas TED dedicada a parásitos ciertamente perturbadores).

Dependiendo del material del que dispongas, hay muchas maneras de lograr inicios aún más intrigantes:

"*La imagen que están a punto de ver me cambió la vida*".

"*Voy a ponerles un video de algo que, la primera vez que se ve, parece imposible*".

"Aquí está mi primera diapositiva. ¿Saben qué es eso?".

"Hasta hace dos meses y medio ningún ser humano había posado la vista en este objeto".

Encuentra la que te parezca mejor. Cautivadora y a la vez auténtica. Una apertura que te aporte seguridad a la hora de iniciar la charla.

4. Pon la miel en los labios, pero no lo des todo

A veces, los conferencistas ponen demasiado en su párrafo inicial. Básicamente, entregan enseguida la frase con más gancho de toda la charla: "*Hoy voy a explicarles que la clave del éxito del emprendedor es esta: la determinación*". Una meta digna, sin duda. Pero es posible que quien da la charla ya haya perdido al público, que puede creer que ya sabe de qué le van a hablar. Incluso si lo que sigue está lleno de matices, lógica, pasión y persuasión, los asistentes quizá ya no lo escuchen.

Supongamos que, en cambio, la charla empieza así: "*Durante los próximos quince minutos pretendo revelar lo que creo que es la clave del éxito de un emprendedor, algo que todos los presentes pueden cultivar. En la historia que estoy a punto de contarles encontrarán algunas pistas*". Así, seguramente, quien habla contará con la atención del público durante unos minutos más.

Así que en vez de revelarlo todo desde el principio, intenta imaginar qué formulación hará que el público desee acompañarte en el viaje. A distinto público, distinta formulación. A mí, de pequeño, no me gustaba mucho que me llevaran a caminar. Mis padres se esforzaban por empatizar con "su público"..., sin éxito. Me decían: "*Vamos a dar un paseo. Veremos una vista preciosa del valle*". Y el niño de seis años en baja forma que era yo, a quien, sinceramente, le importaban muy poco las vistas, no dejaba de quejarse en el camino de ida y de vuelta. Con el tiempo aprendieron y optaron por una formulación más inteligente:

"Te proponemos un regalo. Te vamos a llevar a un sitio especial desde donde podrás lanzar un avión de papel al vacío". Como aficionado a cualquier cosa que volara, yo salía por la puerta antes que ellos. Pero el paseo era el mismo.

No pasa nada por reservar las grandes revelaciones para la mitad o el final de la charla. En las frases de apertura, el único objetivo ha de ser dar al público un motivo para salir de su zona de confort y acompañarte a un asombroso viaje de descubrimiento.

Como señaló J. J. Abrams durante su Charla TED sobre el poder del misterio, la película *Tiburón* debe mucho de su fuerza al hecho de que el director, Steven Spielberg, ocultara el escualo durante toda la primera parte de la película. Sabías que iba a aparecer, sin duda. Pero su invisibilidad ayudaba a que te mantuvieras constantemente en vilo.

Cuando planifiques la charla, no tiene nada de malo que canalices de algún modo al Spielberg que llevas dentro. Eso fue precisamente lo que hizo Edith Widder, aunque en su caso con la ayuda de otra criatura marina. Cuando nos habló del descubrimiento del calamar gigante por parte de su equipo, quería lograr, claro está, un arranque potente. ¿Mostró una asombrosa grabación del animal? No, no. Lo que hizo para empezar fue poner una imagen fija del Kraken, el monstruo marino con apariencia de calamar que figura en las leyendas noruegas. Aquello le permitió relacionar la historia que estaba a punto de contar con una realidad profundamente anclada en la mitología. En el momento en que el calamar gigante hace acto de presencia, el impacto dramático es cien veces mayor, precisamente porque su aparición se ha retrasado.

La técnica funciona para criaturas asombrosas y también para descubrimientos sorprendentes. Fei-Fei Li, profesora de Stanford, llegó a TED en 2015 para presentar su notable trabajo y mostrarnos que el aprendizaje de las máquinas ha permitido a las computadoras identificar visualmente el contenido de fotografías. Pero no empezó con ninguna demostración, sino con un video en el que una niña de tres años miraba imágenes e identificaba su contenido: "Eso es un gato sentado en una cama", "El niño acaricia el elefante". Después nos ayudó a entender lo asombrosa que era la habilidad que demostraba tener aquella niña y lo trascendente que sería que pudiéramos adiestrar a las computadoras para desarrollar capacidades similares. La suya fue una manera hermosa de situar la descripción de su trabajo. Las demos alucinantes sobre inteligencia artificial llegaron después, y nosotros permanecimos enganchados durante toda la charla.

Si optas por poner la miel en los labios, sé consciente de que aun así es muy importante indicar hacia dónde vas, y por qué. No tienes por qué enseñar el tiburón, pero sí nos hace falta saber que el tiburón llegará. Toda charla necesita de una cartografía, *una sensación de hacia dónde te diriges, dónde te encuentras y dónde has estado.* Si quienes te escuchan no saben dónde están en la estructura de la charla, no tardarán en perderse.

A la hora de crear tu propia apertura, puedes inspirarte en cualquiera de las charlas antes citadas. También puedes reproducir algunas de las técnicas abordadas con anterioridad: contar una historia, tal vez, o hacer que la gente se ría. La clave, sencillamente, es encontrar algo que te cuadre y encaje bien con el tema del que quieres hablar. Pruébalo con amigos. Si resulta forzado o excesivamente dramático, cámbialo. Ten en cuenta que tu meta es persuadir a alguien, aunque solo sea durante unos momentos, de que tu charla va a ser una inversión de su tiempo que va a merecer la pena.

Cuando yo me dedicaba a publicar revistas, instaba a nuestros editores y diseñadores a pensar en las portadas como si estas tuvieran que competir en una guerra de dos fases para captar la atención. En primer lugar, la guerra del medio segundo: cuando alguien pasara la mirada por el quiosco, ¿había algo en nuestra cubierta que le llamara la atención y lo llevara a detenerse un instante? A continuación, la guerra de los cinco segundos: una vez que se hubiera detenido, ¿leería en ella algo lo bastante atractivo como para tomar la revista en sus manos?

Puedes pensar en la apertura de tu charla de la misma manera, aunque con tiempos distintos. Primero está la guerra de los diez segundos: ¿puedes hacer algo durante tus primeros momentos en el escenario para asegurarte la atención plena de la gente mientras estableces el tema de la charla? Después está la guerra del minuto: ¿puedes usar a continuación ese primer minuto para asegurarte de que se comprometan a acompañarte hasta el final del viaje?

Las cuatro técnicas arriba expuestas ofrecen excelentes opciones para ganar las dos fases de esa guerra, proporcionando, por tanto, las mejores ocasiones a tu charla. Tal vez optes por combinar dos o más en tu apertura, aunque es del todo desaconsejable recurrir a todas ellas a la vez. Escoge las que te resulten más adecuadas. De ese modo, tú y tu público, totalmente entregado, emprenderán el viaje juntos.

Siete maneras de acabar con poder

Si has conseguido mantener la atención del público a lo largo de la charla, no lo eches a perder todo con un final soso. Como expuso excelentemente Daniel Kahneman tanto en su libro *Pensar rápido, pensar despacio* como en su Charla TED, el recuerdo que conserve la gente de un evento puede variar enormemente en función de cómo lo haya experimentado, y en lo relativo al recuerdo, la experiencia final es realmente importante. Dicho en pocas palabras, si el final no es memorable, puede parecer que la charla en su conjunto no lo es.

Así es como *no* hay que terminar:

- "Bueno, pues se me ha acabado el tiempo, así que lo dejo aquí". *(¿Quieres decir que tenías mucho más que decir, pero que no puedes porque no planificaste bien?).*
- "Finalmente, quiero dar las gracias a mi maravilloso equipo, que vemos en la foto: David, Joanna, Gavin, Samantha, Lee, Abdul y Hezekiah. También a mi universidad y a mis patrocinadores". *(Muy bien, pero... ¿te preocupan más ellos que tu idea, y más que nosotros, tu público?).*
- "Así pues, dada la importancia de este tema, espero que todos juntos podamos adelantar en el futuro un diálogo sobre él". *(¿Un diálogo? Eso queda un poco cojo, ¿no? ¿Y cuál debería ser el resultado de ese diálogo?).*
- "El futuro está lleno de desafíos y oportunidades. Todos los que estamos aquí tenemos en nuestras manos la posibilidad cambiar las cosas. Soñemos juntos. Seamos el cambio que deseamos ver en el mundo". *(Un sentimiento muy hermoso, pero los lugares comunes, realmente, no ayudan a nadie).*
- "Voy a terminar con este video que resume mis argumentos". *(¡No! ¡Nunca termines con un video! ¡Termina tú!).*
- "Y con esto doy por terminada mi argumentación. ¿Alguna pregunta?" *(O cómo frenar el aplauso antes de que se produzca).*
- "Lo siento, no he tenido tiempo de abordar aquí algunos de los temas más importantes, pero espero haberles ofrecido un aperitivo de la cuestión". *(¡No te disculpes! ¡Planifica con más cuidado! Tu misión era dar la mejor charla posible en el tiempo disponible).*
- "Antes de terminar, debo señalar que mi organización, seguramente, podría resolver este problema si contara

con la financiación adecuada. Está en sus manos cambiar el mundo con nosotros". *(¡Vaya! ¿O sea que esto ha sido una campaña de recolección de fondos desde el principio?).*

- "Gracias por ser un público tan extraordinario. Me ha encantado estar aquí con ustedes. Conservaré esta experiencia durante mucho, mucho tiempo. Han tenido mucha paciencia, y sé que se llevarán lo que han oído hoy y harán algo maravilloso con él". *(Con un simple "gracias" habría sido suficiente).*

Asombra constatar cuántas charlas se desinflan al final. Y cuántas pasan por una serie de falsos finales, como si el conferencista no pudiera soportar abandonar el escenario. A menos que planifiques bien tu conclusión, puedes encontrarte añadiendo un párrafo tras otro.

"*Finalmente, el punto clave, como les he dicho… Así pues, concluyendo… Y vuelvo a hacer hincapié en que la razón por la que es tan importante es que… Y, claro, es básico no perder de vista que… Ah, una última cosa…*". Resulta agotador. Y va en detrimento del impacto de la charla.

He aquí siete maneras mejores de terminar.

Apertura de plano

Te has pasado la charla explicando un trabajo concreto. ¿Por qué, al final, no amplías un poco el plano para mostrarnos una imagen más general, un marco más amplio de posibilidades a partir de tu proyecto?

David Eagleman demostró que podía pensarse en el cerebro humano como en un reconocedor de patrones, y que si conectáramos nuevos datos eléctricos a un cerebro, este podría llegar a interpretar esos datos como si procedieran de un órgano sensorial recién estrenado, de modo que uno podría percibir intuitivamente aspectos novísimos del mundo en tiempo real. Y terminó apuntando a las posibilidades ilimitadas que aquello conllevaba.

> Imaginen a un astronauta que pueda sentir la salud general de la Estación Espacial Internacional, o para el caso, que ustedes sientan los estados invisibles de su propia salud, como el nivel de azúcar en sangre y el estado del microbioma, o tener visión de trescientos sesenta grados, o ver en infrarrojo o ultravioleta. La clave es esta: conforme avanzamos hacia el futuro, cada vez podremos escoger nuestros propios dispositivos periféricos. Ya no tenemos que esperar regalos sensoriales de la madre naturaleza en sus escalas de tiempo, pero en su lugar, como buena madre, nos ha dado las herramientas necesarias para hacer nuestro propio camino. Así que la pregunta ahora es: ¿cómo quieren salir a experimentar su universo?

Llamada a la acción

Si has ofrecido al público una idea poderosa, ¿por qué no terminar dándole un empujoncito para que actúe al respecto?

La profesora Amy Cuddy, de la Harvard Business School, concluyó su charla sobre la simulación del poder invitando a la gente a aplicarlo a su vida y a transmitirlo a los demás:

> Dénselo a la gente, compártanlo, porque los que pueden usarlo mejor no tienen recursos, ni tecnología, ni posición ni ningún poder. Hay que dárselo a ellos, porque pueden hacerlo en privado. Necesitan sus cuerpos, privacidad y dos minutos, y esto puede cambiar significativamente los resultados de su vida.

Tal vez esa llamada confiada a la acción contribuyó al extraordinario éxito viral de la charla. En la que dio sobre humillación pública, la llamada final a la acción de Jon Ronson fue de una concisión admirable:

> Lo genial de las redes sociales es cómo dieron voz a las personas sin voz, pero ahora estamos creando una sociedad de

vigilancia, donde la forma más inteligente de sobrevivir es volver a no tener voz. No hagamos eso.

Implicación personal

Una cosa es llamar a la acción al público, pero a veces los conferencistas aciertan expresando su inmensa implicación personal en el tema. El ejemplo más espectacular de ello, en TED, tuvo lugar cuando Bill Stone habló de las posibilidades de los seres humanos de regresar a la Luna, y su convicción de que una expedición podría generar una inmensa industria y abrir espacio a la exploración de una nueva generación. Esto es lo que dijo:

> Me gustaría terminar aquí poniendo los puntos sobre las íes: Declaro que pretendo liderar esa expedición.

Una implicación personal como esa puede tener un extraordinario poder de convicción. ¿Recuerdas el ejemplo de Elon Musk del capítulo 1?: "*Yo, por mi parte, no pienso rendirme nunca, y cuando digo nunca es nunca*". Aquella fue la clave para volver a insuflar energía a su equipo de SpaceX.

En 2011, la nadadora Diana Nyad dio una Charla TED en la que describía que había intentado lograr lo que nadie había logrado nunca: nadar desde Cuba hasta Florida. Lo había intentado tres veces, y en alguna de ellas había resistido cincuenta horas sin dejar de nadar, venciendo peligrosas corrientes y picaduras de medusa que casi le costaron la vida. Pero al final no lo había logrado. Al término de su charla, atrapó al público diciendo:

> El mar sigue ahí. Esta esperanza sigue viva. Y yo no quiero ser esa mujer loca que lo hace año tras año, que lo intenta y fracasa, y lo intenta y fracasa, y lo intenta y fracasa... Puedo nadar desde Cuba hasta Florida y nadaré desde Cuba hasta Florida.

Y sí, dos años después regresó al escenario de TED para describir que, a los sesenta y cuatro años, finalmente lo había logrado.

Como ocurre con todo, para manifestar una gran implicación hace falta buen juicio. Si no se hace bien, puede incomodar a los presentes en el momento, y a generar en ellos una falta de credibilidad en el futuro. Pero si sientes la pasión de convertir una idea en una acción, tal vez merezca la pena que te pongas en marcha.

Valores y visión

¿Puedes convertir el tema que has abordado en una visión inspiradora o esperanzada de lo que podría llegar a ser? Muchos conferencistas lo intentan. La fallecida Rita Pierson, que dictó en TED una hermosa charla sobre la necesidad de los profesores de crear relaciones reales con sus niños, terminó así:

> La enseñanza y el aprendizaje deben traer alegrías. ¿Qué tan poderoso sería nuestro mundo si tuviéramos niños que no temieran asumir riesgos, que no tuvieran miedo de pensar y que tuviesen a un campeón? Cada niño merece tener a un campeón, un adulto que nunca deje de creer en ellos, que entienda el poder de la conexión y les insista en que llegarán a ser lo mejor que pueden llegar a ser.
>
> ¿Es difícil este trabajo? Les apuesto que sí, por Dios, que sí. Pero no es imposible. Podemos hacerlo. Somos educadores. Nacimos para marcar la diferencia. Muchísimas gracias.

Rita falleció dos meses después de dar esa charla, pero su llamada sigue reverberando. La maestra Kitty Boitnott le dedicó este sentido homenaje: "Yo no la conocía, y no había oído hablar de ella hasta hoy, pero hoy, gracias a su charla, ha removido mi vida y me ha recordado por qué llevo tres décadas siendo maestra".

Encapsulado satisfactorio

A veces los conferencistas encuentran la manera de reformular la defensa que hacen de su tema. La terapeuta Esther Perel clamaba por un enfoque nuevo y más sincero de la infidelidad, que incluyera la posibilidad del perdón. Y concluyó así:

> Veo las aventuras amorosas desde una doble perspectiva: daño y traición por un lado, crecimiento y autodescubrimiento por el otro...; lo que ha causado en ti, y lo que ha significado para mí. Entonces, cuando viene una pareja tras una aventura que ha salido a la luz, a menudo les digo esto: "Hoy, en Occidente, la mayoría de nosotros tendremos dos o tres relaciones o matrimonios, y algunos de nosotros los tendremos con la misma persona. Su primer matrimonio ha terminado. ¿Desearían crear un segundo matrimonio juntos?".

Y Amanda Palmer, que ha retado a la industria de la música a repensar su modelo de negocio, puso punto final a su charla con estas palabras:

> Creo que la gente se ha obsesionado con la pregunta equivocada: "¿Cómo hacemos para que la gente pague por la música?". ¿Qué pasaría si empezamos a preguntar?: "¿Cómo dejamos que la gente pague por la música?".

En ambos casos, una pregunta sorprendente llevó consigo un momento placentero de reflexión y cierre, y en ambos casos suscitó una ovación cerrada.

Simetría narrativa

Una charla cuidadosamente construida en torno a una línea argumental puede proporcionar una conclusión satisfactoria regresando al principio, a la apertura. Steve Johnson inició la suya sobre la procedencia de las ideas hablando de la importancia de los cafés en la Gran Bretaña industrial. Eran lugares donde los intelectuales se reunían para espolearse unos a otros.

Hacia el final, contó la interesante historia de la creación del GPS, con la que ilustró todos sus argumentos sobre la procedencia de las ideas. Y entonces, de manera brillante, comentó el hecho de que, seguramente, aquella misma semana, todos los presentes en la sala habían usado el GPS para cosas como… buscar el café más próximo. En ese momento se oyó la exclamación ahogada del público, que apreció y aplaudió el momento en que se cerró el círculo del discurso.

Inspiración lírica

A veces, si la charla ha conseguido que la gente se abra, es posible terminar recurriendo a un lenguaje poético que beba profundamente de asuntos del corazón. Es algo que no debe probarse a la ligera, pero cuando funciona, resulta hermoso. Así es como Brené Brown terminó su charla sobre la vulnerabilidad:

> He descubierto que tenemos que dejarnos ver, que nos vean vulnerables. Hay que amar con todo el corazón aunque no haya garantías… Y esto es muy difícil, y puedo decirlo como madre, esto puede ser extremadamente difícil. Pero puedo ejercer la gratitud y la dicha en esos momentos de terror cuando nos preguntamos: "*¿Puedo amarte tanto?, ¿puedo creer en esto tan apasionadamente?, ¿puedo enojarme tanto por esto?*". Me puedo detener y en lugar de ser catastrófica decir: "Simplemente estoy muy agradecida, porque estoy viva, porque sentirme vulnerable significa que estoy viva". Y por último, creo que es más importante creer que somos suficientes. Porque cuando funcionamos desde la perspectiva "soy suficiente" dejamos de gritar y empezamos a escuchar. Somos más amables con las personas que nos rodean y más amables y considerados con nosotros mismos. Eso es todo. Gracias.

Y el abogado y defensor de los derechos humanos Bryan Stevenson cerró su exitosísima charla sobre las injusticias del sistema penitenciario estadounidense con estas palabras:

> Yo he venido hoy a TED porque pienso que muchos de ustedes entienden que el arco moral del universo es muy grande, pero que se pliega hacia la justicia. Que no podemos ser verdaderamente humanos evolucionados si no nos preocupamos por los derechos humanos y por la dignidad. Que nuestra supervivencia está ligada a la de los demás. Que nuestras visiones de tecnología, diseño, entretenimiento y creatividad deben ligarse a las de fraternidad, compasión y justicia. Y por encima de todo, a aquellos de los presentes que comparten esto simplemente quiero decirles que mantengan la vista en el objetivo con firmeza.

Repito, esto es algo que no puede hacerse a la ligera. Solo funciona cuando el resto de la charla ha ido preparando el terreno, y cuando está claro que quien habla se ha ganado el derecho a evocar ese sentimiento. Pero, en las manos adecuadas y en el momento oportuno, esos cierres pueden trascender.

Termines como termines, lo importante es que lo planifiques. Un párrafo de cierre elegante, seguido de un simple "gracias", aumenta las posibilidades de concluir tu empeño de manera satisfactoria. Merece la pena pensar un poco en él.

EN EL ESCENARIO

EN EL ESCENARIO

14

VESTIMENTA

¿Qué me pongo?

A muchas personas que van a hablar en público les preocupa la ropa que han de llevar para causar buena impresión. Y seguramente yo soy la última persona a la que deben pedir consejo. Sin ir más lejos, yo me presenté una vez en un escenario con mi precioso chaleco de lana amarillo chillón, camiseta y pantalones negros, creyendo que estaba fantástico, mientras el público no dejaba de preguntarse: "¿Por qué va ese hombre vestido como un abejorro?".

Así pues, le he cedido esta sección a la directora de contenidos de TED, Kelly Stoetzel, que combina un buen gusto fabuloso con una gran capacidad para hacer que los conferencistas se sientan cómodos.

He aquí sus consejos.

Kelly Stoetzel escribe:

Lo que menos falta te hace en las horas previas a una charla es preocuparte por la ropa, y por suerte elegir qué ponerte es algo que puedes quitarte de encima bastante antes.

En la mayoría de los casos, lo único que importa es que lleves algo con lo que te sientas muy a gusto. En TED nos gusta la ropa razonablemente informal, que dé la sensación de que todos estamos juntos de fin de semana. En otros escenarios se presuponen trajes y corbatas. En general no hay que propiciar que el primer pensamiento inconsciente del público sobre ti sea que eres una de estas cosas: *convencional, desaliñado, vulgar, aburrido, con ganas excesivas de agradar.* Si evitas esas posibles trampas, llevar algo que te haga sentir bien te ayudará a proyectar confianza y tranquilidad. El público, además, reacciona bien a eso. Lo creas o no, la ropa que lleves te puede facilitar la conexión con el público antes siquiera de pronunciar la primera palabra.

Cuando pienses en qué te vas a poner, hay algunas preguntas que merece la pena que te formules, como por ejemplo: "*¿Hay algún requisito por parte de la organización?*" o "*¿Cómo es más probable que vaya vestido el público?*". Probablemente querrás vestirte de manera parecida a la suya, aunque ligeramente más elegante.

¿La charla se grabará en video? En ese caso, es mejor evitar los blancos brillantes (que pueden deslumbrar) y los negros azabaches (que pueden hacerte parecer una cabeza flotante), o cualquier cosa de estampado repetitivo y pequeño (que causa en cámara lo que se conoce como efecto *moiré*).

¿Piensas usar un micrófono inalámbrico de diadema? Ten en cuenta que este tipo de micrófonos presenta ciertos riesgos: en varias ocasiones, apenas iniciada la charla, se empiezan a oír unos golpeteos que parecen salidos de la nada. Los causan los pendientes al rozar con el dispositivo. Así que hay que evitar

los aretes colgantes. También la barba de dos o tres días puede generar sonidos de rozaduras.

Si vas a ponerte accesorios, evita pulseras brillantes y cualquier cosa en la que pueda reflejarse la luz. Los pañuelos y fulares pueden ser una buena manera de aportar un toque de color si has optado por tonos neutros.

Es probable que te instalen en el cinturón el transmisor del micrófono inalámbrico, por lo que es recomendable que lleves un cinturón resistente o ropa con una cintura bien marcada dónde colocar el dispositivo.

¿Cómo va a ser el escenario? Plantéate llevar algo de un color vivo, que te destaque del fondo. Piensa en la gente de las últimas filas. Linda Cliatt-Wayman, conferencista de TEDWomen, llevó un vestido fucsia precioso con el que se aseguró de que no pasaría desapercibida, y consiguió que todas las miradas se fijaran en ella desde que apareció en el escenario hasta el momento del aplauso final.

Al público le encantan los colores atrevidos, vistosos, y a la cámara también.

En un escenario tiende a quedar mejor la ropa entallada que las prendas anchas y vaporosas. Busca algo que defina bien tu silueta, y asegúrate de que sea de la talla correcta, ni demasiado ancho ni demasiado ajustado.

Aunque en general está bien tener en cuenta estas directrices, las expresiones personales de estilo pueden vencer sobre todas ellas. Un par de semanas antes de TED2015, enviamos una nota a los participantes con unos recordatorios finales, incluida la recomendación, a los hombres, de abstenerse de usar corbata. Roman Mars, presentador de radio, respondió: "¿Por qué no se puede llevar corbata? ¡Las corbatas son geniales!". Le dijimos que si eran un rasgo distintivo suyo, hiciera caso omiso de nuestra sugerencia. Así que se puso una que le quedaba muy bien y que encajó a la perfección con el tono general. El diseñador de libros Chip Kidd también ha roto deliciosamente la norma de TED de no llevar corbata con ese sentido del estilo tan suyo, tan potente y magnífico.

Si aún no tienes claro qué te vas a poner, haz una cita para ir de compras con alguien en quien confíes en cuestión de gustos. A veces nosotros no nos vemos en el espejo exactamente igual a como nos ven los demás. Yo casi siempre lo hago, y las veces que no lo he hecho, me he arrepentido. La opinión de otra persona puede resultarnos muy valiosa.

Antes de salir al escenario, asegúrate de llevar la ropa bien planchada. La ropa arrugada es la manera más directa de informar al público telegráficamente de que no te has esforzado mucho. Si te toca hablar a última hora del día, no sería mala idea llevar la ropa en un gancho y ponértela poco antes de la presentación. Una lección importante que he aprendido a base de equivocarme: si te planteas usar una plancha de hotel, hazlo la noche anterior y prueba la plancha antes con una toalla. Esas planchas no suelen funcionar muy bien y tal vez goteen agua o estén sucias. (El equipo de TED Fellows cuenta con una de vapor, pequeña y portátil, para ayudar a los "oradores arrugados").

Merece la pena ensayar con la ropa que pienses ponerte durante la charla. Recuerdo el caso de una oradora a la que el modelo se le movió bastante al principio, y los tirantes del sostén perdieron su sitio, sobre los hombros, y se pasó todo el rato con aquellas tiras bajadas sobre los brazos. Nuestros editores hicieron magia y consiguieron que casi no se note el desastre en el video, pero podría haberse evitado por completo con un ensayo de vestido y un par de imperdibles.

De nuevo, lo más importante es llevar algo que nos haga sentirnos más seguros de nosotros mismos. Como, además, se trata de algo que puede controlarse con antelación, de ese modo nos quitamos una preocupación de encima, y contamos desde el principio con un elemento que jugará a nuestro favor.

Volvemos con Chris:

¡Gracias, Kelly! ¡Y, gente, tomen nota!

Dicho esto, tampoco hay que obsesionarse con esta parte. La pasión y las ideas de cada uno importan mucho más que nuestro aspecto.

Cuando el profesor Barry Schwartz se subió al escenario de TED en Oxford para dar una charla sobre la paradoja de la elección, el día de verano era muy caluroso y él llevaba puestos unos pantalones cortos y una camiseta. Me cuenta que si hubiera sabido que íbamos a grabarlo y a publicar su charla en la Red, tal vez se habría vestido de otra manera. En todo caso, su atuendo no le ha impedido alcanzar más de siete millones de visualizaciones.

Amanda Palmer asegura que lo único que lamenta de su proceso de preparación para la charla fue la elección de una camisa gris que se oscureció en las axilas por culpa de la transpiración. Pero al público le pareció que aquello formaba parte de su enfoque rupturista de las reglas, y la charla tuvo un gran éxito tanto en directo como en Internet. Así que, en resumen:

1. Hazle caso a Kelly.

2. Busca con antelación una ropa con la que te sientas estupendamente.

3. Concéntrate en tus ideas, no en la ropa.

EN EL ESCENARIO

15
PREPARACIÓN MENTAL
¿Cómo controlar los nervios?

El miedo desencadena nuestra reacción de huida o lucha. El cuerpo se retrae de manera mecánica, dispuesto a atacar o a escapar. Es algo que puede medirse físicamente porque se produce un incremento súbito de los niveles de adrenalina que recorren el flujo sanguíneo.

La adrenalina resulta muy útil para hacer más rápida la carrera que nos ha de poner a salvo en la sabana, y no hay duda de que puede aportar energía y entusiasmo a nuestra presencia escénica. Pero en exceso es mala. Puede hacer que se nos seque la boca y se nos cierre la garganta. Sirve para dar fuerza a los músculos y, si no hemos de usarlos, la descarga de adrenalina puede provocar que estos empiecen a moverse de manera espasmódica, de ahí los temblores asociados a casos extremos de nerviosismo.

Algunos *coaches* aconsejan medicación para esos casos, sobre todo betabloqueadores. La desventaja es que pueden rebajar considerablemente el tono vital. Existen muchas otras estrategias para canalizar en nuestro beneficio ese exceso de adrenalina.

Regresemos a Monica Lewinsky. En el capítulo 1 describía la intensidad de su nerviosismo a medida que se acercaba el momento de dictar su charla en TED. Diría que si ella fue capaz de vencer los nervios, tú también podrás. En sus propias palabras, así fue como lo logró:

> En ciertas formas de meditación, el consejo está en regresar a la respiración o al mantra cuando la mente vaga, o cuando nos asalta lo que los budistas llaman "mente de mono".* Y eso fue lo que yo hice con mi ansiedad. Hacía todo lo posible por regresar al propósito de mi charla siempre que podía. Uno de mis dos mantras era: "*Esto importa*" (de hecho, lo había escrito en la parte superior del resumen de la charla que llevé conmigo al escenario) y el otro: "*Yo controlo*".
>
> Si vas a subirte a un escenario, a dirigirte a un público, eso significa que alguien, en alguna parte, ha decidido que tienes algo importante que compartir con los demás. Yo había pasado un tiempo elaborando para mí misma cómo esperaba que mi charla pudiera ayudar a otros que estaban sufriendo. Y me aferraba al significado y propósito de mi charla como a una tabla de salvación.
>
> Contaba con instrumentos que a mí me funcionaban bien. Recurrí a todos ellos para obtener ayuda, y llegar al día de la charla y a los anteriores con los depósitos lo más llenos posible. Durante los últimos diecisiete años he pasado mucho tiempo aprendiendo a gestionar mi ansiedad y mi trauma pasa-

---

* "Mente de mono" es un estado de la mente descrito por los budistas que significa "sin resolver, inquieto, caprichoso, fantasioso, inconstante, confuso, indeciso e incontrolable" y está conformado por pensamientos sin control que atropellan los sentimientos, pensamientos negativos, obsesivos y críticos que no nos permiten confiar en lo que sentimos, sino solo en lo que nos parece lógico y racional. (*N. del E.*).

do. La mañana de la charla, no necesariamente en este orden, recurrí al trabajo con biorresonancias de sonido, a ejercicios de respiración, a una terapia llamada técnica de la libertad emocional (también conocida como de puntos de golpeo; la usé detrás del escenario, poco antes de salir a hablar), entoné cánticos, me sometí a varios ejercicios de calentamiento con mi *coach*, salí a dar un paseo para mover la adrenalina en mi cuerpo, me aseguré de reírme al menos una vez, practiqué la visualización y apliqué la simulación de poder (afortunadamente, con la inimitable Amy Cuddy).

Hubo más de un momento en que dudé de mi capacidad para llegar hasta el final de mi charla. La noche anterior al ensayo de contenidos —tres semanas antes de la charla— rompí a llorar, desesperada, al constatar que el contenido no fluía bien. Tras el ensayo, pensé en abandonar, pero me asombró la recepción positiva. Yo seguía esperando los "sin embargos" y los "peros". Y no llegaron.

Pensé mucho sobre aquella reacción, todavía insegura, pero finalmente llegué a la conclusión de que si las personas que sabían lo que hacían en relación con las Charlas TED creían que la charla resultaba lo suficientemente atractiva, debía dejarla como estaba. Yo, simplemente, estaba demasiado cerca para verlo objetivamente.

A lo largo de todo el proceso, cuando me enfrentaba a dudas sobre mí misma, me concentraba todo lo posible en el mensaje que quería transmitir, y no en la mensajera. Siempre que me sentía nerviosa o insegura, me mentalizaba e intentaba decirme que solo podía intentar dar lo mejor... y que si llegaba a una sola persona con mi mensaje y ayudaba a una sola persona a sentirse menos sola en su experiencia de vergüenza y humillación por Internet, ya habría merecido la pena.

La experiencia supuso un cambio en mi vida en varios niveles.

En lo que a instrumentos para el control de los nervios se refiere, no puede pedirse descripción más exhaustiva.

¿Hay que intentar poner en práctica todas y cada una de las técnicas de Monica? No. Cada persona es distinta. Pero el hecho de que ella fuera capaz de convertir un temor paralizante en una aparición en el escenario sosegada, llena de confianza e implicación debería animar a cualquiera y convencerlo de que es algo que puede hacerse.

He aquí mis recomendaciones al respecto:

Usa tu temor como motivación. Para eso es. Te hará más fácil comprometerte de verdad a practicar tu charla tantas veces como sea necesario. Al hacerlo, aumentará tu confianza, tu temor disminuirá y tu charla será mejor de lo que hubiera sido si no hubieras tenido miedo a darla.

¡Que tu cuerpo te ayude! Hay una serie de cosas importantes que puedes hacer antes de salir a un escenario y que pueden ayudarte a esquivar la descarga de adrenalina. La más importante de todas es *respirar*. Respirar profundamente, como cuando se practica la meditación. La inhalación de oxígeno trae consigo calma. Puedes hacerlo incluso si te encuentras entre el público, esperando tu turno para salir. Aspira hondo, hasta el estómago, y suelta el aire despacio. Repítelo tres veces más. Si estás en un lugar más privado y sientes que la tensión se apodera de tu cuerpo, merece la pena probar ejercicios físicos más vigorosos.

En TED2014, yo me sentía muy estresado ante la idea de entrevistar a Richard Ledgett, de la Agencia Nacional de Seguridad de Estados Unidos (NSA, por sus siglas en inglés) sobre la controversia de Edward Snowden. Diez minutos antes de la sesión me escapé y me metí en un pasillo, detrás del escenario, y empecé a hacer flexiones. Y no podía parar. Terminé haciendo un 30% más de lo que creía que era mi máximo. Era adrenalina, y al quemarla de aquella manera, la calma y la confianza en mí mismo regresaron.

Bebe agua. El peor aspecto de los nervios se da cuando la adrenalina absorbe el líquido de tu boca y descubres que casi no puedes hablar. Controlar la adrenalina, como se ha visto arriba, es el mejor antídoto, pero también es buena idea asegurar una completa hidratación. Cinco minutos antes de salir intenta beber un tercio de botella de agua. Te ayudará a que no se te seque la boca. (En todo caso, no lo hagas con demasiada antelación. Salman Khan lo hizo y después se tuvo que ir corriendo al baño cuando estaba a punto de empezar su presentación. Por suerte regresó enseguida).

Evita ir con el estómago vacío. Cuando asoman los nervios, comer puede ser lo último que te apetezca, pero el estómago vacío puede potenciar la ansiedad. Come algo sano una hora antes, aproximadamente, y ten a mano alguna barrita de proteínas.

Recuerda el poder de la vulnerabilidad. El público acoge bien a los conferencistas que están nerviosos, sobre todo si lo reconocen abiertamente. Si te equivocas o te atoras un poco al inicio, una buena idea es decir: "Vaya, lo siento, es que estoy algo nervioso"; o "Como ven, no estoy muy acostumbrado a hablar en público. Pero esta charla me importaba demasiado como para rechazar la oferta de dictarla". Los asistentes empezarán a apoyarte aún más. En una Sydney Opera House llena hasta los topes, la cantante y compositora Megan Washington confesó ante el público de TEDx que llevaba toda la vida luchando contra el tartamudeo que todos captábamos. Su sinceridad y su incomodidad inicial hicieron que la canción que interpretó impecablemente nos resultara más extraordinaria aún.

Encuentra "amigos" entre el público. Desde el inicio de la charla, busca rostros de personas que te parezcan que simpatizan contigo. Si consigues dar con tres o cuatro en distintas zonas de la sala, dicta la charla para ellos, desplazando la mirada de uno a otro, alternativamente. Todos los asistentes se darán cuenta de que te estás conectando con ellas y el ánimo que obtendrás de esas caras te proporcionará calma y confianza. Tal vez incluso puedes asegurarte de que algún amigo de verdad se encuentre entre el público. Háblales a *ellos*. (Entre nosotros, dirigirte a amigos te ayudará, además, a encontrar el tono correcto).

Ten listo un plan de seguridad. Si te preocupa que las cosas salgan mal, planifica alguna estrategia de seguridad. ¿Temes olvidar lo que ibas a decir? Ten a mano notas o un guion. (Roz Savage llevaba las suyas metidas dentro de la blusa. A nadie le importó que perdiera el hilo un par de veces y las consultara). ¿Te asusta que falle la parte tecnológica y tengas que improvisar? Bien, en primer lugar eso es problema de la organización, no tuyo, pero no está de más que tengas alguna pequeña anécdota preparada por si debes rellenar el tiempo, y mucho mejor si es personal: "Mientras se soluciona, voy a compartir con ustedes la conversación que acabo de tener con el taxista...", o "Vaya, qué bien. Así tengo la ocasión de comentarles algo que había tenido que eliminar de la charla por cuestiones de tiempo...", o "Genial, así dispongo de un par de minutos más. Permítanme que les pregunte algo: ¿quién de ustedes...?".

Concéntrate en lo que dices. La sugerencia de Monica de escribir "ESTO IMPORTA" en sus notas es maravillosa. Se trata del consejo más importante que puedo ofrecerte. No se trata de ti, sino de la idea que te apasiona. Tu misión es estar ahí al servicio de esa idea, ofrecerla como regalo. Si consigues tener eso presente cuando salgas al escenario, te sentirás liberado.

Al cantante Joe Kowan lo paralizaban los nervios hasta el punto de que le impedían hacer lo que más le gustaba: cantarle al público. Así que se enfrentó a ello, paso a paso, obligándose a sí mismo a actuar en lugares pequeños incluso cuando se le notaba aquel tono nervioso en la voz, y de hecho llegó a escribir una canción sobre el miedo escénico que cantaba durante sus actuaciones si lo necesitaba. Al público le encantaba, y llegó a aceptar sus nervios como amigos. Tiene una deliciosa charla (y una canción) en la que explica cómo lo hizo.

En una conferencia en Toronto, hace quince años, presencié cómo la novelista Barbara Gowdy se quedaba paralizada en el escenario. Estaba ahí de pie, temblorosa. Nada más. No podía hablar. Ella creía que iban a hacerle una entrevista, pero en el último momento le informaron que tendría que hablar. El miedo le supuraba por todos los poros del cuerpo. Pero entonces ocurrió algo extraordinario. El público empezó a aplaudir, a vitorear. Ella empezó vacilante, se detuvo. Más aplausos. Y entonces empezó a compartir sus ideas más elocuentes, más íntimas, sobre su pensamiento, sobre su proceso. Fue la charla más memorable de todas. Si hubiera llegado cargada de confianza y hubiera empezado a hablar, nosotros no la habríamos escuchado con tanta atención ni nos hubiéramos preocupado tanto por ella.

Los nervios no son ninguna maldición. Pueden transformarse en una gran ventaja. Hazte amigo de tu nerviosismo, ármate de valor y...: ¡Adelante!

EN EL ESCENARIO

16
DISPOSICIÓN
¿Atril, monitor de confianza, tarjetas con notas o... nada?

La disposición de los elementos físicos de la charla es algo que resulta de especial importancia. Comparemos la disposición A: un conferencista hablando sobre una tarima, tras un atril grande, aparatoso, leyendo un texto a un público algo distante, y la disposición B: un conferencista de pie, sin protección, sobre un escenario pequeño, rodeado de público por tres lados.

A las dos cosas se les llama hablar en público, pero en realidad son dos actividades muy distintas. La disposición B puede parecer aterradora. Estás ahí, vulnerable, sin computadora portátil, sin texto escrito, con todo el cuerpo expuesto, visible, sin un lugar donde ocultarte, dolorosamente consciente de que todos los ojos están clavados en ti, y no desde muy lejos.

La disposición A ha evolucionado a lo largo de los años para adaptarse a las necesidades de cada conferencista. Antes de que existiera la electricidad, el conferencista podía disponer de un pequeño atril sobre el cual podía apoyar unas notas. Pero a lo largo del siglo xx los atriles se hicieron más grandes para dar cabida a una lamparilla para poder leer un texto, botones para ir pasando las diapositivas y, más recientemente, computadoras portátiles. Existía incluso una teoría según la cual al bloquear gran parte del cuerpo del conferencista, de manera que solo se le viera el rostro, se estaba potenciando su autoridad, tal vez por asociación inconsciente con un predicador en un púlpito. Ya fuera deliberado o casual, el efecto de los grandes atriles ha sido el de crear una inmensa barrera visual entre conferencista y público.

Desde el punto de vista de quien habla en público, eso puede resultar muy cómodo. ¿Cómo no va a gustarte? Todo lo que necesitas para dar la charla está ahí, al alcance de tu mano. Y te sientes personalmente seguro. Que hayas olvidado lustrarte los zapatos, o que lleves la camisa algo arrugada, no importa en lo más mínimo. Nadie lo verá. ¿Tienes un lenguaje corporal algo raro o una mala postura? Ningún problema. El atril también lo disimula. Casi lo único que se ve es la cara. ¡Vaya! ¡Qué bien!

Pero desde el punto de vista del público es mucho lo que se pierde. Hemos dedicado un capítulo entero a hablar de la importancia de establecer una conexión entre el público y el conferencista. Y una parte significativa de esa conexión la proporciona la disposición de este último a mostrarse vulnerable. Se trata de una interacción no verbal pero muy poderosa. Si quien habla en público baja la guardia, el público también la baja. Si un conferencista se mantiene distante y a salvo, así se mantendrá también el público.

Richard Saul Wurman, cofundador de TED, se mostraba inflexible en ese punto. ¡Nada de atriles! ¡Nada de leer los discursos! Le desagradaba cualquier cosa que convirtiera la relación entre hablante y público en algo formal. (Y eso incluía el uso de corbatas, que prohibió desde el principio. Cuando un conferencista, Nicholas Negroponte, no le hizo caso y se presentó con traje y corbata, Richard se subió al escenario y... ¡se la cortó con unas tijeras!).

Esa postura es una de las razones por las que las conferencias de TED parecían distintas a otras a las que estaba acostumbrada la gente. A quienes las dictaban se les *obligaba* a mostrarse vulnerables. Y el público respondía positivamente.

Si consigues sentirte cómodo así, una charla dada ante un público, sin atril de por medio, es el mejor planteamiento. La inmensa mayoría de las Charlas TED se dan así, y animamos a todos a intentarlo. Pero todo tiene sus desventajas, y actualmente en TED hemos llegado a la conclusión de que existen múltiples maneras de dar una charla, tanto porque en la variedad está el gusto como porque de ese modo se pueden satisfacer mejor las necesidades de conferencistas concretos. Es cierto que para estos es bueno sacarlos un poco de su zona de confort. Pero, como se ha descrito antes, también lo es que en ocasiones se puede ir demasiado lejos. De Daniel Kahneman y de otros he aprendido que permitir hablar a la gente en un escenario en el que se sienta cómoda y que le facilite encontrar de manera natural las palabras que necesita importa más aún que maximizar la vulnerabilidad.

Así pues, el propósito de este capítulo es ayudarte a entender todos los pros y los contras, para que a partir de ahí encuentres la manera de hablar que más te convenga.

La primera pregunta clave a fin de dar la charla de manera eficaz es: ¿cuántas notas vas a necesitar consultar? Si has memorizado la charla completamente, o si puedes dictarla a partir de una breve lista de puntos escrita a mano, la decisión es fácil: sal al escenario y da la charla directamente, sin barreras. Nada de atril, nada que se interponga entre el público y tú, solo una tarjeta en una mano y, delante, quienes te escuchan. En muchos sentidos, esa es la meta a la cual debes aspirar. Se trata de la mejor opción para crear una conexión potente con ellos, basada en la vulnerabilidad que perciben en ti.

Pero no todo el mundo consigue sentirse cómodo en este formato, y tal vez no todas las charlas justifican el tiempo que hay que invertir para que, en esa situación, las cosas salgan bien.

Así que si crees que vas a necesitar muchas más notas, o incluso el texto entero, ¿qué haces? A continuación, se ofrece una lista de posibilidades que, de manera progresiva, ofrecen más apoyos. En todo caso, conviene saber que algunas son mucho mejores que otras.

Apoyos de emergencia

En esta modalidad, antes de salir al escenario, colocas una serie de notas, o incluso el texto entero, sobre una mesa o un atril en un lado, o en la zona posterior de la tarima, junto con una botella de agua. Entonces intentas dar la charla desde la zona delantera, como se ha descrito antes, pero sabiendo que si te atoras, siempre puedes recurrir a tus notas, tomar un sorbo de agua y seguir adelante. Desde el punto de vista del público, se trata de algo completamente natural que no supone el menor problema. Al mantener las notas a cierta distancia, evitarás la tentación de bajar la mirada en todo momento, y es bastante probable que llegues a dictar toda la charla sin siquiera tener que usarlas. Pero saber que están ahí quita mucha presión.

Diapositivas como guía

Muchos conferencistas usan sus diapositivas como empujoncitos para la memoria. Es algo que ya se ha abordado brevemente en este libro. Lo que no hay que hacer, claro está, es usar el PowerPoint como andamio completo de la charla, ni mostrar unas diapositivas llenas de texto. Eso es algo espantoso. Pero si dispones de unas imágenes elegantes que acompañen cada paso de tu charla, se trata de un enfoque que puede funcionar muy bien, con tal de que tengas pensadas las transiciones. Las imágenes actúan como magníficos desencadenantes de la memoria; aun así es posible que sigas necesitando ayudarte de una tarjeta con notas adicionales.

Tarjetas con notas

Es posible que tengas demasiadas cosas para incluirlas todas en una sola tarjeta. Quieres recordar cuáles son las transiciones a cada diapositiva, los ejemplos clave que se corresponden con cada punto o la formulación exacta de la frase de cierre. En ese caso, la mejor apuesta puede ser el uso de un conjunto de tarjetas pequeñas, de mano, tipo ficha de 13 x 20 cm, que sencillamente vas pasando de una en una. Es mejor llevarlas sujetas por una anilla, para que no se desordenen si se te caen al suelo. Esas fichas no molestan, pero te permiten situarte rápidamente en el punto de la charla en el que te encuentras. La única desventaja es si casi nunca necesitas consultarlas y de pronto debes pasar cinco o seis de golpe para encontrar el punto que te interesa.

Una alternativa es una tabla portapapeles, o bien hojas de tamaño oficio. No hace falta girarlas tantas veces, pero en general resultan más invasivas. Las tarjetas tipo ficha son probablemente mejores, y si tu charla se apoya mucho en elementos visuales, un buen planteamiento es contar con una por cada diapositiva, donde se incluya el texto de transición que introduce la siguiente.

Dicho esto, sigue siendo importante que te sepas la charla bastante bien, para que no tengas que estar consultando constantemente ni, por tanto, mirando frecuentemente hacia abajo.

Muchos conferencistas TED usan tarjetas. Tal vez no lo veas en pantalla, pero eso es en parte porque nuestros editores han hecho un buen trabajo camuflándolas, y en parte porque la mayoría de ellos las usan solo como apoyo ocasional. La fuerza de este planteamiento estriba en que te libera y te permite pasearte por el escenario sin obligarte por ello a prescindir de los elementos que necesitas para seguir el hilo de la charla.

Teléfono inteligente o tableta

Algunos conferencistas se han acostumbrado a usar dispositivos inteligentes, en una sustitución tecnológica de las tarjetas. Se trata de un enfoque con el que sin duda puede garantizarse cierta libertad respecto al atril. Pero yo no soy demasiado partidario de ellos. Entre otras cosas porque cuando alguien mira una pantalla, los demás, de manera inconsciente, tendemos a pensar que está desconectado de nosotros. La culpa la tienen los mensajes de texto.

Además, hay muchas cosas que pueden ralentizar la operación: un solo toque accidental mal dado sobre la pantalla puede apartarnos del texto, y después hará falta *mucha* búsqueda arriba y abajo para dar con él. Tal vez alguien invente la aplicación perfecta para solucionar ese problema, pero, por el momento, tal como se usa en condiciones reales, esta solución parece más lenta y más torpe que las anticuadas fichas de toda la vida. No es mala idea contar con el texto en un iPad y usarlo como apoyo de urgencia, pero no te recomiendo que uses un dispositivo inteligente para las notas que has de consultar con regularidad.

Monitores de confianza

Muchas salas de conferencias de gama alta instalan un par de monitores "de confianza" en el campo de visión de quien va a dictar la charla, bien en ángulo desde el suelo del escenario, bien al fondo de la sala, por encima del público. El propósito principal de esos dispositivos es permitirte ver que tu diapositiva se está proyectando correctamente sin necesidad de tener que girarte a cada momento. Pero también pueden usarse para mostrar (solo a ti) notas que has añadido a las diapositivas y/o la diapositiva que viene a continuación, para que estés listo. Tanto PowerPoint como Keynote cuentan con esa opción con su modo o pantalla del moderador o presentador (*Presenter View*). Es evidente que presenta algunas ventajas: si has estructurado tu charla para contar con una diapositiva por cada tema, puedes usar esos monitores de confianza para seguir cómodamente el hilo. Con todo, también hay importantes trampas en las que puedes caer.

A veces los conferencistas miran al monitor que no toca, confunden la pantalla de la diapositiva *actual* con la de la *siguiente* y entran en pánico al pensar que se está mostrando la diapositiva equivocada. Pero mucho peor aún es la tendencia a depender demasiado de las notas de esas pantallas y a consultarlas continuamente. En realidad, eso es algo que molesta más que ver a un conferencista bajar la mirada para consultar una ficha. A menos que los monitores de confianza se hayan dispuesto correctamente, centrados sobre el público, este ve con claridad el momento en que quien da la charla mira las pantallas: o bien sus ojos bajan una y otra vez hasta el suelo del escenario, o bien se elevan sobre las cabezas de los presentes. Las dos cosas pueden resultar muy molestas, pues suponen todo lo contrario al tan deseado contacto visual que genera reconocimiento.

Además, hay algo familiar y tranquilizador en el hecho de que el conferencista consulte unas notas de vez en cuando: esas notas están ahí, y todo el mundo puede ver qué está haciendo. No hay problema. Pero cuando sus ojos se desplazan hasta el monitor de confianza, enseguida puede darse el distanciamiento.

Tal vez no se note al principio de la charla, pero, a medida que sigue ocurriendo, el público empieza a sentirse algo incómodo. Es algo así como el "valle inquietante" al que me referí más arriba. Todo está casi perfecto, pero no del todo. Hay algo raro.

La cosa puede llegar al extremo cuando quien habla intenta leer toda su charla apoyándose en esos monitores de confianza. Los primeros dos minutos de la charla son geniales, pero entonces el público empieza a caer en la cuenta de que se la están leyendo, y en ese momento es como si la vida se retirara de la charla. En TED tuvimos un inquietante ejemplo de algo así hace diez años, cuando un personaje famoso del mundo del deporte vino a dar una charla y nos convenció de que debía contar con el texto entero en pantallas situadas al fondo de la sala. Las palabras que pronunció eran impecables. Pero se notaba que movía los ojos al leerlas, un metro por encima de las cabezas de todos, y aquello mató del todo el posible impacto de la charla.

El único conferencista al que yo he visto leer correctamente de un monitor de confianza ha sido el cantante Bono. Él es un artista nato, actúa muy bien, y consiguió leer en voz alta un texto que se encontraba más allá de su campo de visión sin dejar de mantener constantemente contacto ocular con el público, en un tono de voz natural e incorporando, además, cápsulas de humor. Pero incluso en ese caso la gente que se daba cuenta de que las palabras del discurso, incluidas las bromas, estaban ahí mismo, en los monitores de la parte trasera de la sala, quedaba decepcionada. Querían que la mente de Bono estuviera ahí en vivo, con ellos. Para el caso, podrían haberles enviado el discurso escrito por correo electrónico.

Nuestra recomendación clara en cuanto al uso de esos monitores es: úsalos solo para visualizar las diapositivas, las mismas que ve el público. Si tienes que añadir notas, usa cuantas menos mejor, y con solo dos o tres puntos cada una. Después practica la charla intentando mirar esos monitores lo menos que puedas. ¡Nada de leer! Es la única manera de mantenerse en conexión con el público.

Teleprompter

Si los monitores de confianza son peligrosos, el *teleprompter* lo es aún más. Aparentemente es un invento genial. Ubica las palabras sobre una pantalla de cristal invisible para el público pero directamente con su línea de visión. Con él, el conferencista puede leer un discurso al tiempo que mantiene un contacto ocular constante con el público.

Pero lo ingenioso del invento también es su talón de Aquiles. Si lo usas, corres el riesgo de comunicar al público: "*Estoy fingiendo que los estoy mirando, pero en realidad estoy leyendo*". Y los mensajes contradictorios de esa acción pueden resultar perjudiciales.

Podría objetarse que no es así. El presidente Obama, uno de los mejores oradores de nuestra época, usa con regularidad el *teleprompter*. Es cierto. Y también lo es que eso tiene un efecto divisor entre el público. Las personas a las que les cae bien Obama y que están predispuestas a confiar en él lo pasan por alto y creen del todo que esa es su manera auténtica de hablarles. Pero sus rivales políticos han usado alegremente el *teleprompter* en su contra, burlándose de él por no ser capaz de hablar directamente ante un público. Como consecuencia de ello, el estratega en medios de comunicación Fred Davis cree que el *teleprompter* ha quedado invalidado para todos los políticos. En *The Washington Post* declaró: "Es negativo, porque es señal de falta de autenticidad. Es señal de que no eres capaz de hablar por ti mismo. Es señal de que hay personas detrás de ti que te dicen lo que tienes que decir".

En TED, actualmente, somos reacios a las reglas absolutas, pero siempre desaconsejamos el uso de *teleprompters* en el escenario. Los públicos de hoy prefieren a un conferencista que lo haga lo mejor posible recurriendo a su memoria, a sus notas y a su pensamiento del momento que a otro que lo haga "perfecto" combinando la lectura con un contacto ocular subrepticio.

¿Entonces? ¿Qué hacer si debes tener a mano el texto completo de tu charla, pero no puedes leerlo en monitores de confianza ni en *teleprompters* por temor a no sonar auténtico? La siguiente es nuestra sugerencia.

Atril discreto

Si debes consultar el texto completo, notas extensas, una computadora portátil o una tableta, no lo disimules. Regresa a la idea de colocarlos sobre un atril. Pero al menos intenta que los organizadores del evento te proporcionen uno moderno y discreto, un atril que sea transparente o que tenga el pie fino, en lugar de esos que son aparatosos, de madera, y que ocultan casi todo el cuerpo. Asegúrate, también, de saberte muy bien la charla para poder pasar mucho tiempo mirando al público y no al atril.

En la charla de Monica Lewinsky esa fue la solución perfecta. En su caso, lo que estaba en juego era demasiado importante como para arriesgarse a memorizarlo todo. En los ensayos intentó consultar sus notas en monitores de confianza, pero no nos pareció que ese enfoque funcionara. No dejaba de mirar por encima de las cabezas de los asistentes, que de ese modo interrumpían su conexión con ella. Por suerte, a Monica se le ocurrió algo que no habíamos probado nunca en TED, pero que salió muy bien: colocó sus notas sobre un atril de músico. Si ves su charla, te darás cuenta de que ello no la separa en absoluto de su público. De hecho, casi en ningún momento baja la vista para consultar nada. Pero le da la seguridad que necesitaba para dar lo mejor de sí misma.

¿Por qué esa solución funciona mejor que los monitores de confianza y los *teleprompters*? Porque no se da la menor ambigüedad sobre lo que está ocurriendo. Se trata de algo conocido y sincero. El público puede disfrutar del hecho indudable de que te esfuerzas por *no* leer el discurso, por mirar a los presentes, por establecer contacto ocular, por sonreír y por mostrarte natural. Y si así te sientes más cómodo y más seguro de ti mismo, la gente lo notará en tu voz y se relajará contigo.

Así pues, esas son tus principales opciones. Tú siempre puedes, claro está, inventar algo que te sirva solo a ti. Clifford Stoll llegó a la charla con cinco puntos y se escribió cada uno de ellos en un dedo. Cada vez que cambiaba de tema, la cámara enfocaba un primer plano de su mano, y todos veíamos lo que venía a continuación. La idea resultó rara y encantadora.

Lo que importa es que encuentres la manera de hablar que a ti te funcione, que la decidas pronto y que practiques todo lo que puedas, usando los mismos apoyos que usarás en el escenario. (Por cierto, ese es otro argumento en contra de una dependencia excesiva de los monitores de confianza. Uno nunca puede estar seguro al ciento por ciento de que la instalación de la sala será la misma que la que ha usado para ensayar).

Dicho en pocas palabras, ser vulnerable no es nada malo. Tampoco es nada malo buscar una zona de confort y confianza. Y es básico ser auténtico.

EN EL ESCENARIO

17
VOZ Y PRESENCIA
Dales a tus palabras la vida que merecen

He aquí una pregunta radical: ¿por qué molestarse en dar una charla?

¿Por qué no limitarse a enviar el texto por correo electrónico a todos los miembros potenciales del público?

Una charla de dieciocho minutos contiene, en inglés, cerca de dos mil quinientas palabras. Mucha gente de habla inglesa es capaz de leer dos mil quinientas palabras en menos de nueve minutos con un grado aceptable de comprensión. ¿Entonces? ¿Por qué no hacerlo así? Nos ahorraríamos el costo del auditorio. Nos ahorraríamos el desplazamiento de todos. Nos ahorraríamos la posibilidad de que te equivocaras e hicieras el ridículo. Y transmitirías tu charla en menos de la mitad del tiempo que tardas en dictarla.

A mis veinte años no podría haber defendido el hecho de hablar en público. Mientras estudiaba filosofía en la universidad, descubrí con tristeza que P. F. Strawson, un magnífico escritor y pensador brillante era, al menos el día en que yo lo oí, un orador espantoso. Se pasaba sesenta minutos leyendo todas y cada una de la frases que llevaba escritas en el mismo tono monocorde, sin apenas alzar la vista. Aprendí que era una pérdida total de tiempo asistir a sus clases, cuando podía dedicarme, simplemente, a leer sus libros. Así que dejé de asistir a sus clases. De hecho, dejé de asistir a clase. Así, en general. Me dediqué solo a leer.

Uno de los motivos por lo que me fascinó tanto TED fue porque me di cuenta de que las charlas, cuando se dan bien, ofrecen algo que no puede dar la palabra impresa. Pero eso no es algo que venga dado, y además ni siquiera es cierto en todos los casos. Ese elemento extra debe ser pensado, hay que invertir en él, hay que desarrollarlo. Hay que ganárselo.

¿Y qué es ese elemento extra? Es la cobertura humana que convierte la *información* en *inspiración*.

Piensa en una charla como en dos caudales de datos que corren en paralelo. Las palabras las procesa el motor del lenguaje del cerebro, que opera básicamente de la misma manera cuando escuchamos y cuando leemos. Pero por encima de ese caudal circula otro de metadatos que nos permite (en gran medida inconscientemente) evaluar todas las porciones de lenguaje que oímos y determina qué debemos hacer con ellas y cómo debemos priorizarlas. No hay nada análogo en la lectura. Eso es algo que solo puede ocurrir cuando observamos a alguien hablar y oímos su voz. Estos son algunos de los impactos que puede aportarnos esa capa añadida:

- **Conexión:** *Confío en esa persona.*
- **Implicación:** *¡Todas las frases suenan muy interesantes!*
- **Curiosidad:** *La oigo en tu voz y la veo en tu cara.*
- **Comprensión:** *El énfasis en esa palabra, acompañado de ese gesto de la mano..., ¡ahora lo entiendo!*

- **Empatía:** *Noto que eso te dolió mucho.*
- **Entusiasmo:** *¡Vaya! Ese apasionamiento es contagioso.*
- **Convicción:** *¡Qué determinación hay en esos ojos!*
- **Acción:** *Quiero pertenecer a tu equipo. Cuenta conmigo.*

Todo eso sumado es la inspiración. La inspiración en su sentido más amplio. Yo pienso en ello como en la fuerza que le dice al cerebro qué hacer con una nueva idea. Muchas ideas, sencillamente, se archivan en algún lugar y muy probablemente se olvidan. La inspiración, en cambio, agarra una idea y la sitúa bajo el foco de nuestra atención mental: "*¡Alerta general! ¡Entra una nueva visión del mundo, algo importante! ¡Preparados para activarse!*".

Hay muchos misterios en cómo y por qué respondemos tan poderosamente ante ciertos hablantes. Esas capacidades han evolucionado a lo largo de centenares de miles de años y están profundamente integradas en nosotros. En algún lugar de nuestro interior existe un algoritmo para la confianza. Otro para la credibilidad. Otro que explica cómo se propagan las emociones de un cerebro a otro. No conocemos los detalles de esos algoritmos, pero podemos coincidir en algunas pistas importantes. Y pertenecen a dos grandes categorías: lo que hacemos con nuestra voz y lo que hacemos con nuestro cuerpo.

Hablar con sentido

Si tienes ocasión, escucha el minuto inicial de la Charla TED de George Monbiot. El texto es encantador, aunque no particularmente sensacional:

> Cuando era joven, pasé seis años de aventuras salvajes en el trópico trabajando como periodista investigador en algunos de los lugares más fascinantes del mundo. Era tan imprudente e insensato, como solo los jóvenes pueden ser. Por eso se inician las guerras. Pero también me sentí más vivo que

> nunca. Y cuando llegué a casa, sentí que el alcance de mi existencia disminuía gradualmente hasta parecerme que llenar el lavavajillas era un reto interesante. Me sentía como arañando las paredes de la vida, como si intentara encontrar una salida a un espacio mayor, más allá. Estaba, creo, ecológicamente aburrido.

Pero cuando habla, oyes algo bastante distinto. Si tuviera que representarlo recurriendo solamente a la tipografía, sería algo más o menos así:

> Cuando era joven, pasé *seis años de aventuras salvajes* en el trópico trabajando como periodista **investigador** en algunos de los lugares más **fascinantes** del mundo. Era tan $_{\text{im}}$prudente e $_{\text{in}}$sensato, como solo los jóvenes pueden ser. Por-eso-se-inician-las-guerras. Pero *también* me sentí más *vivo* que nunca. Y cuando llegué a ^{CASA}, sentí que el alcance de mi existencia disminuía gradualmente hasta parecerme que **llenar el lavavajillas era un reto interesante**. Me sentía como *arañando* las paredes de la *vida*, como si intentara encontrar una SALIDA a un espacio mayor, más allá. Estaba, creo, **ecológicamente aburrido.**

Así, impreso, se ve horrible. Pero cuando oyes hablar a Monbiot, te sientes atraído de inmediato a su mundo. A casi todas las palabras que pronuncia les incorpora una capa distinta de tono o sentido , y el efecto general es la incorporación de gran cantidad de matices a su apertura, unos matices que el texto impreso, simple y llanamente, no es capaz de transmitir. Y esa habilidad se mantiene a lo largo de toda la charla. Las palabras que pronunciaba evocaban intriga y curiosidad, sin duda, pero su voz prácticamente te obligaba a sentir curiosidad y asombro.

¿Cómo lo hacía? Los *coaches* de la voz hablan de un mínimo de seis herramientas que pueden usarse: volumen, tono, ritmo, timbre, entonación y algo llamado "prosodia", que es la entonación ascendente y descendente que distingue, por ejemplo, una afirmación de una pregunta. Si te interesa indagar algo más sobre este punto, te recomiendo encarecidamente una Charla TED de Julian Treasure titulada "Cómo hablar de forma que la gente te quiera oír". En ella no solo explica qué hace falta, sino que propone ejercicios que ayudan a preparar la voz.

Para mí, la idea clave es, simplemente, incorporar variedad a nuestra manera de hablar, una variedad basada en el *sentido* que intentamos transmitir. Muchas de las personas que hablan en público se olvidan de ello. Dan charlas en las que todas las frases presentan el mismo patrón vocal. Un ligero ascenso al principio de la frase y un ligero descenso al final. No hay pausas ni cambios de ritmo. Lo que eso comunica es que no hay una parte de la charla que importe más que las demás. Y así avanza hasta el final. El efecto biológico de ello es hipnótico. Dicho de otro modo, hace que el público se duerma.

Si tienes la charla escrita, prueba lo siguiente: busca dos o tres palabras en cada frase que contengan más significado que el resto y subráyalas. A continuación, busca la palabra de un párrafo que sea *realmente* importante y subráyala dos veces. Busca la frase que tenga el tono más ligero de toda la charla y dibújale una línea ondulada debajo con lápiz. Busca todas las preguntas y destácalas con un marcador amarillo. Busca el mayor "momento ¡ajá!" y colócale un gran punto negro antes. Y si has incluido alguna anécdota divertida en alguna parte, decórala con puntitos de color rosa por encima.

Ahora intenta leer el texto aplicando un cambio de entonación para cada marca. Por ejemplo, sonríe cuando veas los puntos rosas, haz una pausa antes del gran punto negro y acelera un poco cuando llegues a la línea ondulada dibujada a lápiz, al tiempo que hablas en voz algo más baja. ¿Qué tal suena? ¿Artificial? En ese caso, inténtalo otra vez con más matices.

Y ahora prueba otra cosa: intenta recordar las emociones asociadas a cada parte de tu charla. ¿Cuáles son los fragmentos que te apasionan más? ¿Qué aspectos podrían indignarte un poco? ¿Qué te parece gracioso? ¿Qué te desconcierta? A continuación, deja que esas emociones afloren un poco mientras hablas. ¿Qué tal suena? Intenta hacerlo en presencia de algún amigo, y fíjate en su reacción, en el movimiento de sus ojos. Grábate a ti mismo leyéndola, y después reproduce la grabación y escúchala con los ojos cerrados.

La idea es empezar a pensar en tu tono de voz como en algo que te proporciona un nuevo conjunto de herramientas para llegar al interior de las mentes de las personas que van a escucharte. Sí, en efecto, quieres que te entiendan, pero también quieres que sientan tu pasión. Y la manera de hacerlo no es *decirles* que se apasionen por este o aquel tema, sino mostrárselo con tu propia pasión. Eso es algo que se contagia automáticamente, como sucede con todas las emociones que se sienten de manera auténtica.

¿Te preocupaba la limitación de tiempo de la charla? Pues no te preocupes. En cierto sentido, es como si la multiplicaras por dos. Puedes usar cada segundo no solo para transmitir información, sino para comunicar *cómo* puede recibirse esa información. Y todo ello sin añadir una sola palabra más.

Más ejemplos extraordinarios del uso correcto de la voz se encuentran en las charlas de Kelly McGonigal, Jon Ronson, Amy Cuddy, Hans Rosling y el incomparable sir Ken Robinson.

Algunos *coaches* de voz pueden llevarte a forzar la variedad vocal más allá de lo que a ti te resulta correcto. No se los permitas. Que te salga de manera natural a partir de la pasión que sientes por el tema. En general, lo interesante es mantener un tono conversacional, intercalando la curiosidad con la emoción cuando la ocasión así lo requiere. Yo le pido a la gente que imagine que acaba de encontrarse con unos amigos con los que fue al colegio, y que se están poniendo al día sobre lo que han estado haciendo. Esa es la clase de voz que nos interesa. Real, natural, pero sin miedo a dejarse llevar si lo que decimos lo exige.

Otro aspecto importante al que conviene prestar atención es la velocidad a la que hablas. En primer lugar, está muy bien ir variándola según lo que estemos diciendo. Cuando introducimos ideas clave o explicamos algo complejo, es mejor ir más despacio, y no hay que tener miedo a intercalar pausas. Durante las anécdotas y los momentos más ligeros, acelera. Pero en conjunto debes hablar al ritmo natural que usas en tus conversaciones.

Existen guías para hablar en público que instan al lector a hablar más despacio. Creo que, las más de las veces, se trata de un mal consejo. En general, la comprensión es más rápida que la expresión. Dicho de otro modo, comúnmente los circuitos cerebrales del hablante suelen tardar más en componer que el oyente en asimilar (*salvo* en momentos de explicaciones complejas en los que sí hay que bajar el ritmo). Si hablas a tu ritmo conversacional normal no pasa nada, al oyente no le importa, pero si ralentizas mucho más el ritmo, invitas a la impaciencia a entrar en la sala. Y la impaciencia no es buena amiga. Mientras tú disfrutas del mejor momento de tu vida, el público, lentamente, se muere de hambre de palabras.

Rory Sutherland, que consiguió mantener diecisiete minutos de charla hilarante e inteligente a un ritmo de ciento ochenta palabras por minuto,* cree que a muchos conferencistas los beneficiaría acelerar un poco:

> Hay dos maneras de perder al público: ir demasiado rápido es, con diferencia, la menos frecuente de las dos. Un problema mayor suele ser ir demasiado despacio, porque así se deja tiempo para que las mentes divaguen. Me siento algo culpable por decir esto, pero si hablas lo bastante rápido, puedes colar uno que otro cambio de tema. No es que recomiende incongruencias flagrantes, claro está. Hablar deprisa también sirve

* En inglés, idioma que, a diferencia del español, tiende a tener palabras más cortas. *(N. del E.)*.

para disimular muchos defectos. A nadie le importa, y ni siquiera se fija en uno que otro "mmm" o "eeeh", con tal de que sean rápidos.

Ni Rory ni yo recomendamos apresurarse ni aturullarse. Pero sí que hables al ritmo de una conversación... y que estés dispuesto a acelerar en pasajes en los que es natural hacerlo. Es algo que funciona bien, tanto presencialmente como en Internet.

¿Te sorprende? ¿Crees que hablar en público es lo contrario a hacerlo en una conversación?

Durante una conferencia TED, un hombre del sudeste asiático que hablaba en público por primera vez inició su ensayo gritando todo lo que le daba la voz. A mí me gusta la variedad de estilos, pero escuchar aquello resultaba muy pesado. Le pregunté por qué hablaba así, y él, tras pensarlo unos instantes, me respondió: "En mi cultura, hablar en público significa hablar ante una multitud. Para que te oigan los de atrás, tienes que gritar. Pero —hizo una pausa— supongo que aquí no me hace falta hacerlo, porque aquí tenemos un aparato automático de gritos". Le dio unos golpecitos al micrófono y los dos nos echamos a reír.

En realidad, se trata de algo muy importante. Hablar en público es algo que evolucionó mucho antes de la era de la amplificación. Para dirigirse a una multitud, del tamaño que fuera, los hablantes tenían que pronunciar más despacio, respirar hondo y dejarse llevar, marcando pausas dramáticas tras cada frase. Es un estilo que actualmente identificamos con la oratoria. Con él pueden sincronizarse las emociones y las respuestas de la multitud de un modo muy poderoso. Lo asociamos con algunos de los discursos más influyentes de la literatura y la historia, desde el "Amigos, romanos, compatriotas", de Marco Antonio, hasta el "Dadme libertad, o dadme la muerte", de Patrick Henry.

Pero en la mayoría de las instalaciones modernas es mejor no abusar de la oratoria. Es cierto que con ella puede transmitirse pasión, indignación, inminencia, pero no casa bien con muchas otras emociones más sutiles. Y, desde el punto de vista del público, la oratoria puede resultar muy poderosa durante quince minutos, pero agotadora una hora entera. Si te dirigieras a una sola persona, no recurrirías a ella. No podrías construir un programa de conferencias de todo un día basado en la oratoria.

Además, ese tipo de discurso es mucho más lento. El discurso "Tengo un sueño" de Martin Luther King se pronunció a un ritmo de unas cien palabras por minuto. Estaba muy bien elaborado y muy bien pronunciado para su propósito. Pero no es probable que tu misión, hoy, sea dirigirte a una multitud de doscientas mil personas en el momento álgido de un inmenso movimiento social.

La amplificación nos ha concedido la posibilidad de hablar de manera íntima a una multitud. Y es algo que merece la pena aprovecharse. Crea conexión y curiosidad mucho más fácilmente que la oratoria. Ese tono conversacional resulta aún más importante cuando las charlas se aprecian por Internet. En ese momento solo hay una persona mirando la pantalla, y lo interesante es que quien hable se dirija a esa persona como tal. Las charlas declamadas en tono de oratoria ante una gran multitud no suelen ser virales.

Hay conferencistas que en este punto caen en una trampa. Con la emoción de encontrarse en un escenario, se dejan llevar por una sensación algo exagerada de la importancia de la ocasión, y sin darse cuenta se contagian de cierto tono oratorio. Hablan más despacio, y en un tono de voz algo elevado. Incorporan pausas dramáticas entre las frases. En realidad se trata de cosas que van totalmente en contra de las charlas. Tal vez sean adecuadas en una iglesia o durante un mitin político. Pero no las recomiendo para nada cuando se trata de hablar en público en otras situaciones.

Cuenta con tu cuerpo

Sir Ken Robinson, en broma, dice que algunos profesores parecen ver sus cuerpos solamente como dispositivos para transportar sus cabezas hasta su siguiente reunión. A veces quien habla en público causa la misma impresión. Una vez que el cuerpo ha transportado la cabeza hasta el escenario, ya no sabe qué hacer consigo mismo. El problema se ve amplificado en un lugar en el que no hay atril tras el cual ocultarse. La gente se planta, incómoda, con las manos pegadas a los lados, o desplaza el peso del cuerpo de una pierna a otra.

No es mi intención, en absoluto, imponer un solo enfoque al lenguaje corporal. Las charlas tardarían muy poco en volverse aburridas si todos los que las dan hicieran lo mismo. Pero sí hay ciertos aspectos a tener en cuenta sobre las cosas que podrían hacerte sentir más cómodo y que proyectarían mejor tu autoridad ante quienes te escuchan.

La manera más sencilla de dar una charla poderosa es, simplemente, permanecer erguido en el escenario, con el peso bien repartido sobre los dos pies, separados entre sí unos centímetros, en una posición que resulte cómoda, y usar las manos y los brazos para amplificar de manera natural lo que decimos. Si los asientos de la sala están ubicados con cierta curva alrededor del escenario, puedes girar un poco la cintura para dirigirte a las distintas zonas del público. No hace falta que te pasees por el escenario.

Con esa postura se proyecta una autoridad serena. Se trata del método que usan la mayoría de los conferencistas de TED, incluido sir Ken. La clave es sentirse relajado y dejar que la parte superior del cuerpo se mueva a su antojo. Una buena postura ayuda. Evita echar los hombros hacia delante. Una postura abierta puede hacerte sentir vulnerable..., pero esa vulnerabilidad actúa a tu favor.

Aun así, hay personas que, al hablar en público, prefieren caminar por el escenario. Les ayuda a pensar. Les ayuda a enfatizar momentos clave. Se trata de algo que también puede funcionar bien, con tal de que el paseo sea relajado, no forzado. Echa un vistazo a la charla de Juan Enríquez, y contémplalo en acción. O a la de Elizabeth Gilbert. En ambos casos, los dos se ven extraordinariamente cómodos. Además (y esto es importante) se detienen con frecuencia para ahondar en este o aquel punto. Es ese ritmo el que hace que este método funcione. Un caminar constante puede ser agobiador para el espectador. Pero alternar los paseos con la quietud genera algo potente.

Algo que debe evitarse es desplazar nerviosamente el peso del cuerpo de una pierna a otra, o dar dos pasitos hacia delante y dos pasitos hacia atrás, en una especie de movimiento de mecedora. Muchas personas lo hacen sin darse cuenta. Es posible que sientan cierta ansiedad, y mover el peso del cuerpo de una pierna a otra sirve para aliviarla. Pero desde el punto de vista del público esos movimientos no hacen sino aumentar la incomodidad. En TED han sido muchos los ensayos en los que hemos animado a la gente a relajarse y, simplemente, quedarse quieta, de pie. La diferencia en lo que se transmite es inmediata.

Así pues, si quieres, muévete. Pero si lo haces, hazlo intencionadamente. Y cuando quieras hacer hincapié en algún punto, detente y dirígete al público desde una postura de poder tranquilo.

Hay muchas otras maneras de transmitir poder mediante la manera de hablar. Stephanie Shirley, dama del Imperio británico, optó por dar su charla sentada, subida a un taburete de metal, con un pie montado sobre un apoyo y las notas en el regazo. Se veía relajada y natural. El gran neurólogo Oliver Sacks, recientemente fallecido, también dio su charla sentado. En el otro extremo del espectro, Clifford Stoll se paseaba brincando y moviéndose de un lado a otro con tal energía que su charla adquirió una dimensión totalmente nueva, única.

De modo que, en este sentido, no hay reglas, más allá de la que establece que debes encontrar la manera de estar en el escenario que te resulte cómoda y segura, y que no repercuta negativamente en lo que estás diciendo. La mejor prueba es ensayar ante un público pequeño y preguntar si el lenguaje corporal interfiere de algún modo y/o grabarte en video para ver si haces algo sin darte cuenta.

Todo el mundo puede aceptar —y aplaudir— muchos estilos distintos de presentación. Asegúrate, simplemente, de que tu cuerpo sepa que no está ahí para transportar tu cabeza de un lado a otro, que también se le permite disfrutar de su momento en el escenario.

Hazlo a tu manera

Y ahora, la lección más básica. Uno cae tan fácilmente en la trampa de pensar en *cómo* dar una charla que se olvida de lo más importante, es decir, que cada uno debe dictar la charla de manera auténtica, *a su manera*.

Como ocurre con la elección de la ropa, una vez que encuentras un estilo de presentación que te va bien, no le des muchas vueltas. No intentes ser otro. Concéntrate en tus contenidos y en la pasión que sientes por ellos… y no tengas miedo a dejar que aflore tu personalidad.

El éxito de la charla de Jill Bolte Taylor en 2008 llevó a toda una generación de conferencistas TED a intentar imitar su tono emotivo. Y eso fue un error. Un error en el que estuvo a punto de caer Mary Roach.

> Lo primero que hice cuando me invitaron a dictar una charla fue fijarme en la Charla TED más popular del momento, la de Jill Bolte Taylor. Pero dejé de mirarla al cabo de dos minutos, porque sabía que no podría ser como Jill Bolte Taylor. Insegura como soy, sabía que me resultaría mejor ser como Mary Roach que ser como Mary Roach intentado ser Jill Bolte Taylor.

Dan Pink coincide con ella:

> Di las cosas a tu manera. No imites el estilo de nadie ni te adaptes a lo que crees que es el "estilo TED" de presentar. Es aburrido, banal y supone un retroceso. No intentes ser el siguiente Ken Robinson ni la siguiente Jill Bolte Taylor. Sé el primer tú.

EN EL ESCENARIO

18
INNOVACIÓN DE FORMATOS
La promesa (y el peligro) de las charlas de "pleno espectro"

En noviembre de 2011 el divulgador científico John Bohannon salió al escenario de TEDxBrussels acompañado de un apoyo escénico poco habitual. En lugar de PowerPoint, traía consigo a un cuerpo de baile. De hecho, fueron los bailarines quienes lo trajeron a él: lo transportaron hasta el escenario. Y mientras él hablaba de rayos láser y superfluidos, ellos encarnaban físicamente las cuestiones que él iba exponiendo.

La suya fue una representación emocionante. Bohannon defendía que el baile puede ser un gran acompañamiento para las charlas sobre ciencia, e incluso ha iniciado un movimiento llamado "Dance your PhD" [Baila tu doctorado].

Si quieres que tu charla se destaque del resto, son muchas las opciones disponibles para mostrarte innovador.

Si nos fijamos en lo básico, la única limitación real para una charla es el tiempo disponible. En dieciocho minutos pueden pronunciarse, en inglés, unas dos mil quinientas palabras. ¿Pero qué más puede hacerse? Tu público tiene cinco sentidos y es capaz de absorber múltiples informaciones.

En TED recurrimos al término "full spectrum" [pleno espectro] para describir esos intentos de incorporar a una charla algo más que palabras y diapositivas. A continuación, enumeramos dieciséis sugerencias que podrías usar. Sospechamos que en los años venideros vamos a ver grandes innovaciones en este sentido.

Ahora bien, todas ellas deben abordarse con sumo cuidado. Si no se plantean bien, pueden resultar solo efectismos. Sin embargo, correctamente ejecutadas pueden llevar una charla a nuevas cotas.

1. Utilería dinámica

Hace veinte años asistí a una charla sobre la necesidad de seguir luchando en favor del desarme nuclear. No recuerdo el nombre del conferencista ni la organización a la que pertenecía. Ni gran parte de lo que dijo. Pero nunca olvidaré lo que hizo. Sacó de algún sitio un guisante seco y lo levantó. Dijo: "Quiero que imaginen que esto es un arma termonuclear, una bomba de hidrógeno. Es mil veces más potente que la que se lanzó sobre Hiroshima". Arrojó el guisante a un cubo de metal al que había pegado un micrófono. El sonido que emitió al rebotar fue asombrosamente estridente. Y entonces dijo: "¿Cuántas cabezas termonucleares creen que hay en la Tierra actualmente? —hizo una pausa—. ¿Treinta...? ¿Mil?". Sin añadir nada más, se agachó y levantó un saco de guisantes secos y los arrojó al cubo. Primero de uno en uno, después, en cascada. El ruido fue ensordecedor, terrorífico. En ese instante, todos los presentes en la sala entendimos profunda, visceralmente, por qué aquel tema importaba.

Muchas Charlas TED han mejorado gracias al uso de elementos inesperados en escena. Para demostrar algo sobre los hemisferios izquierdo y derecho del cerebro, Jill Bolte Taylor sacó al escenario un cerebro humano auténtico pegado a su médula espinal, que colgaba de él. Había algo en la satisfacción con la que lo extraía del cubo que quedó grabado en la mente de todos. ¡Era el objeto de su pasión! Bill Gates se ganó titulares de prensa en todo el mundo al mostrar un tarro lleno de mosquitos durante su charla sobre la malaria, al tiempo que bromeaba diciendo: "No hay motivo para que solo los pobres vivan la experiencia". J. J. Abrams nos mantuvo a todos en vilo al traer a su charla una caja misteriosa que su abuelo le había regalado y que él no había abierto nunca (y, por supuesto, abandonó el escenario sin abrirla).

Si dispones de algo poderoso que legítimamente puedas usar, esa puede ser una manera magnífica de asegurarte de que tu charla no se olvidará nunca.

Pero actúa con cuidado y asegúrate de practicar antes en condiciones reales. Yo en una ocasión salí al escenario con una espectacular serpiente pitón de Birmania enroscada en el cuerpo para hablar de lo extraordinario de la naturaleza. Creía que estaba triunfando... hasta que oí que el público empezaba a reírse a carcajadas. Yo no sabía que las pitones birmanas buscan el calor. El animal había reptado por mi espalda y la cabeza salía y volvía a meterse entre mis piernas. Extraordinario, sí, aunque no en el sentido que yo pretendía.

2. Pantallas panorámicas

En TED2015, la artista plástica y diseñadora del MIT Neri Oxman dejó a todo el mundo sin aliento con una presentación en la que mostraba dos series paralelas de imágenes que se proyectaban a ambos lados de su cuerpo. Una revelaba el lado tecnológico de su obra; la otra, su lado más orgánico.

Cada serie era impresionante individualmente, y la combinación resultaba del todo asombrosa, pero no solo por su impacto visual. Nos mostraba, a un nivel visceral, la naturaleza dual de su obra como diseñadora y artista plástica de base científica. La conferencia de The Google Zeitgeist está entre las que cuentan con presentaciones en pantallas gigantes, que permiten proyectar múltiples versiones de la misma imagen, fotografías panorámicas espectaculares y textos en tamaños de fuente inmensos, que se alzan más de veinte metros a ambos lados del conferencista. La sensación cinemática de esas presentaciones resulta increíble. (Más complicado es editarlas para que puedan apreciarse en Internet. Hasta ahora, los únicos formatos accesibles al conjunto de usuarios son los de video estándar de 16:9 y 4:3, por lo que esas presentaciones pueden resultar llamativas en una sala de actos, pero más difíciles de apreciar para el público de Internet).

3. Estimulación multisensorial

Algunos conferencistas han intentado ir más allá de la visión en 2D y el sonido estéreo. Hemos contado con chefs que han llenado la sala con los deliciosos aromas de platos cocinados en vivo, o que han distribuido previamente bolsas con muestras de sus productos para que el público pudiera olerlos y saborearlos. Woody Norris nos mostró que su invento, el sonido hipersónico, podía proyectarse desde el escenario sobre asientos concretos de la platea, donde solo podían oírlo sus ocupantes. Steve Schklair, pionero de las cámaras 3D, nos ofreció una demostración precoz de cómo podían experimentarse los deportes en 3D gracias a unas gafas que distribuyó a todos los presentes. El perfumista Luca Turin recurrió a una máquina para vaporizar distintos perfumes en la sala. Esas charlas que trascienden el género son siempre interesantes, pero, con la posible excepción del 3D, seguramente seguirán limitadas a un puñado de temas.

Aun así, en TED2015 David Eagleman defendió que mediante el uso de nuevas tecnologías podíamos sumar nuevos sentidos a los que ya tenemos, adiestrando al cerebro para comprender patrones eléctricos de cualquier fuente, como pueden ser el tiempo meteorológico o la bolsa de valores. Es posible que en conferencias futuras veamos al público ataviado con chalecos eléctricos, conectados para experimentar directamente la imaginación del conferencista. Si alguien es capaz de inventar *algo así*, que se ponga en contacto con nosotros, por favor.

4. *Podcast* en vivo

Uno de los momentos destacados de TED2015 fue la charla que dio Roman Mars, gurú del diseño. Pero en lugar de subirse al escenario con un micrófono, se sentó tras una mesa de mezclas: "Sé lo que están pensando: «*¿Por qué se sienta ese hombre?*». Es porque esto es radio". Entonces sonó una música, y él se puso en marcha. Mars es presentador de un programa muy popular de *podcast*, *99% Invisible*, y dio toda su charla como si estuviera generando un *podcast* en directo. A lo que decía iba mezclando, en fracciones de segundo, numerosos fragmentos de audio e imágenes. Ese enfoque dio a su charla una vitalidad increíble. El superconocido DJ Mark Ronson también recurrió a una mesa de mezclas en algunos momentos de su charla. El presentador de *This American Life*, Ira Glass, también combina parte de sus espectáculos en vivo usando un iPad.

En realidad, se trata de una técnica que queda más allá de las habilidades de la mayoría de nosotros, pero creo que se está convirtiendo en una forma de arte por derecho propio. Supone la aparición de un conferencista que mezcla en vivo ideas a partir de fuentes múltiples en tiempo real. Si te parece que es una técnica que podrías llegar a dominar, tal vez merezca la pena que le dediques la inversión de tiempo que implica.

5. Entrevista ilustrada

Una entrevista puede ser una buena alternativa a una charla, pues te da la opción de:

- explorar diversos temas sin una única línea argumental, más allá de la obra y la vida de quien habla, y
- ayudar al conferencista a profundizar más de lo que este lo haría de manera natural durante una charla. (Ello es así sobre todo en el caso de conferencistas de gran proyección pública, a quienes suelen escribirles los discursos de sus departamentos de comunicación).

En TED llevamos un tiempo experimentando con un formato de entrevista que propicia cierto grado de preparación tanto por parte del entrevistador como del entrevistado, al tiempo que deja espacio para el combate dialéctico improvisado propio del género de la entrevista tradicional. Se trata de una conversación *acompañada* de una *secuencia de imágenes* que se ha trabajado previamente por ambas partes. Las imágenes actúan como marcadores de capítulo para los diversos temas que hay que cubrir y aportan unos puntos de referencia refrescantes a la conversación.

Cuando entrevisté a Elon Musk, lo invité a que me enviara videos poco vistos, originales, que ilustrasen los puntos clave de los que él quería hablar, como por ejemplo su labor de construcción de naves espaciales reutilizables. Cuando llegó el momento oportuno, yo me limité a proyectar el video correspondiente y le pedí que nos explicara qué estábamos viendo. Aquello le dio ritmo y variedad a la entrevista.

De modo similar, cuando iba a entrevistar a Bill y a Melinda Gates sobre sus proyectos filantrópicos en común, les pedí que trajeran fotografías en las que se mostrasen sus primeros ejemplos de implicación en cuestiones de salud pública, cualquier prueba visual que demostrara por qué habían decidido hacerse filántropos, alguna imagen clave que fuese significativa para ellos y —dado que queríamos abordar el tema de la herencia— algunas fotografías de su familia. Las imágenes que trajeron nos permitieron hacer de la entrevista algo mucho más personal de lo que habría sido sin ellas.

Este formato es un punto medio satisfactorio entre charla y entrevista. Permite a los entrevistados pensar de verdad en cómo quieren estructurar una idea que les resulta importante. Y minimiza el riesgo de dispersarse o encallarse. Se trata de un campo en el que imagino mucha innovación. Por ejemplo: una charla con diapositivas dada de manera informal por un entrevistado a un entrevistador, mientras este tiene la opción de preguntarle por cualquier punto que no quede claro, allí mismo, en directo sobre el escenario, mientras la charla está en marcha.

6. Fusión de *spoken word*

Una forma de arte muy poderosa surgió en las comunidades afroamericanas en las décadas de los setenta y los ochenta, y se propagó por toda la cultura popular. Puede considerarse poesía "performativa". Por lo general, combina narración de cuentos con juegos de palabras intrincados. Los artistas de *spoken word* [palabra hablada] aportan una extensión emocionante a lo que tradicionalmente se entiende por hablar en público. No buscan "explicar" ni "persuadir" a la manera descrita en este libro. Lo que hacen es recurrir a un uso del lenguaje que es más poético, más primigenio; un lenguaje que puede dar energía, movimiento, informar e inspirar.

Hay muchas maneras de combinar el género del *spoken word* con el hecho de hablar en público. Sarah Key, Clint Smith, Malcolm London, Suheir Hammad, Shane Koyczan y Rives se encuentran entre las personas que han dado memorables charlas "performativas" en TED. Con todo, no se trata de algo que pueda tomarse a la ligera. Si no está bien hecho, el *spoken word* puede resultar algo pesadísimo.

7. Exploración videopoética

El poeta canadiense Tom Konyves definió la videopoesía como una "yuxtaposición poética de imágenes, texto y sonido". El video en Internet ha generado una explosión de experimentación en el campo de la videopoesía, en la que se dan todas las combinaciones imaginables de textos, grabaciones de video, animación y acompañamiento hablado. Se trata de un género capaz de aportar vitalidad a una charla. Cuando el laureado poeta estadounidense Bill Collins llegó a TED, presentó cinco de sus obras pasadas a video. Indudablemente, las animaciones potenciaban el impacto de sus palabras, ya de por sí muy potentes. La actuación de *spoken word* de Shane Koyczna en TED quedó realzada por un fondo de video creado por ochenta animadores buscados a partir del *crowdsourcing* [colaboración masiva]. Existe un inmenso potencial a la hora de experimentar con la videopoesía en vivo, tanto como parte de una charla como para llevar a cabo una *performance* entera.

8. Banda sonora añadida

¿Por qué será que casi todas las películas cuentan con banda sonora? La música intensifica las emociones. Puede señalar momentos de especial significación. Puede potenciar el dramatismo, la tristeza, la nostalgia, la emoción, la esperanza... ¿Por qué entonces no plantearse usarla en las charlas?

Varios de nuestros conferencistas han experimentado con ella. Cuando Jon Ronson contó una historia espeluznante sobre un presunto psicópata que fue encarcelado, Julian Treasure estaba tras él en el escenario creando un fondo sonoro. *Pop Up Magazine*, que se propone convertir los contenidos de las revistas en actuaciones en vivo, acompaña habitualmente sus historias con un cuarteto de cuerdas, o con un trío de *jazz*, como en el caso de Latif Nasser, que contó la sorprendente historia del hombre que inventó el analgésico moderno.

El riesgo de seguir ese camino, sin tener en cuenta el intenso esfuerzo extra que hay que poner en los ensayos, es que la forma podría reforzar el hecho de que estamos ante una actuación, y no ante una charla que ocurre en ese preciso momento, algo que tiene un efecto distanciador. Además, en muchas situaciones la introducción de música puede considerarse parte de un intento de manipular emocionalmente al público.

Aun así, en ese terreno parece haber un campo abonado para la experimentación. Una vía sería incorporar a músicos en vivo que pudieran improvisar en función de lo que van oyendo en cada momento. Otra, rebajar el aspecto de actuación y dejar claro que, en este caso, la charla va a ser así.

9. El método *Lessig*

El profesor de derecho Lawrence Lessig ha sido pionero en un estilo único de presentación, una especie de PowerPoint hipertrofiado. Cada frase, y casi cada palabra importante, viene acompañada de un elemento visual nuevo, sea solo una palabra, una fotografía, una ilustración o un juego visual. Por ejemplo, he aquí un pasaje de dieciocho segundos de duración en su Charla TED de 2013, en el que cada doble barra (//) representa una transición de diapositiva:

> El Congreso ha desarrollado una dependencia diferente // ya no solo de la gente, // sino cada vez más de los financiadores. // Ahora, también es una dependencia, // pero que entra en conflicto // con la dependencia solo del pueblo // por cuanto que // los financiadores no son el pueblo. // Eso es corrupción.

Es algo que no debería funcionar. El bombardeo de tipos de letra en sus diapositivas parece violar toda regla del diseño. Pero en las manos de Lessig resulta fascinante. Hay tanta inteligencia, tanta elegancia, en su elección de fuentes, formatos e imágenes, que sencillamente nos dejamos arrastrar por ellas, impresionados. Me contó que la razón por la que empezó a presentar de ese modo era que estaba harto de que la gente, en conferencias tecnológicas, mirara hacia abajo, hacia sus propias pantallas, mientras él hablaba. Y optó por no concederles ni un segundo para apartar la mirada.

El estilo de presentación de Lessig es tan asombrosamente distinto que hay quien lo ha bautizado con su nombre: el método Lessig. Si te atreves, podrías intentar emularlo. Pero prepárate para dedicar mucho tiempo a la preparación y los ensayos. Y, también aquí, mucho cuidado. En gran parte, lo brillante de sus resultados se debe a los detalles y a la precisión de las transiciones. Si no se hace bien, todo puede acabar resultando torpe y excesivo.

10. Doble presentador

Por lo general desaconsejamos que una charla la dé más de una persona. Habitualmente, el público tiene más dificultad para conectarse en esos casos. No sabe a quién mirar, y puede no terminar vinculándose a nivel profundo con ninguno de los presentadores. Pero hay excepciones en las que la interacción con dos presentadores aporta matices. Cuando Beverly y Dereck Joubert describieron el compromiso con los leopardos y otros felinos que han mantenido a lo largo de toda su vida, el afecto evidente y el respeto que se notaba entre ellos resultaba conmovedor por sí mismo.

Sospecho que en este campo hay mucho espacio para la innovación. En la mayoría de las presentaciones duales, cuando uno de los conferencistas no está hablando, se limita a estar de pie o a observar a su compañero. Pero hay muchas otras posibilidades:

- Hacer gestos
- Recrear
- Acompañar con un instrumento musical
- Dibujar
- Exclamar

Si Lawrence Lessig tuviera un hermano gemelo, podemos imaginar a uno terminando las frases del otro de un modo que generaría un impacto multiplicado por dos.

Se trata de una apuesta arriesgada. Con dos presentadores, la preparación es mucho más compleja. Cada uno depende del otro, y es fácil que sus aportes y sus transiciones parezcan preparadas. No lo recomiendo a menos que tengas una gran confianza con alguien, y una muy buena química, y a menos que salga de manera natural experimentar con esa persona. Pero creo que es un campo con posibilidades.

11. Nuevos formatos de debate

Si vas a sacar a dos personas a un escenario a la vez, suele ser más interesante que tengan visiones enfrentadas sobre un tema. A menudo, la mejor manera de comprender realmente una idea es verla puesta en cuestión. Existen numerosos formatos de debate que ofrecen maneras animadas de que eso pueda ocurrir. Uno de los mejores es el de la Oxford Union, que se produce dos contra dos. Quienes hablan alternan, por ejemplo, presentaciones de siete minutos a favor y en contra de una proposición controvertida. Tras la participación del moderador o del público, cada uno cuenta con un turno de dos minutos para recapitular, tras lo cual el público vota (este planteamiento puede verse en acción en el excelente sitio web IntelligenceSquaredUS.org).

Pero existen muchas otras alternativas, y a mí me encantaría ver innovación en este terreno. Por ejemplo, podría intentarse un formato de juzgado en el que cada "testigo" fuera interrogado por un experto. Nosotros, en TED, estamos planteándonos incluir más debates en el futuro.

12. Bombardeo de diapositivas

Muchas de las charlas que dan fotógrafos, artistas plásticos y diseñadores se estructuran a partir de una secuencia de diapositivas que se van comentando. Se trata de una buena idea, pero es fácil que la gente se detenga demasiado en cada una de las imágenes. Si tu talento es principalmente visual, seguramente te interesará incluir muchas imágenes, no muchas palabras. De modo que tiene sentido aumentar el número de diapositivas y disminuir el de palabras dedicadas a cada una de ellas.

Ha habido numerosos intentos de sistematizarlo. Por ejemplo, en los eventos de PechaKucha, el formato de la charla exige que se muestren veinte diapositivas y que se dediquen veinte segundos a cada una de ellas. Las diapositivas van pasando automáticamente, y el conferencista debe seguir el ritmo. Autodenominados "eventos para *geeks*", las charlas Ignite presentan un formato similar, aunque en este caso el tiempo para hablar se reduce a quince segundos por diapositiva. Ambos métodos dotan de gran velocidad y ritmo a esos eventos.

Pero hay espacio para innovar aún más. No hay razón por la que todas las diapositivas tengan que contar con la misma asignación de tiempo. A mí me encantaría ver presentaciones en las que cupieran cien diapositivas en seis minutos. Doce podrían ser imágenes congeladas para hablar sobre ellas durante veinte segundos cada una, y el resto podrían mostrarse en ráfagas de un segundo, acompañadas de música o, simplemente, de silencio.

13. Exposición en vivo

Llevando al extremo el planteamiento del bombardeo de diapositivas, podríamos imaginar que no estamos dando ninguna charla, sino creando una experiencia total de inmersión en nuestra obra. Suponte que eres fotógrafo, artista plástico o diseñador y te han concedido una exposición en una de las principales salas de una de las mejores galerías de arte del mundo. ¿Cómo querrías que fuera tu experiencia? Imagina a la gente moviéndose de obra en obra, la iluminación perfecta, textos perfectos pensados para cada una de ellas a fin de proporcionar la contextualización precisa. Pues bien..., ¿por qué no puedes recrear esa experiencia en vivo, en el escenario?

Piensa en tus palabras no como en las palabras de una charla, sino como palabras pensadas para despertar la expectación, la idea adecuada. No tienen por qué ser frases. Pueden ser pies de foto, carteles (palabras o expresiones usadas para guiar a los lectores a lo largo del contenido de tu trabajo), poesías. Y pueden quedar enmarcadas en silencios. Sí. Silencio. Cuando tienes algo increíble que mostrar, la mejor manera de atraer la atención hacia ello es instalarlo, mostrarlo y callarse.

Como ya he mencionado antes, el escultor de arte cinético Reuben Margolin sabe cómo hacerlo. Durante un período de treinta segundos, mientras daba su charla-exposición viva, esto fue todo lo que dijo: "Una sola gota de lluvia aumentando la amplitud". Esas palabras estaban rodeadas de silencio, pero la pantalla estaba viva gracias al movimiento hipnótico de su escultura, y el público se hallaba inmerso en la fascinación de la belleza que había creado.

El fotógrafo Frans Lanting creó una *performance* completa en torno a sus fotografías para ilustrar la evolución de la vida en la Tierra. A medida que iban pasando aquellas impactantes imágenes, sonaba un acompañamiento musical de Philip Glass, y Frans entonaba en voz baja la historia de la vida.

Con todas las herramientas disponibles en la actualidad en una sala de conferencias moderna —iluminación, sonido envolvente, proyecciones de alta resolución...— es casi una tragedia que los mejores artistas visuales del mundo no siempre hagan uso de ellas. En lugar de pensar en cómo meter a la gente en sus obras, dan por sentado que, dado que los han invitado a *hablar*, eso es lo que tienen que hacer. Mi esperanza es que en el futuro mostremos más y digamos menos.

14. Apariciones sorpresa

Después de haber contado una historia extraordinaria sobre alguien, puede producirse un impacto adicional invitando a esa persona a salir al escenario, en directo.

En TED2014, Hugh Herr, profesor del MIT, explicó que había creado una pierna biónica para Adrianne Haslet-Davis, una bailarina de salón que resultó herida en 2013 en el atentado de la maratón de Boston. Y a continuación asombró al público presentando en directo a Adrianne para que bailara por primera vez con su pierna nueva.

En TEDxRíodelaPlata, la charla de Cristina Domenech sobre poesía en las cárceles se vio potenciada por una lectura poética en directo a cargo del interno Martín Bustamante, que había obtenido un permiso temporal para asistir a ella.

Este enfoque funciona mejor cuando la contribución que puede hacer el invitado especial es real. Si no es el caso, es mejor que la persona aludida permanezca entre el público y se haga una mención especial en algún momento. Sacar a alguien a escena para un saludo breve puede resultar algo incómodo.

15. Presentadores virtuales

La tecnología está permitiendo nuevas maneras de llevar a un conferencista al escenario. En junio de 2015, el exitoso *coach* Tony Robbins apareció en un congreso de negocios en Melbourne, Australia. Pero en realidad él no quería desplazarse hasta Australia, por lo que apareció mediante un holograma en 3D. Los organizadores aseguran que su avatar tuvo tanta repercusión como él mismo.

Cuando invitamos al informante Edward Snowden a TED en 2014 había un pequeño problema. Estaba viviendo exiliado en Moscú, y no podía viajar hasta Vancouver por temor a que lo detuvieran. A pesar de ello, conseguimos contar con él, en forma de un robot de telepresencia llamado BeamPro. Aquello, en todo caso, no hizo sino aumentar la tensión dramática. Durante las pausas, el robot de Snowden se paseaba por el pasillo, permitiendo que los asistentes conversaran con él y se tomaran fotos (que llegaron a crear tendencia en Twitter con la etiqueta #SelfiesWithSnowden).

Evidentemente, ambos usos se beneficiaron del hecho de ser relativamente novedosos. Pero la tecnología está mejorando constantemente. Una de las sorpresas del éxito de TED ha sido que un conferencista en video tenga casi tanta repercusión como sobre un escenario. Así que no hay razón para que un holograma o un robot de telepresencia no pueda generar un impacto total.

En este campo, las posibilidades son ilimitadas. Por ejemplo, cuando el compositor Eric Whitacre presentó una pieza musical en TED en 2013, no solo la interpretó un coro situado en el escenario. A sus integrantes se unieron cantantes de treinta países distintos, cantando todos juntos —en vivo— gracias a un dispositivo tecnológico especial creado para nosotros por Skype. Cuando aparecieron en pantalla, unidos por el canto, pareció por un momento que las diferencias que desgarran nuestro mundo podían desaparecer gracias a unos elementos tan sencillos como eran una conexión de Internet, una música surgida del corazón y gente dispuesta a tender la mano. Miré a mi alrededor y vi que entre los integrantes del público había bastantes con lágrimas en los ojos.

Creo que veremos muchos más experimentos como este de ahora en adelante. Innovaciones que permitirán encuentros entre personas que, simplemente, no habrían sido posibles de ninguna otra manera. De hecho, es muy posible que llegue el día, pronto, en que robots *reales* salgan al escenario a dar charlas, charlas que habrán ayudado a escribir. (¡Ya se está trabajando en ello!).

16. Público no presencial

La innovación más novedosa en el mundo de las charlas puede no tener que ver con modificar los escenarios, sino con suprimirlos del todo. Y con suprimir la sala de actos, el público en vivo y el anfitrión. En realidad ya vivimos en un mundo conectado. Gracias a Internet, podemos comunicarnos con miles y miles de personas en directo o a través de videos. Ese público global puede empequeñecer cualquier grupo que pueda congregarse físicamente en una sala. Así pues, ¿por qué no diseñar, simplemente, una charla directamente para ese otro público?

El estadístico sueco Hans Rosling ha dictado una serie de increíbles Charlas TED, consiguiendo colectivamente más de veinte millones de visualizaciones. Pero una de sus charlas más populares no se dio en ningún escenario. La grabó la BBC en una bodega vacía, y los gráficos de Rosling, marca de la casa, se añadieron posteriormente en posproducción.

En un mundo en el que todos tenemos acceso a videocámaras y herramientas de edición, surgirá una tendencia imparable a dar charlas de cierta importancia directamente por Internet. Nuestra iniciativa OpenTED (que se describe al final del siguiente capítulo) busca alimentarse de esta tendencia.

No es algo que vaya a sustituir el poder de una reunión física entre personas; los beneficios de la antigua experiencia de un contacto humano, real, en el momento, son demasiados como para renunciar a ellos. Pero las charlas dadas directamente ante un video serán un patio de juegos maravilloso para la rápida experimentación, la innovación y el aprendizaje.

A mí me entusiasma enormemente la posible evolución del hecho de hablar en público en el transcurso de los años venideros, pero también creo que merece la pena introducir un punto de prudencia. Muchas de las innovaciones expuestas arriba son potencialmente poderosas, pero no hay que abusar de ellas. La tecnología básica que es la comunicación verbal entre seres humanos se remonta a centenares de miles de años, y la llevamos incorporada en lo más profundo de nuestro ser. Al buscar variantes modernas, debemos ir con cuidado de no empeorar cuando lo que pretendemos es mejorar. La atención humana es frágil; si añadimos demasiados ingredientes podemos perder el impulso principal de la charla.

Así pues..., aceptemos el espíritu de la innovación. En el mundo existen muchas oportunidades para mejorar en el arte de hablar en público. Pero no olvidemos que la sustancia importa más que el estilo. En última instancia, todo está en la idea.

REFLEXIÓN

REFLEXIÓN

19

RENACIMIENTO DE LAS CHARLAS

La interconexión del conocimiento

Me gustaría persuadirte de algo: por más que las habilidades a la hora de hablar en público sean importantes en la actualidad, lo serán aún más en el futuro.

Impulsada por nuestro grado de conexión cada vez mayor, una de las habilidades más antiguas de la humanidad se está reinventando en la era moderna. He llegado a convencerme de que mañana, más que hoy, aprender a presentar tus ideas en vivo a otros seres humanos acabará siendo una aptitud absolutamente fundamental para:

- cualquier niño que quiera construir confianza.
- cualquiera que termine los estudios y busque iniciar una carrera profesional con sentido.
- cualquiera que quiera progresar en el trabajo.
- cualquiera a quien le preocupe un tema.

- cualquiera que quiera conectarse con otras personas en todo el mundo que compartan una pasión.
- cualquiera que quiera llamar a la acción para generar repercusión.
- cualquiera que quiera dejar un legado.
- cualquiera. Punto.

La mejor manera que tengo para demostrar lo que defiendo es compartir contigo mi propio viaje de aprendizaje a lo largo de las últimas dos décadas, un período que ha modificado por completo mi comprensión sobre la importancia de hablar muy bien en público, y sobre lo que puede llegar a ser. Así que déjame que te transporte hasta el miércoles 18 de febrero de 1998, a Monterrey, California, el día y el lugar en que por primera vez puse los pies en una conferencia TED.

Por aquel entonces, consideraba que las conferencias eran males necesarios. Pasas por horas y más horas de mesas redondas aburridas y presentaciones a fin de conocer a personas de tu sector a las que te interesa conocer. Aun así, Sunny Bates, una de las mejores profesionales del mundo dedicadas a conectar personas, me convenció de que TED era distinto y de que debía darle una oportunidad.

El primer día acabé algo desconcertado. Había asistido a una serie de charlas breves, una de un programador de *software*, otra de un biólogo marino, otra de un emprendedor tecnológico, otra de una diseñadora gráfica. Todas estuvieron bien, pero no acababa de entender en qué me incumbían a *mí*. Yo trabajaba en medios de comunicación. Publicaba revistas. ¿Cómo iba a ayudarme aquello a mejorar en mi trabajo?

Cuando TED se fundó, en 1984, sus cofundadores, Richard Wurman, *Ricky*, y Harry Marks, tenían la teoría de que existía una convergencia creciente entre las industrias de la tecnología, el entretenimiento y el diseño (las tres iniciales de TED). Era algo que tenía sentido. Ese fue el año en que salió al mercado la primera computadora Apple Macintosh, el año en que Sony mostró al mundo sus primeros Compact Disc. Ambos productos tenían profundas raíces en aquellas tres industrias. Resultaba emocionante imaginar qué otras posibilidades podrían surgir de la conexión de aquellos tres campos. ¿Tal vez los especialistas en tecnología pudieran conseguir que sus productos resultaran más atractivos si prestaban atención a las ideas de diseñadores centrados en el ser humano y de creativos dedicados al entretenimiento? ¿Quizá los arquitectos, diseñadores y directivos de la industria del entretenimiento pudieran ampliar sus posibilidades mediante la comprensión de nuevos avances tecnológicos?

Así resultó ser. Tras unos inicios vacilantes, y un choque de personalidades entre los fundadores (que llevó a Harry a vender el 50% de las acciones a Ricky por un dólar), TED despegó en la década de los noventa, acompañada del auge de los soportes multimedia basados en el CD-ROM, la revista *Wired* y la incipiente Internet. Antes de eso, Ricky había acuñado el término "arquitectura de la información" y se había obsesionado con hacer accesibles los conocimientos abstrusos. Esa habilidad suya ayudaba a guiar a los conferencistas para que encontraran el ángulo más interesante de su idea, el ángulo que otras personas, ajenas a sus respectivos campos, pudieran disfrutar o considerar relevante. Ricky poseía, además, otro rasgo de personalidad que, indirectamente, llevaría al éxito de TED: la impaciencia.

Muchas veces, en las charlas largas, se aburría. A medida que TED se iba desarrollando, empezó a asignar a los conferencistas tiempos cada vez más breves para sus charlas. Y, sencillamente, se subía al escenario y cortaba a la gente si se excedía demasiado del límite. Además, no permitía que el público preguntara nada, con el argumento de que resultaba más interesante dejar espacio para otro conferencista que tener que escuchar a algún miembro del público promocionar su propio negocio de manera encubierta. Tal vez para algunas personas en concreto aquello resultara molesto, pero para la experiencia general del público era una bendición, porque los programas resultaban más dinámicos. Si de vez en cuando había alguna charla aburrida, la soportabas bien, porque sabías que no duraría mucho.

Durante mi segundo día en TED empecé a apreciar realmente ese formato breve característico. Aunque todavía no estaba seguro de su importancia para mí y para mi trabajo, sin duda estaba entrando en contacto con gran cantidad de temas. Videojuegos para niñas, diseño de sillas, una nueva manera de explorar la información en 3D, un avión movido por energía solar. Una charla sucedía a la otra aceleradamente. Había una cierta emoción al descubrir cuántos tipos distintos de conocimiento existían en el mundo. Y una chispa empezaba a prender. Un comentario de un conferencista relacionado con su campo específico reverberaba de algún modo en algo que otra persona de un campo totalmente distinto había dicho el día anterior. Aún no sabía exactamente de qué se trataba, pero empezaba a entusiasmarme.

La mayoría de los congresos se especializa en un solo campo industrial, en una sola área de conocimiento. En ellos, todo el mundo comparte un lenguaje y un punto de partida, y es lógico dejar tiempo a los conferencistas para profundizar y describir con detalle algún hallazgo nuevo. Pero cuando tanto los contenidos como el público son amplios y variados, la meta del conferencista no es cubrir de manera exhaustiva un tema, sino hacer que su trabajo resulte accesible a otras personas. Demostrar por qué resulta interesante. Demostrar por qué importa. Eso es algo que normalmente puede hacerse en menos de veinte minutos. Y está bien que sea así, porque no es probable que alguien que no pertenece a tu campo vaya a dedicarte más tiempo. Como oyentes, tal vez invirtamos cuarenta y cinco minutos o una hora en un tema universitario que debamos aprender, o en algo directamente relacionado con nuestro ámbito, ¿pero dedicar ese mismo tiempo a alguien que no pertenece a nuestra vida laboral cotidiana? Imposible. El día no tiene tantas horas.

El tercer día ocurrió algo muy raro. Mi cerebro, sobreestimulado, empezó a iluminarse como inmerso en una tormenta eléctrica. Cada vez que alguien se ponía de pie y daba una charla, era como un relámpago de sabiduría. Las ideas de una charla se conectaban de manera emocionante con algo que otros habían compartido dos días antes.

Y entonces llegó Aimee Mullins.

A Aimee le habían amputado las dos piernas cuando tenía un año, pero aquello no le había impedido llevar una vida plena. Se sentó en el escenario y nos contó que hacía tres años, durante su primer año en la universidad, había participado en su primera carrera como velocista, y que, ayudada por unas piernas protésicas muy bien diseñadas para correr, había superado todas las eliminatorias del equipo paralímpico. Después, como quien no quiere la cosa, se quitó las prótesis y nos enseñó lo fácil que le resultaba cambiárselas por otras, diseñadas para otras situaciones.

A medida que Aimee hablaba sobre sus asombrosos éxitos y embarazosos fracasos, yo estaba ahí, al fondo de la platea, sorprendido conmigo mismo al notar que las lágrimas resbalaban por mis mejillas. Estaba tan viva, tan llena de posibilidades... Parecía simbolizar algo que yo había captado una y otra vez aquella semana. Que podemos ser dueños de nuestro futuro. No importaba lo que nos hubiera tocado en la vida: podíamos buscar la manera de darle forma y, al hacerlo, repercutir también en los demás.

Cuando me llegó la hora de dejar la conferencia, entendí por qué era tan importante para la gente que participaba en ella y me sentí entusiasmado por todo lo que había aprendido. Tuve una sensación de apertura de posibilidades mucho mayor de la que había sentido en mucho tiempo. Me parecía que había vuelto a casa.

Dos años después, cuando supe que Ricky Wurman quería vender la conferencia, me fascinó la idea de encargarme de ella. A lo largo de toda mi vida de emprendedor, mi mantra había sido: "SIGUE LA PASIÓN". No mi pasión, sino la de otras personas. Si veía que algo apasionaba real, profundamente, a la gente, eso me daba la pista de que ahí existía una oportunidad. La pasión como apoderada del potencial. Así era como yo justificaba la publicación de gran cantidad de revistas sobre aficiones, que cubrían temas tan dispares como la informática, la bicicleta de montaña o el punto de cruz. Tal vez aquellos temas resultaran aburridísimos para la mayoría de las personas, pero para aquellas a quienes iban destinadas eran oro que alimentaba su pasión. La pasión que yo había visto y experimentado en TED alcanzaba un nivel muy alto. Gente que hacía cosas extraordinarias en la vida me había dicho que aquella era su semana preferida de todo el año. Así que, aunque se trataba solo de un pequeño congreso anual, allí existía la posibilidad de poder construir algo más a partir de aquella pasión.

Por otra parte, se trataba de meterse en un negocio nuevo, en el que yo seguiría los pasos de un hombre con una personalidad mucho más acusada y más audaz que la mía. ¿Y si fracasaba? La humillación pública sería bastante intensa. Lo consulté con amigos, y por las noches no podía dormir intentando imaginar todas las posibilidades, pero no llegaba a tomar ninguna decisión.

Lo creas o no, lo que finalmente me convenció para seguir adelante fue la lectura de un párrafo de *La estructura de la realidad*, una obra del físico David Deutsch. En él formulaba una pregunta provocadora: "¿Es realmente cierto que el conocimiento se ha vuelto más especializado?", ¿que la única manera de alcanzar el éxito es saber cada vez más sobre cada vez menos? La especialización en todos los campos —medicina, ciencia, arte— parecía sugerirlo. Pero Deutsch argumentaba de manera convincente que debemos distinguir conocimiento de comprensión. Sí, el conocimiento de hechos específicos se volvía inevitablemente especializado. Pero ¿y la *comprensión*? No. En absoluto.

Para *comprender* algo, afirmaba, debíamos movernos en la dirección contraria. Debíamos perseguir la *unificación* del conocimiento. Ponía muchos ejemplos en los que viejas teorías científicas se veían reemplazadas por otras más profundas, más amplias, que vinculaban más de un área de conocimiento. Por ejemplo, una elegante visión del mundo basada en el Sol como centro del sistema solar había reemplazado unas explicaciones complicadísimas sobre los movimientos de rotación de los planetas alrededor de la Tierra.

Pero más importante aún, según Deutsch, era que la clave para comprender cualquier cosa era comprender el *contexto* en el que se daba. Si imaginas una inmensa telaraña de conocimiento, no puedes comprender realmente los intrincados nudos de una parte pequeña de dicha telaraña sin alejar el objetivo de la cámara para ver cómo esos hilos se conectan a una escala más amplia. Solo observando el patrón general podemos adquirir una verdadera comprensión.

Leí ese párrafo cuando soñaba con TED, y se me encendió la bombilla. ¡Claro! ¡Era por eso! Por eso la experiencia de TED me parecía tan emocionante: el congreso mismo reflejaba la realidad de que todo el conocimiento está conectado en una inmensa telaraña. TED tenía, realmente, algo para todo el mundo. Tal vez nosotros no nos diéramos cuenta en ese momento, pero al pensar en todas aquellas ideas eclécticas, todos adquiríamos una comprensión a un nivel mucho más amplio del que teníamos antes. De hecho, las ideas concretas importaban menos que el encaje de todas entre sí… y que lo que ocurría cuando las sumábamos a las que ya teníamos.

Así pues, lo que hacía funcionar a TED no era solo la sinergia entre tecnología, entretenimiento y diseño, era, de hecho, la interconexión de *todo* el conocimiento.

Planteado así, TED era un evento que nunca se quedaría sin cosas sobre las cuales hablar. ¿Cuántos espacios había en los que uno pudiera explorar esa interconexión? ¿Y explorarla de un modo en que cualquier persona curiosa la pudiera encontrar accesible e inspiradora? A mí no se me ocurría ninguno.

Me monté en un avión para ir a visitar a Ricky y a su esposa, Gloria Nagy, en su casa de Newport, Rhode Island. Y para abreviar una historia que es larga y complicada, a finales de 2001 dejé la empresa que había tardado quince años en construir para convertirme en el ufano aunque algo nervioso *curador* de TED.

En los años que han transcurrido desde entonces me he ido convenciendo cada vez más de la importancia de la interconexión del conocimiento, y he animado a TED a expandirse desde sus campos iniciales (T-E-D) hasta prácticamente cualquier campo de la creatividad y el ingenio humanos. Y no entiendo esa visión del conocimiento y la comprensión solo como una receta para que las conferencias resulten más interesantes. La entiendo como algo fundamental para nuestra supervivencia y nuestro éxito en el mundo nuevo y agitado que llega. A continuación, el relato de cómo defendería yo la cuestión.

La era del conocimiento

Muchas de nuestras presuposiciones sobre el valor y el propósito del conocimiento y la manera de adquirirlo —incluida la estructura de todo nuestro sistema educativo— son vestigios de la era industrial. En aquella época, la clave del éxito para una empresa o un país era desarrollar una gran capacidad de producción de bienes físicos. Para ello se requería un conocimiento especializado muy profundo: la geología necesaria para localizar y extraer carbón y aceite; la ingeniería mecánica necesaria para construir y manipular maquinaria a escala industrial; la química necesaria para producir eficazmente una inmensa variedad de materiales, y así sucesivamente.

La economía del conocimiento exige algo distinto. Cada vez más, el conocimiento especializado tradicionalmente asumido por los seres humanos se está viendo reemplazado por el de las computadoras. El petróleo ya no lo localizan unos geólogos humanos, sino programas informáticos que procesan grandes cantidades de datos geológicos en busca de patrones. Los mejores ingenieros civiles de hoy ya no necesitan calcular a mano las cargas y las fuerzas de un nuevo edificio: un modelo de computadora lo hace por ellos.

No se salva casi ninguna profesión: asistí a la presentación de una demo de Watson, de IBM, en la que se buscaba diagnosticar a un paciente con seis síntomas específicos. Mientras los médicos se mostraban desorientados y pedían más exámenes de laboratorio para recabar más datos, Watson, en unos pocos segundos, repasaba cuatro mil artículos de investigación recientes, relativos al caso, aplicaba algoritmos de probabilidad para cada síntoma y concluía con un 80% de certidumbre que el paciente padecía una enfermedad rara de la que solo uno de los médicos humanos había oído hablar.

Llegados a este punto, la gente empieza a deprimirse. Empieza a formularse preguntas como: "*En un mundo en que las máquinas se están volviendo superinteligentes muy deprisa para todas las tareas en las que se requiere de un conocimiento especializado, ¿para qué quedan los seres humanos?*".

Se trata de una pregunta importante. Y, de hecho, la respuesta es bastante emocionante.

Los seres humanos quedamos para ser más seres humanos que nunca. Más humanos en nuestra manera de trabajar. Más humanos en nuestra manera de aprender. Y más humanos en nuestra manera de compartir ese conocimiento.

Nuestra gigantesca oportunidad para el mañana es levantarnos. Levantarnos por encima de nuestra larga historia de conocimiento especializado para realizar tareas repetitivas. Ya sea con el agotador trabajo de doblar la espalda para recoger la cosecha de arroz año tras año, ya sea con la monótona labor de fabricar un producto en una cadena de montaje, la mayoría de los seres humanos, a lo largo de casi toda la historia, se han ganado la vida haciendo las mismas cosas una y otra vez.

Nuestro futuro no será así. Todo lo que pueda ser automatizado o calculado, acabará siéndolo. Ahora bien, eso es algo que puede darnos miedo o que podemos aceptar como oportunidad para descubrir un camino más rico de realización en la vida. ¿Cómo será ese camino? Nadie lo sabe a ciencia cierta. Pero probablemente incluirá:

Más pensamiento estratégico de sistemas. Las máquinas harán el trabajo pesado, pero tendremos que determinar cómo organizarlas mejor para que trabajen eficazmente entre ellas.

Más innovación. La disponibilidad de las inmensas capacidades de un mundo conectado supondrá una inmensa ventaja para aquellos capaces de innovar de verdad.

Más creatividad. Los robots harán muchas de las cosas que ahora hacemos nosotros, lo que permitirá que se produzca un gran incremento de la demanda de genuina creatividad humana, ya sea en invención tecnológica, diseño, música o arte.

Más utilización de valores únicamente humanos. Los servicios de humano a humano aumentarán, siempre y cuando la humanidad inherente a ellos se cultive. Tal vez sea posible desarrollar un barbero robótico, pero ¿será su servicio suficiente para reemplazar la conversación que da un peluquero que hace las veces de psicólogo? Lo dudo. Es posible que el médico del futuro cuente con la asistencia en el diagnóstico de Watson, pero eso mismo debería permitirle más tiempo para comprender realmente las circunstancias humanas de su paciente.

Y si alguna de estas cosas acaba siendo cierta, es probable que haga falta un tipo de conocimiento muy distinto al que exigía de nosotros la era industrial.

Imagina un mundo en que cualquier conocimiento especializado está disponible al instante, a demanda. Si tienes un teléfono inteligente, ese mundo se parece bastante al mundo en el que ya estás viviendo. Y si no es el de hoy, será el de tus hijos. Así pues, ¿qué deberíamos aprender nosotros (y ellos) de cara al futuro?

En lugar de cantidades cada vez mayores de conocimientos especializados, lo que vamos a necesitar es:

- conocimiento del contexto,
- conocimiento creativo y
- una comprensión más profunda de nuestra propia humanidad.

Conocimiento del contexto significa conocer el panorama en su conjunto, saber de qué manera encajan todas las piezas.

Conocimiento creativo es la habilidad que se obtiene a través de la exposición a una amplia variedad de muchos otros seres humanos creativos.

La *comprensión más profunda de nuestra propia humanidad*, por su parte, llega no de escuchar a nuestros padres y nuestros amigos, o a los psicólogos, neurocientíficos, historiadores, biólogos de la evolución, antropólogos o maestros espirituales. Llega de escucharlos a *todos* ellos.

Esos tipos de conocimiento no son del dominio de solo unos pocos profesores en las mejores universidades. No son lo que descubrimos en un programa de aprendizaje de una empresa potente. Se trata de un conocimiento que solo puede obtenerse a partir de una inmensa variedad de fuentes.

Y, de hecho, ahí mismo se encuentra uno de los principales motores que alimentan el renacimiento del hecho de hablar en público. Estamos iniciando una era en la que todos debemos pasar mucho más tiempo *aprendiendo unos de otros*. Y ello implica que mucha más gente que antes puede contribuir a ese proceso colectivo de aprendizaje. Cualquiera que tenga una obra o una idea única puede participar de manera productiva. Y eso te incluye a ti.

¿Pero cómo? Tanto si eres un brillante astrofísico como un cantero con talento o un simple estudiante de la vida, a mí no me hace falta aprender de ti todo lo que sabes. Por supuesto que no. Para eso harían falta años enteros. Lo que necesito saber es cómo se conecta tu trabajo con todo lo demás. ¿Puedes explicar su esencia de una manera que yo pueda comprender? ¿Puedes compartir tu proceso de trabajo para que lo entienda un lego en la materia? ¿Puedes explicar por qué importa? ¿Y por qué te apasiona?

Si puedes hacerlo, ampliarás mi visión del mundo. Y es posible que consigas algo más. Es posible que generes una nueva creatividad o inspiración en mí. Cada campo de conocimiento es distinto, pero todos están conectados. Y a menudo armonizan. Ello significa que algo en tu manera de describir tu proceso puede darme a mí una idea crucial o hacer cristalizar un nuevo pensamiento en mí. Así es como se forman las ideas cuando las desatamos.

Así pues, el primer gran motor de ese renacimiento de las charlas es que la era del conocimiento en la que estamos entrando exige un tipo distinto de conocimiento, que anima a la gente a inspirarse en aquellos que trabajan fuera de sus especialidades tradicionales, y al hacerlo así desarrolla una comprensión más profunda del mundo y de su papel en él.

Pero eso no es todo.

REFLEXIÓN

20
POR QUÉ IMPORTA
La interconexión de la gente

El segundo gran motor del renacimiento de las charlas es el cambio tecnológico épico que nos ha dado a todos visibilidad: Internet, y en concreto el auge del video en línea. Déjame que te cuente la historia tal como la experimentamos nosotros, porque en menos de un año el video en Internet cambió TED de arriba a abajo y contribuyó a que nos convirtiéramos en unos de los pioneros de una nueva manera de compartir el conocimiento.

En nuestro caso, un catalizador clave fue que TED es una organización sin ánimo de lucro. No solemos pensar en ese tipo de organizaciones como en poderosos vehículos de innovación, pero en este caso concreto ese hecho ha supuesto sin duda una ayuda. Permíteme que te lo explique.

Cuando yo todavía trabajaba en la edición de revistas, empecé a invertir en una fundación sin ánimo de lucro para empezar a devolver parte de lo que ganaba. Fue esa fundación la que adquirió TED. Yo trabajo para ella sin un salario. Para mí, excluir de la operación los beneficios marcaba una clara declaración de intenciones. De ese modo me era mucho más fácil resultar creíble al decirle al mundo: *Ven a ayudarnos a construir un nuevo enfoque para descubrir y compartir ideas.* Después de todo, pedimos a los asistentes que paguen mucho dinero por acudir a nuestras principales conferencias, y los conferencistas participan sin cobrar. Es mucho más fácil hacerlo si la gente ve que está contribuyendo a un bien común que si sabe que está contribuyendo a engrosar la cuenta corriente de alguien.

¿Cómo *debía* TED contribuir al bien común? El pequeño grupo de personas que dirigíamos TED en los años posteriores a la transición le dábamos muchas vueltas a esta cuestión. En realidad, TED era solo una conferencia privada. Sí, la gente se sentía inspirada allí, pero costaba ver cómo se podía aumentar esa experiencia. Nuestros primeros intentos de mejorar nuestra misión sin ánimo de lucro de TED consistieron en intentar desarrollar un programa de becas para acercar el evento a gente que no podía permitirse pagar,* centrarnos más en cuestiones globales y buscar convertir la inspiración en acciones con la creación del premio (TED PRIZE), que proporcionaba a sus ganadores un deseo de mejorar el mundo, un deseo que los demás asistentes apoyarían.

Pero en determinado momento nos pareció que debíamos encontrar la manera de compartir el contenido de TED. Las ideas y las novedades que se expresaban allí merecían un público más amplio. A principios de 2005 di con la persona ideal para abordar este problema. June Cohen conocía desde dentro muchos de los inventos clave de la Red. Era una importante ejecutiva del

---

* Bajo el liderazgo de Tom Rielly, el programa de becas TED Fellows ha atraído a más de cuatrocientos beneficiarios durante los últimos diez años, una red global de talento que ha aportado energía a todos los recientes congresos de TED.

equipo que había desarrollado HotWired, un sitio web pionero que tuvo los primeros anuncios en Internet, y había escrito un libro magnífico sobre lo que hacía falta para crear un sitio web con éxito. Además, había empezado a asistir a TED ese mismo año, y se había enamorado de la conferencia, como me había ocurrido a mí. Todas las conversaciones entre nosotros habían resultado sugestivas y valiosas.

June se unió a nuestro incipiente equipo y emprendió la que parecía una estrategia lógica para compartir los contenidos de TED con un público más amplio: ponerlos en televisión. Todas las conferencias de TED celebradas hasta entonces se habían grabado en video, y con la existencia de todos aquellos canales por cable, seguro que a alguien le interesaría emitirlos semanalmente. ¿No? Creamos un piloto, y June se lo vendía con gran pasión a quien quisiera escucharla. El veredicto alto y claro del mundo de la televisión fue: "*¡Bah!*".

"*Las personas que hablan por la televisión resultan aburridas*", nos decían una y otra vez. Intentamos sugerir que tal vez el aburrimiento no estuviera en las personas en sí, sino en que dijeran cosas aburridas. Pero no llegamos a ninguna parte.

Entretanto, algo profundo estaba ocurriendo en la infraestructura del mundo. Entusiasmadas por el crecimiento exponencial de Internet, las empresas de telecomunicaciones habían decidido invertir miles de millones de dólares en fibra óptica y en otras mejoras en el ancho de banda. Aquello permitió el despegue de una tecnología que en un principio parecía totalmente inofensiva: el video en línea.

Durante 2005, la cosa pasó de novedad parpadeante en un rincón de la pantalla a algo que realmente podía mirarse. Un pequeño y raro sitio web llamado YouTube salió a la luz, dedicado a publicar videos breves generados por los usuarios. Muchos de ellos eran de gatitos. A pesar de su apariencia *amateur*, YouTube despegó como un cohete.

En noviembre de 2005, June me planteó una idea radical: dejemos de priorizar la televisión por el momento e intentemos distribuir videos de las Charlas TED en la Red.

De entrada, aquella era una idea insensata. Dejando de lado la apenas aceptable calidad de los videos en Internet de aquella época, no había ningún modelo de ingreso demostrado para algo así. ¿Tenía sentido que nos arriesgáramos a regalar nuestros contenidos? ¿No era esa, de hecho, la única razón por la que la gente pagaba tanto por asistir a nuestros congresos?

Por otro lado, sería un paso importantísimo a la hora de potenciar la misión de una organización sin ánimo de lucro —como era TED— de compartir ideas para el bien común. Además, la perspectiva de controlar nuestra propia distribución sin depender de canales de televisión resultaba emocionante. Como mínimo, valía la pena experimentar un poco.

Así fue como, el 22 de junio de 2006, las primeras seis Charlas TED debutaron en nuestro sitio web. En aquella época, ted.com recibía unos mil visitantes al día, y la mayoría de ellos se limitaba a verificar datos sobre congresos pasados y futuros. Nosotros soñábamos con que el acceso a aquellas charlas hiciera que aquella cifra se quintuplicara, que en el mejor de los casos consiguiéramos dos millones de visualizaciones que teníamos en un año, un masivo aumento respecto a la repercusión que teníamos en ese momento.

El primer día logramos unas diez mil visitas. Yo di por sentado que, como suele ocurrir con todos los medios de comunicación novedosos, una vez que menguara el interés inicial, las cifras disminuirían rápidamente. Pero ocurrió todo lo contrario. Transcurrido un mes llegamos al millón de visualizaciones, y el número seguía creciendo.

Más emocionante aún era el tono de las respuestas que recibíamos. Habíamos dudado de que las charlas en línea pudieran suscitar ni remotamente el mismo impacto que presencialmente. Después de todo, ¿cómo ibas a captar la atención de alguien mirando solo a través de una ventanita situada dentro de una pantalla, cuando la Red está llena de tantas otras distracciones? Aquellas reacciones nos asombraban y nos encantaban por su intensidad: "*¡Guau! ¡Tengo la piel de gallina! ¡Genial, inspirador! La mejor presentación que he visto en mi vida de un gráfico complejo. Tengo lágrimas en los ojos...*".

De pronto parecía que la pasión que la gente experimentaba durante las conferencias se había liberado. Y aquello solo podía significar una cosa: el experimento que habíamos hecho al publicar únicamente unas cuantas Charlas TED tendría que ampliarse a todos nuestros mejores contenidos. En marzo de 2007 relanzamos nuestro sitio web con cien charlas disponibles, y desde entonces TED ya no ha sido tanto una conferencia anual como una organización de comunicación dedicada a "ideas que merece la pena difundir".

¡Ah!, y sobre nuestra preocupación de que pusiéramos en peligro el congreso regalando todo su contenido..., de hecho, el efecto ha sido el contrario. Nuestros asistentes sentían una gran emoción al saber que podían compartir grandes charlas con sus amigos y colegas, y a medida que se fue corriendo la voz sobre la existencia de las Charlas TED, la demanda para asistir a los congresos aumentó.

Ocho años después, el interés en las Charlas TED ha crecido exponencialmente en todo el mundo. Para nuestra sorpresa y maravilla, se ha convertido en una plataforma global** para la

** La plataforma consta de eventos físicos (la conferencia anual de TED celebrada en Vancouver, más TEDGlobal, TEDYouth, TEDWomen, una serie de eventos corporativos, en varios salones), el movimiento global TEDx de eventos autoorganizados y varios canales en línea (nuestro propio TED.com, pero también YouTube, iTunes, la TED Radio Hour en NPR, aplicaciones para teléfonos móviles y un amplio abanico de colaboraciones con muchas otras organizaciones). Existe una iniciativa aparte destinada a alumnos que lleva el nombre de TED-Ed, además del premio anual TED Prize y el programa de becas TED Fellows.

identificación y la expansión de ideas, gracias al esfuerzo de centenares de conferencistas, miles de traductores voluntarios y decenas de miles de organizadores de eventos locales. A finales de 2015 las Charlas TED se veían aproximadamente cien millones de veces cada mes, es decir, mil doscientos millones de veces al año. No solo lo hace TED, por supuesto. Muchas otras organizaciones también diseminan ideas en formato de video. El interés en la educación en línea ha estallado en general. La Khan Academy, el MIT, la Universidad de Stanford y muchísimas otras han puesto al alcance de todos recursos increíbles de manera gratuita.

Si uno se detiene un poco a pensar en las implicaciones de todo ello, resulta emocionante. Planteémoslo primero desde el punto de vista de quien da la charla. A lo largo de la historia, muchas de las personas más apasionadas respecto a una idea se han pasado años recorriendo países o continentes intentando despertar el interés del público. Siendo realistas, el mayor éxito al que alguien puede aspirar es a dar, tal vez, un centenar de charlas al año ante un aforo que en promedio podría llegar a las quinientas personas. Es decir, que ese alguien podría como máximo llegar a cincuenta mil personas al año, y para ello haría falta someterse a una actividad frenética y disponer de una gran maquinaria publicitaria. De manera similar, la mayoría de los autores que venden algún libro sobre una idea seria consideran un gran éxito que lleguen a distribuirse cincuenta mil ejemplares de su libro.

Sin embargo, por Internet puedes llegar a ese número de personas en un solo día. Y más de un millar de conferencistas han conseguido que sus charlas sean vistas por más de un millón de personas. Ello supone un salto radical en cuanto a su repercusión, y muchos conferencistas han comprobado el impacto que ello ha tenido en su trabajo.

Pero desde el punto de vista del espectador, las implicaciones son aún mayores. Casi todos los seres humanos nacidos en casi todos los lugares y momentos de la historia han visto su potencial limitado por un simple hecho sobre el que prácticamente no ejercían el menor control: la calidad de los maestros y mentores a los que tenían acceso. Si un joven con la capacidad intelectual de Albert Einstein hubiera nacido en Alemania en la Edad Media, de él no habría surgido ninguna revolución científica. Si una joven con la inteligencia de Marie Curie hubiera nacido en una remota aldea india hace veinte años, probablemente hoy estaría recogiendo arroz y esforzándose por criar a sus hijos.

Pero ahora, por primera vez en la historia, es posible que cualquiera en el planeta que tenga acceso a Internet congregue en su casa a los mejores maestros e inspiradores. El potencial que ello representa es extraordinario.

Y no debemos verlo solo como un proceso unidireccional, de conferencista a espectador. La implicación más profunda de los videos en Internet es que ha creado un ecosistema interactivo en el que todos podemos aprender de todos. De hecho, tal vez te sorprenda saber de qué grupo de personas he sacado esta idea: Madd Chadd, Jay Smooth, Kid David y Lil "C" son los miembros estelares de la Legion of Extraordinary Dancers, la LXD. Su actuación en TED, en 2010, nos impactó muchísimo a todos. Pero más asombroso para mí fue descubrir que muchas de las cosas que sabían las habían aprendido... ¡viendo YouTube!

Como dice Jon Chu, su productor:

> Los bailarines han creado un auténtico laboratorio global en línea para la danza, en el que unos niños de Japón aprenden pasos de un video de YouTube creado en Detroit, crean algo a partir de él en cuestión de días y publican un nuevo video, al tiempo que unos adolescentes en California se basan en el video japonés y lo mezclan con un ritmo de Filadelfia

> para crear un estilo de baile totalmente nuevo. Y esto está ocurriendo todos los días. Desde esos dormitorios, salones y garajes, con cámaras baratas, salen los grandes bailarines del futuro en todo el mundo.

YouTube había desencadenado una especie de concurso mundial para la innovación en el mundo del baile, haciendo que esa forma artística evolucionara a una velocidad pasmosa. Chu se había percatado de ello y había convertido YouTube en su principal fuente de captación de nuevos talentos. Y los LXD eran tan buenos que ese año los escogieron para actuar durante la ceremonia de entrega de los premios Oscar.

Mientras escuchaba a Chu y veía a los LXD en acción, se me ocurrió que el mismo fenómeno se estaba produciendo en el ámbito de las charlas. Los conferencistas veían las charlas de otros conferencistas por Internet y aprendían unos de otros, buscando copiar lo que era bueno y añadir sus propias e intransferibles innovaciones.

De hecho, se veía que ese mismo fenómeno se daba para todas las habilidades que podían compartirse en video, desde la decoración de tartas hasta hacer malabares. El video en línea proporcionaba dos cosas que hasta entonces nunca habían estado disponibles con tanta fuerza:

- visibilidad del mejor talento del mundo y
- un gran incentivo para mejorar lo que estaba ahí fuera.

El incentivo era, simplemente, la emoción de convertirse en una estrella de YouTube. La idea de conseguir todas esas visualizaciones, todos esos "me gusta", todos esos comentarios, puede motivar a alguien a esforzarse durante días o semanas para perfeccionar sus habilidades antes de grabarlas en video y publicarlas. Si dedicas algo de tiempo a navegar por YouTube, descubrirás miles de comunidades específicas, que van desde el monociclo hasta el *parkour*, pasando por la videopoesía y el Minecraft, que enseñan a otros a hacer cosas asombrosas.

Este fenómeno exigía un nombre. Empecé a llamarlo *innovación acelerada por la multitud*. Y, por mucho, su aplicación más emocionante está en el mundo de las ideas.

A lo largo de toda la historia, la inmensa mayoría de las charlas dadas ante un público ha permanecido invisible salvo para quienes asistieron a ellas. Hoy, por primera vez, es posible entrar en Internet y ver en acción a miles de conferencistas, sobre casi todos los temas que se te ocurran. Es posible saber lo bien consideradas que están esas charlas fijándonos en la cantidad de visualizaciones que tienen, en los comentarios que reciben, etcétera, lo que permite filtrar las que más nos interesa ver.

De modo que, de pronto, contamos con un asombroso laboratorio a nuestra disposición. Y también contamos con un incentivo nuevo y maravilloso para que millones de personas participen en ese laboratorio. Si tu mejor opción para dar una charla es hacerlo en presencia de unos pocos colegas, o en un club local, tal vez no tengas el incentivo para prepararte de verdad. Pero ahora que lo que dices puede ser grabado y publicado en la Red, todo cambia. Tu audiencia potencial es de millones de personas. ¿Cuánto tiempo estás dispuesto a dedicarle?

Estamos ante una receta para conseguir una espiral ascendente de aprendizaje e innovación, experiencias compartidas y más aprendizaje. Por eso creo que el actual renacimiento de las charlas apenas acaba de iniciarse. En TED, hemos buscado alimentarlo, sobre todo de tres maneras (además de compartir las Charlas TED en nuestro sitio web). Esas maneras se describen a continuación.

1. Un evento TEDx cerca de ti

En 2009 empezamos a ofrecer licencias gratuitas a personas que quisieran organizar eventos similares a los de TED en sus localidades. Recurrimos a la etiqueta TEDx, donde la x significa que se organiza independientemente, pero también se refiere al efecto multiplicador de este programa. Para nuestra inmensa satisfacción, miles de personas han organizado eventos TEDx. Más de dos mil quinientos se ofrecen cada año en más de ciento cincuenta países. Ello ha llevado a que más de sesenta mil Charlas TEDx se hayan publicado en YouTube. Y un número cada vez mayor de ellas se hace viral. Si crees que en tu lugar de trabajo no vas a poder dar la charla que querrías dar, podrías plantearte la posibilidad de ponerte en contacto con tu organizador local TEDx. Tal vez el escenario perfecto te esté esperando en tu propio vecindario.[***]

2. Un programa infantil para aprender a dar presentaciones

Hemos iniciado un programa gratuito para escuelas llamado TED-Ed Club, que permite a cualquier maestro ofrecer a un grupo de niños la oportunidad de dar su propia Charla TED. Una sesión, una vez por semana durante trece semanas, anima a seleccionar una idea y aconseja sobre cómo investigar sobre ella y sobre cómo desarrollar las aptitudes para preparar y dar la charla. La inyección de confianza y autoestima que reciben los niños que llegan a dar la charla es digna de verse. Creemos que formar a los escolares en el arte de dar una charla debería ser una parte fundamental del programa académico, tan importante como la lectura o las matemáticas. Va a ser una aptitud importante en las décadas venideras.[****]

*** Puedes localizar tus eventos más cercanos o solicitar la organización de un evento propio en http://ted.com/tedx

**** El programa TED-Ed Club se encuentra en http://ed.ted.com.

3. Publica tu propia Charla TED

Contamos con un programa llamado OpenTED que permite publicar a quien quiera su propia charla con un formato parecido al de TED en una sección especial de nuestro sitio web. Animamos específicamente a la innovación, no solo en el contenido, sino en la manera de dar la charla. Estamos seguros de que alguien, ahí fuera, dará con una manera nueva y preciosa de compartir ideas. Tal vez seas tú.*****

Y, durante el próximo decenio, al tiempo que varios miles de millones de personas tengan acceso a Internet, nos entusiasma la idea de salir a buscarlas y ofrecerles una manera de aprender de los grandes maestros que pueden darles fuerza para conseguir una vida mejor, y para que compartan sus ideas y visiones únicas con los demás. Que la población mundial vaya a alcanzar los diez mil millones de personas en los próximos treinta años es abrumador. Pero lo es mucho menos si imaginamos que no solo nos traerá más desgaste, sino también más sabiduría. La revolución en las formas de hablar en público es algo de lo que puede participar todo el mundo. Si encontramos la manera de escucharnos de verdad los unos a los otros y de aprender unos de otros, el futuro resplandece lleno de promesas.

***** Los detalles sobre cómo publicar tu charla los encontrarás en http://open.ted.com.

REFLEXIÓN

21

TU TURNO

El secreto del filósofo

Mi padre era oftalmólogo y misionero. Dedicó su vida a intentar curar la ceguera en Pakistán, Afganistán y Somalia, al tiempo que intentaba difundir el Evangelio. Seguramente fue mejor que no llegara a ver a uno de los primeros conferencistas que yo llevé al escenario de TED. Era el filósofo Dan Dennett, un ateo declarado. Los dos habrían disentido en casi todo. Menos en una cosa.

Hacia la mitad de su charla sobre el poder de los memes, Dennett dijo: "El secreto de la felicidad es: encuentra en tu vida algo que sea más grande que tú, y dedica tu vida a ello".

Mi padre habría estado profundamente de acuerdo con eso.

Dennett es un apasionado defensor del poder de las ideas. Ese día subrayaba un hecho extraordinario sobre los seres humanos, un hecho que es único de nuestra especie: en ocasiones estamos dispuestos a vencer nuestras necesidades biológicas para ir en busca de ideas que nos importan. Y, en opinión de Dennett —y de mi padre, y mía—, esa búsqueda es una de las claves de una vida satisfactoria y con sentido.

Nosotros los seres humanos somos criaturas extrañas. A cierto nivel, solo queremos comer, beber, jugar y adquirir más cosas. Pero la vida, por el camino del hedonismo, no nos satisface. Un hermoso remedio es apartarse de ella y empezar a perseguir una idea que es más grande que nosotros.

Yo no sé cuál puede ser esa idea en tu caso. Y tal vez en este momento tú tampoco lo sepas. Tal vez quieras potenciar una comunidad invisible en tu ciudad, o llevar a cabo alguna investigación histórica sobre algún miembro de tu familia cuyo coraje debería ser más conocido, o bien organizar campañas de limpieza en tu vecindario, o profundizar en la ciencia marina, o pasar a la acción en un partido político, o crear un nuevo elemento tecnológico, o viajar a algún lugar en el que las necesidades humanas sean cien veces mayores que en cualquier otro lugar que conozcas, o simplemente beber de la experiencia y la sabiduría de las personas que conoces.

Persigas lo que persigas, si vas realmente tras ello, te vaticino dos cosas:

- Sí, encontrarás una forma de felicidad con sentido.
- Descubrirás algo que importa más que cualquier consejo que hayas leído en este libro: *descubrirás algo digno de ser explicado.*

¿Y entonces qué? Pues entonces, claro está, debes compartirlo, y usar para ello toda la pasión, las habilidades y la determinación de que puedas hacer acopio. Compartirlo de una manera que, en última instancia, solo tú sabrás hacer. Encender un fuego que propagará un nuevo conocimiento mucho más allá.

Tom Chatfield es un divulgador de tecnología que vino a dar una charla en uno de nuestros eventos. Mi colega Bruno Giussani le pidió consejo para otras personas que tuvieran que hablar en público. Esto es lo que dijo:

> Lo más asombroso de una charla, para mí, es su repercusión potencial. La breve charla que estás a punto de dar tiene el potencial no solo de llegar a centenares de miles de personas, sino de desencadenar muchos miles de conversaciones. Por eso, el consejo básico que te daría es que te obligaras todo lo que pudieras a ser atrevido y valiente, que intentaras salir de la zona de confort de lo que sabes con seguridad, o de lo que otros ya han dicho, y proporcionaras al mundo unas preguntas y una inspiración que suscitaran mil conversaciones. No se trata tanto de tener razón, ni de estar a salvo —me parece a mí—, como de contar con una oportunidad asombrosa de crear algo que generará otras ideas.

Esa cita me encanta. Quiero un futuro en el que la gente realice su potencial y le dé un empujoncito al mundo. Estoy convencido de que plantar una idea valiosa es la máxima repercusión a la que puede aspirar un individuo. Porque, en un mundo interconectado, esa idea, una vez que está bien plantada, es capaz de propagarse ella sola. Es ilimitado el número de personas a las que puedes influir, tanto ahora como en el futuro.

¿Pero qué pasa con aquellos que le darían un empujoncito al mundo en la mala dirección? ¿Acaso al hablar en público no se puede hacer un mal, así como se hace un bien?

Así es, en efecto. Desde demagogos hasta cínicos destructores de almas, las pruebas de ello son numerosas.

Aun así, no creo que exista una simetría total en este punto. Tenemos poderosas razones para creer que el crecimiento acelerado de la transmisión oral de las ideas va a decantarse del lado positivo.

Permíteme que lo explique.

Como hemos aprendido, para dar una charla eficaz quien habla debe acudir a quien escucha y decirle: "Vamos, cons-

truyamos algo juntos". El que habla ha de demostrarle por qué merece la pena construir la idea. Se da un acercamiento. Una llamada a compartir valores, deseos, esperanzas y sueños.

En ciertas circunstancias, se puede pervertir mucho ese proceso. Es posible agitar a una multitud. Inflamarla en el odio. Se pueden propagar como reales ideas falsas del mundo. Pero eso es algo que, a lo largo de la historia, al menos hasta cierto punto, ha ocurrido siempre cuando quienes escuchan están aislados del resto del mundo. La llamada que hace quien habla no es universal, es tribal. Es "nosotros" contra "ellos". Y a esas personas que escuchan se las priva del conocimiento de hechos básicos.

Pero cuando estamos más estrechamente interconectados —cuando la gente tiene plena visibilidad del mundo y de los demás— empieza a ocurrir algo distinto. En ese caso, los conferencistas más influyentes serán aquellos que consigan beber de esos valores y sueños que la mayoría comparte ampliamente. Serán aquellos que recurran a argumentos basados en hechos que muchas personas —y no solo unas pocas— vean como verdaderos.

Imaginemos a dos religiosos que se dirigen al público con la pretensión de influir en el mundo entero. Uno de ellos habla de la superioridad de su religión sobre todas las demás e insta a la conversión en masa. El otro se fija en que el valor más profundo de su religión, la compasión, también lo comparten todas las demás religiones. Decide que hablará sobre eso, y hace el esfuerzo de hablar en unos términos universales a los que responderán —y por los que se conmoverán— personas de otras religiones. ¿Cuál de los dos tiene una audiencia potencial mayor y conseguirá una mayor repercusión a largo plazo?

O imaginemos a dos líderes políticos globales, uno de los cuales apela solo a los intereses de una raza, y el otro se dirige a todos los miembros de la humanidad. ¿Cuál obtiene mayor apoyo al final? Si fuera el caso que los seres humanos fuéramos irredimiblemente xenófobos, cerrados de mente, racistas, entonces sin duda el segundo político no albergaría la menor esperanza. Pero yo no creo que ese sea el caso. Creo que lo que compartimos tiene mucho más sentido, y es mucho más profundo, que aquello en lo que diferimos. Todos sentimos hambre, todos tenemos anhelos, todos sufrimos, reímos, lloramos y amamos. Todos sangramos. Todos soñamos. Todos somos capaces de empatía, de ponernos en el lugar de otros. Y los líderes visionarios pueden (como puede cualquiera con el valor para levantarse y decir algo) beber de esa humanidad compartida y alimentarla.

Antes me he referido al poder de la razón a largo plazo. La razón, por su naturaleza misma, busca mirar el mundo no desde una perspectiva individual, sino desde la perspectiva de todos nosotros. La razón rechaza argumentos que digan "quiero que ocurra esto porque es algo que me interesa a mí" y favorece los que se inclinan por "este es el motivo por lo que *todos* deberíamos querer que ocurriera esto". Si la razón no lo hiciera, nunca podría haberse convertido en la moneda corriente del debate que permite a los seres humanos estar de acuerdo. Cuando decimos "*sé razonable*", eso es exactamente lo que queremos decir. Decimos: "*Por favor, contempla este asunto desde una perspectiva más amplia*".

El poder de la razón, combinado con la creciente interconexión de los asistentes a una charla, decanta la balanza de la influencia a favor de aquellos que cuando hablan en público están dispuestos a ponerse en el lugar de todos nosotros, no solo de los miembros de su propia tribu. Es posible que estos consigan momentos de poder, pero serán aquellos los que a la larga ganarán.

Por eso creo profundamente en la brillante afirmación de Martin Luther King Jr.: "El arco del universo moral es largo, pero se dobla hacia la justicia". Es cierto que existe la flecha de la historia. Es cierto que existe el progreso moral. Si volvemos la cámara hacia atrás por un instante y la alejamos de los males del momento que dominan las noticias, veremos que el progreso es evidente en la historia de los últimos siglos, entre otras cosas en la repercusión que tuvo el propio Martin Luther King. Y es más que probable que así siga siendo.

A medida que los seres humanos sigamos acercándonos cada vez más, no solo gracias a la tecnología, sino también a través de una comprensión mutua más profunda, encontraremos más modos de ver los unos en los otros las cosas que nos importan mutuamente. Y así es como se derriban las barreras y como se unen las almas humanas.

No es algo que vaya a ocurrir enseguida ni fácilmente. Este tipo de cambio es multigeneracional. Y hay muchos desastres imaginables que podrían destruir su curso. Pero al menos tenemos una oportunidad.

Hablar unos con otros es fundamental para alimentar ese cambio. Estamos hechos para reaccionar a la vulnerabilidad de los demás, a su sinceridad y a su pasión, siempre y cuando tengamos la oportunidad de verlas. Y hoy esa oportunidad existe, la tenemos.

Al fin y al cabo es bastante sencillo. Estamos conectados físicamente unos a otros como nunca hasta ahora. Ello implica que nuestra capacidad de compartir nuestras mejores ideas con los demás importa más de lo que ha importado nunca. La mayor lección que yo he aprendido escuchando una charla de TED es esta: *El futuro aún no está escrito. Todos, colectivamente, nos encontramos en el proceso de escribirlo.*

Hay una página en blanco, y un escenario vacío, esperando tu aporte.

AGRADECIMIENTOS

Como todas las ideas, las que se ofrecen en este libro tienen muchos padres.

Me he pasado horas y más horas con mis colegas más próximos de TED, sobre todo con Kelly Stoetzel, Bruno Giussani y Tom Rielly, intentando comprender la esencia de una gran Charla TED. Este libro es tan suyo como mío.

Hemos estado en contacto con muchos de los mejores pensadores y conferencistas, y hemos buscado ávidamente sus conocimientos sobre la importancia de las ideas, así como sobre todos los aspectos relativos a la conversión de dichas ideas en palabras memorables. Mención especial merecen Steven Pinker, David Deutsch, sir Ken Robinson, Amy Cuddy, Elizabeth Gilbert, Dan Pallotta, Daniel Kahneman, Bryan Stevenson, Dan Gilbert, Lawrence Lessig, Amanda Palmer, Pamela Mayer, Brené Brown, Allan Adams, Susan Cain, Steven Johnson, Matt Ridley, Clay Shirky, Daniel Dennett, Mary Roach, Rory Sutherland, Sarah Kay, Rives, Salman Khan y Barry Schwartz. En realidad, hemos aprendido de todos y cada uno de quienes han venido a hablar en TED, y sentimos una inmensa gratitud hacia todos ellos por el regalo que nos han ofrecido. Gracias, también, a nuestros *coaches* favoritos dedicados a la exposición pública de las ideas: Gina Barnett, Abigail Tenembaum y Michael Weitz.

Muchas de las personas que pertenecen desde hace tiempo a la comunidad TED nos han demostrado un gran apoyo durante los últimos quince años, y nos han ayudado a imaginar lo que podría llegar a ser TED. Scott Cook, Sunny Bates, Juan Enríquez, Chee Pearlman, Tim Brown, Stewart Brand, Danny Hillis, Cyndi Stivers, Rob Reid, Arch Meredith, Stephen Petranek..., son lo mejor. Y hay muchísimos más.

No sé bien cómo, pero algunas de las personas más ocupadas del mundo sacaron tiempo para leer una versión inicial del presente texto y ofrecerme valiosos consejos, entre ellas Helen Walters, Michelle Quint, Nadia Goodman, Kate Torgovnick May, Emily McManus, Beth Novogratz, Jean Honey, Gerry Garbulsky, Remo Giuffre, Kelo Kubu, Juliet Blake, Bruno Bowden, Rye Barcroft, James Joaquín, Gordon Garb y Erin McKean.

Un cálido agradecimiento a mi agente, John Brockman, pródigo en milagros, así como a mi brillante corrector de la versión en inglés, Rick Wolff (a quien he prohibido suprimir el adjetivo "brillante" en este caso concreto, aunque él acertadamente eliminó casi todos los demás que yo había escrito), a mi incansable correctora ortotipográfica, Lisa Sacks Warhol, y a todo el equipo de Houghton Mifflin Harcourt. Ha sido un placer trabajar con todos.

Richard Saul Wurman, nada de todo esto habría ocurrido sin ti. June Cohen, gracias por tus once años en TED y por llevar las primeras Charlas TED a Internet. Mike Femia y Emily Pidgeon, gracias por la asesoría en cuestiones de diseño. A todo el equipo de TED, simplemente..., ¡guau!, me asombra todo lo que hacen. Especialmente tú, Susan Zimmerman.

A nuestro ejército de traductores voluntarios, gracias por llevar al mundo las Charlas TED. A las decenas de miles de voluntarios de TEDX, siento un profundo respeto por la pasión y la genialidad que destilan todos en los eventos que organizan. A la comunidad global de TED... En última instancia, todo esto depende de ustedes. Sin ustedes, miles de ideas importantes quedarían sin difundir.

A mis extraordinarias hijas, Elizabeth y Anna: no tienen ni idea de lo orgulloso que estoy de ustedes ni de cuánto he aprendido de ustedes. Y, finalmente, a la fuerza de la naturaleza con la que me casé, Jacqueline Novogratz..., gracias y mil veces gracias por tu amor y tu inspiración, todos los días.

APÉNDICE

CHARLAS REFERENCIADAS EN EL TEXTO

Consultables en una única lista de reproducción en www.ted.com/tedtalksbook/playlist.

[Para consultar las charlas con subtítulos en español, ver http://www.ted.com/talks?q=Diana+Nyad+&language=es&sort=newest]

Página(s)	Conferencista	Título de la Charla TED
26	Monica Lewinsky	El precio de la vergüenza
29-31	Chris Anderson	Transición a la organización TED sin ánimo de lucro
35	Sophie Scott	Por qué nos reímos
61	Robin Murphy	Rescate en desastres mediante robots
79	Kelly McGonigal	Cómo convertir al estrés en tu amigo
81, 227	Brené Brown	El poder de la vulnerabilidad
83	Sherwin Nuland	Sherwin Nuland y la terapia de *electroshock*
84, 195	Ken Robinson	Ken Robinson dice que las escuelas matan la creatividad
90	Dan Pink	Dan Pink en la sorprendente ciencia de la motivación
92	Ernesto Sirolli	¿Quiere ayudar a alguien? Cállese y escuche
104	Eleanor Longden	Las voces en mi cabeza
104	Ben Saunders	Al Polo Sur ida y vuelta: los más duros 105 días de mi vida
105, 189	Andrew Solomon	Cómo los peores momentos de nuestra vida nos hacen ser quienes somos
109, 195	Dan Gilbert	¿Por qué somos felices?

Página(s)	Conferencista	Título de la Charla TED
119	Deborah Gordon	Deborah Gordon cava y disfruta de las hormigas
121	Sandra Aamodt	Por qué las dietas usualmente no funcionan
121, 163	Hans Rosling	Dejen que mi conjunto de datos cambie su mentalidad
121	David Deutsch	Una nueva forma de explicar la explicación
121-123	Nancy Kanwisher	Un retrato neuronal de la mente humana
121	Steven Johnson	De dónde provienen las buenas ideas
121	David Christian	La historia grande
121-123	Bonnie Bassler	Bonnie Bassler habla de cómo se comunican las bacterias
125-127	Steven Pinker	Steven Pinker sobre el mito de la violencia
128	Elizabeth Gilbert	Sobre darle alas a tu creatividad
129	Barry Schwartz	Sobre la paradoja de elegir
131-132	Dan Pallotta	La forma de ver la beneficencia es totalmente incorrecta
140-141	David Gallo	David Gallo habla sobre la vida en los océanos profundos
145-147	Jeff Han	Jeff Han demuestra su innovadora pantalla táctil
146	Markus Fischer	Un robot que vuela como un pájaro
209	Maysoon Zayid	Tengo 99 problemas y la parálisis cerebral es solo uno de ellos
209	Jamie Oliver	El deseo TED de Jamie Oliver. Enseñarle a todos los niños acerca de la comida
210	Zak Ebrahim	Soy el hijo de un terrorista y así elijo la paz
211	Alice Goffman	Cómo preparamos a unos jóvenes para la universidad y a otros para la cárcel
212	Ed Yong	Grillos suicidas, cucarachas zombis y otros cuentos de parásitos

Página(s)	Conferencista	Título de la Charla TED
213	Michael Sandel	Por qué no debemos confiar nuestra vida cívica a los mercados
214	V. S. Ra-machandran	Vilanayur Ramachandran habla sobre su mente
214	Janna Levin	El sonido del universo
215	Alexa Meade	Tu cuerpo es mi lienzo
215	Elora Hardy	Casas mágicas hechas de bambú
222-223	David Eagleman	¿Podemos crear nuevos sentidos para los humanos?
223	Amy Cuddy	El lenguaje corporal moldea nuestra identidad
223-224	Jon Ronson	¿Qué sucede cuando la humillación en línea se descontrola?
224	Bill Stone	Bill Stone explora las cavernas más profundas del mundo
224	Diana Nyad	Nunca, jamás se rindan
225	Rita Pierson	Todo niño necesita un campeón
226	Esther Perel	Repensando la infidelidad... una charla para quien haya amado alguna vez
226	Amanda Palmer	El arte de pedir
227-228	Bryan Stevenson	Tenemos que hablar de una injusticia
259-260	George Monbiot	Para más maravillas, "resalvajicemos" el mundo
275	Roman Mars	Por qué algunas banderas pueden ser las peores jamás diseñadas
279-280	Lawrence Lessig	Nosotros, el Pueblo, y la República que debemos reclamar
283	Reuben Margolin	Esculpiendo ondas en madera y tiempo
309-310	The LXD	En la era de Internet, el baile evoluciona
315	Dan Dennett	Dan Dennett y los memes peligrosos